〔意〕托马斯·阿奎那

神学大全

第一集　论上帝

第 4 卷
论天使

段德智　方永　译

第 5 卷
论六天工作

段德智　译

商务印书馆
创于1897　The Commercial Press

St. Thomas Aquinas
SUMMA THEOLOGICA
Benziger Brothers, Inc., 1948
* * *
S. Thomae De Aquino,
SVMMA THEOLOGIAE
Collège Dominicain d'Ottawa, 1941

本书根据本兹格兄弟公司 1948 年版和
渥太华多米尼克学院 1941 年版译出

目　　录

第 4 卷　论天使

第 5 卷　论六天工作

第 4 卷

论 天 使

问题 50
论天使的实体本身

（共 5 条）

我们接着考察有形受造物与精神受造物之间的区别。首先考察纯粹精神受造物，在《圣经》中它被称为天使；其次考察完全有形的受造物（问题 65）；第三，考察由形体和精神一起组成的受造物，在《圣经》中它被称为人（问题 75）。

关于天使，我们首先考察他们的实体，接着考察他们的理智 314b
（问题 54），第三考察他们的意志（问题 59），第四考察他们的创造（问题 61）。

关于天使的实体，我们首先考察其本身，然后考察其与有形事物的关系（问题 51）。

关于天使的实体本身，有 5 个要点需要探究：

（1）是否存在有完全精神、全然无形的受造物？

（2）假若天使是这样的受造物，那么，我们要问：他是否由质料和形式组成？

（3）天使的数目。

（4）论天使相互间的区别。

（5）论天使的不死或不朽性。

第1条　天使是否是完全无形的?

现在我们着手讨论第1条。

异议:天使(angelus)似乎不是完全无形的(omnino incorporeus)。

理据1:因为所谓无形的事物只是就它与我们自己的关系而言的,而不是就其与上帝的关系而言的;所以,它们不是绝对无形的。而且,大马士革的约翰在《论正统信仰》的第2卷第3章中说,"天使被说成是无形的和非物质的,这是就其与我们相比而言的;但是,与上帝相比,天使则是有形体和质料的。"所以,天使不是完全无形的。

理据2:再者,正如哲学家在《形而上学》第6卷中所说,除了形体,没有什么东西是可以被推动的。[1] 但是,大马士革的约翰在《论正统信仰》第2卷第3章中却说:"天使是一种可运动的理智实体。"所以,天使是有形实体的。

理据3:还有,安布罗斯在《论圣灵》第1卷第7章中说,"每种受造物都被限制在自己的本性之内。"但是,被限制是属于形体
315a 的。因此,每种受造物都是有形的。天使是上帝的受造物,这一点从《诗篇》第148篇就可以看出来。该篇第2节说,"上主的众使者都要赞美他";接着在第4节又说,"他一吩咐,便都造成。"所以,天使是有形的。

但是,从另一个方面看,《诗篇》第103篇第4节却说:"是谁

① 参阅亚里士多德:《物理学》,Ⅵ,4,234b10。

用精神造了他的使者?”

我的回答是:必然存在着一些无形受造物。因为受造物中,凡为上帝所首先意欲的都是善的,而且这正在于它与上帝自身的类似。结果与其原因的完满的类似,只有当结果在原因藉以产生结果的事物方面类似原因时,方得以实现;例如,当热产生热时,情况就是如此。因为上帝是藉自己的理智和意志创造万物的(问题 14 第 8 条;问题 19 第 4 条);所以,宇宙的完满性要求存在有理智的受造物。但是,理智不可能是形体的活动,也不可能是任何形体能力的活动;因为每个形体都被限定于“这里”和“这时”。所以,宇宙的完满性要求存在有某种无形的受造物。

然而,由于没有正确意识到理智的力量,也不能在感觉和理智之间做出正确的区分,古人便认为除了能够被感觉和想象认识的事物以外,世界上不存在其他任何事物。而且,一如哲学家在《物理学》第 4 卷中所指出的,因为只有形体落在想象之下,“他们就认为除了形体之外没有任何东西存在。”[①]于是就产生了撒都该人(Sadducaeorum)的错误说法,他们说不存在神灵(《使徒行传》23:8)。但是,正是理智高于感觉这一事实合乎理性地证明:存在着某些只能为理智所认识的无形事物。

答异议理据 1:无形实体处在上帝和有形受造物之间。因为中间者与一端相比似乎处于另一端,就如与灼热相比温热的事物似乎是冰冷的一样;因此,与上帝相比,天使被说成是物质的和有 315b
形的,但是,这并不是说在天使中存在有某种形体。

---

① 参阅亚里士多德:《物理学》,Ⅳ,6,213a29。

答异议理据2:这里所说的运动也适用于理智和意志。所以,天使被称为永远在运动的实体,因为天使总是现实地处于理解活动中,不像我们那样有时现实地处于理解活动中有时又潜在地处于理解活动中。显然,这一理据是以一种歧义为据提出来的。

答异议理据3:被空间的限制所拘是只为形体所专有的;但是,被本质的局限所拘,却是为包括有形受造物和精神受造物在内的一切受造物所共有的。所以,安布罗斯在《论圣灵》第1卷第7章中说:“尽管有些事物没有被限制在有形场所中,但是,他们却依然紧紧地被他们的实体限制着。”

第2条 天使是否是由质料和形式组成的?

现在我们着手讨论第2条。

异议:天使似乎是由质料(materia)和形式(forma)组成的。

理据1:因为被包含在任何属相之下的任何事物都是由属相和被附加在属相之上的、形成种相的种差组成的。但是,属相来自质料,种差来自形式。[①] 因此,属于一个属相的事物都由质料与形式组成。但是,天使属于实体这个属相。所以,天使是由质料和形式组成的。

理据2:其次,哪里存在质料的属性,哪里就存在着质料。因为质料的属性是接受和支撑(substare);所以,波爱修在《论三位
316a 一体》第2章中说:“纯粹的形式不可能是主体。”但是,上述属性

① 参阅亚里士多德:《形而上学》,Ⅷ,2,1034a10。

被发现存在于天使之中。所以，天使是由质料和形式组成的。

理据 3：再者，形式是现实。所以，凡仅仅是形式的东西就是纯粹现实。但是，天使不是纯粹现实，因为只有上帝才是纯粹现实。所以，天使不可能是纯粹形式，而只是拥有存在于质料中的形式。

理据 4：再者，被质料所限制和限定（finitur）的事物正是形式。因此，凡不是存在于质料之中的形式都是无限的形式。但是，天使的形式不是无限的，因为每一受造物都是有限的。所以，天使的形式是存在于质料之中的。

但是，从另一个方面看，狄奥尼修斯在《论神的名称》第 4 章中却说："正因为首生的受造物既然是无形的，他们也就被认为是非物质的。"

我的回答是：一些人断言天使是由质料和形式组成的。阿维斯布朗（Avicebron）在其《生命的源泉》第 2 卷中致力于论证的正是这一观点。因为他认为，凡是由理智区别开来的事物，在实在上也是相区别的。因为当涉及无形的实体时，理智所认识的是它籍以把无形实体与有形实体区分开来的事物以及它与无形实体共有的事物。他由此得出这样一个结论：使无形的实体与有形实体区分开来的事物是无形实体的某种形式，而且，凡服从这一特殊形式（formae distinguenti）的事物，可以说是公共的东西，也就是它的质料。所以，他断言：精神事物和有形事物的普遍质料是一样的，因此无形实体的形式也就必定被认为是印在有形事物的质料之中的，就像量的形式印在精神事物的质料之中那样。

316b 但是，只用一瞥就足以明白：不可能存在一种为精神的事物和有形事物所共同拥有的质料。因为精神的形式和形体的形式不可能被接受到质料的同一部分之中，否则某一在数值上同一的事物就将既是形体的又是精神的了。倘若如此，就将推论出这样的观点：该事物的质料，一部分接受形体的形式，另一部分接受精神的形式。但是，除非被认为处在量这一形式之下，质料是不能分成部分的；而且，正如亚里士多德在《物理学》第1卷中所说，若无量，实体便无以区分。① 并且，还可以进一步推论出：精神事物的质料也服从量这一形式。但是，这是不可能的。所以，有形事物和精神事物是不可能拥有同样的质料的。

再者，理智实体不可能具有任何种类的质料。因为不论属于任何事物的运作都是依据其实体的样式进行的。然而，理解是一种全然非物质的运作，这一点从它的对象方面就可以看出来，因为其任何活动所接受的都是它的属相和本性。一件事物之被理解，是就它是被从质料中抽象出来而言的，而存在于质料之中的形式是个体的形式，而理智是不可能如其所是地认识它们的。所以，每一个理智实体必然都是全然非物质的。

而且，被理智区分开来的事物并不必然在实在上也被区分开来，因为理智并不是根据事物的样式认识它们的。因此，低于我们的理智的物质事物是以一种比它们在自身中存在的样式更为
317a 单纯的样式存在于我们的理智中的。另一方面，天使的实体高于我们的理智，因而，我们的理智不可能从天使在自身中存在那样

① 亚里士多德：《物理学》，Ⅲ，5，204a9。

的高度去认识他们，而只能根据我们自己的样式去认识他们，就像我们的理智去认识复合事物那样去认识他们；而且，我们的理智也是以这种方式去认识上帝的（问题 3 第 3 条答异议理据 1）。

答异议理据 1：正是种差构成了种相。然而，每一件事物都是就其受到决定成为存在的某一特殊等级所规定而言被纳入一个种相的，因为正如哲学家在《形而上学》第 8 卷中所说，事物的种相就"像数目一样，通过单位的增加和减少而区分开来"。[①] 但是，在物质事物中，存在有一种东西，决定着一物属于某一特殊的等级，这就是形式；而另外一种东西则受到规定，这就是质料；所以，属相出自质料，种差出自形式。但是，在非物质的事物中，没有独立的规定者，也没有被规定的事物；每一种事物凭籍其自身而在存在中占据一个确定的等级；因此，在它们之中，属相和种差不是出自不同的事物而是出自同一件事物。尽管这样，它们在我们的概念样式方面还是不同。因为，当我们的理智把它理解为非限定的东西时，就形成了他们的"属相"的观念；当我们的理智把它理解为限定的东西时，我们就得到了他们的"种差"观念。

答异议理据 2：这个理由是在《生命的源泉》那本书中提出来的；而且，如果理智和质料的接受样式是一回事的话，则这一理由就是中肯的了。但是，这一理由显然是错误的。因为质料接受形式，它是可以指定给某一个种相的，例如指定给气或者火或者其他的种相。但是，理智接受形式，却不是以同样的方式；否则恩培

① 亚里士多德：《形而上学》，Ⅷ，3，1043b34。

多克勒的观点“我们藉土认识土，藉火认识火”[①]就是正确的了。但是，就可理解的形式之被理智认识而言，它是依据一个形式的本性存在于理智中的。所以，理智之接受形式的方式，不是质料之接受形式的那种方式，而是非物质实体之接受形式的那种方式。

317b 答异议理据3：尽管在天使中没有质料与形式的组合，但是，在天使中确实有现实和潜在。如果我们考察一下物质事物的本性，这一点就清楚了，因为物质事物是包含着两种组合的。第一种是质料与形式的组合，藉此组合该事物的本性得以构成。这样的一种组合的本性并不是它自己的存在，但是，存在却是它的现实。因此，这种本性本身之相关于它自己的存在，正如其潜在之相关于其现实一样。因此，如果一件事物没有质料，假如它的形式自身无须质料也可以自存，尽管这样，其形式却还是相关于它自己的存在本身，正如潜在相关于现实一样。这样的组合被认为存在于天使之中；而且，这正是有些人所说的，即天使是由“其是”和“其所是”组成的，或是由其“存在”和“其所是”组成的，就像波爱修在《七公理论》中所说过的那样。因为“其所是”是独立存在的形式本身；正如跑就是我们说跑者现在在跑的依据。但是，一如前面所说（问题3第4条），在上帝中，“存在”与“其所是”是没有差别的。所以，只有上帝是纯粹现实。

答异议理据4：每一件受造物都是有限的，因为它的存在不是绝对独立的，而是被限制在它所从属的某一本性上。但是，没有

① 亚里士多德：《论灵魂》，Ⅰ，2，404b13。

什么东西阻止一个受造物被视为相对无限的。物质受造物就质料方面看是无限的，但在其形式方面却是有限的，它们的形式被接受这些形式的质料限制着。但是，非物质的受造实体在其存在方面是有限的，可就其形式不为任何其他的事物所接受而言它们却是无限的。就如我们可以说：独立存在的白就其白的本性而言是无限的，因为它与任何一个主体(subiectum)无关；但是，另一方面，就其被某一种相的本性所规定而言，它的存在又是有限的。

因此，《论原因》命题 16 说："从上看，理智是有限的，因为它从高于自己的事物接受自己的存在；从下看，理智是无限的，因为它不接受进任何质料之中。"

第 3 条　天使是否大数目存在？ 318a

现在我们着手讨论第 3 条。

异议：天使好像不是大数目(magno numero)地存在。

理据 1：因为数目是量这个种相的一种，并且依存于一个连续形体的分割。但是，这不可能在天使中存在，因为天使是无形的，这在前面(第 1 条)已经说明。所以，天使不可能以任何大的数目存在。

理据 2：再者，事物越接近统一，它越少被增加，这在数目中是显而易见的。但是，在所有的受造物中，天使的本性最接近上帝。因为上帝是至高的一，所以，就天使的本性而言，似乎只有最少可能的数目。

理据 3：还有，独立实体的专有效果似乎是天体的运动。但是，天体的运动处在我们能理解的某个小的确定数目内。所以，天使不会以比天体运动有更大的数目存在。

理据4：狄奥尼修斯在《论神的名称》第4章第1节中说过："所有可理解的和理智的实体之存续，都是由于神圣之善的光。"但是，这光只是依据接受它的事物之不同而增加。我们不可能说事物的质料可接受理智之光，因为理智实体是没有质料的，这在前面（问题50第2条）已经说明。所以，理智实体的增加只是依据第一形体即天体的要求才可能存在；所以，前面所说的理智之光的倾溢可能以同样的方式在它们这里终止了。由此，我们可以像前面一样得出同样的结论。

318b 但是，从另一个方面看，《达尼尔》第7章第10节却说："侍奉他的有千千，在他面前侍立的有万万。"

我的回答是：关于独立实体的数目，已经有各种不同的意见。柏拉图主张独立实体是可感知的事物的种相，[①]好像我们认为人性本身是一个独立实体。根据这种观点，那就不得不认为独立实体的数目就是可感知的事物的种相的数目。但是，亚里士多德在《形而上学》第8卷第1章中拒绝了这种观点，[②]因为质料属于可感知事物的种相的本性本身。因此，独立实体不可能成为这些可感知事物的原型种相，而是具有它自己的本性，而且，它的本性高于可感知事物的本性。尽管这样，亚里士多德还是认为那些更完满的本性与可感知事物有关，正如推动者与目的有关一样；[③]因此，他试图依据第一运动的数目发现独立实体的数目。

① 亚里士多德：《形而上学》，Ⅰ，6，987b7。

② 同上书，Ⅷ，1，1042a25。

③ 同上书，Ⅻ，8，1073a33。

但是，既然这看来会导致违背圣经的教导的结果，犹太人拉比摩西在《迷途指津》第 2 卷中便试图调和这两种思想，他认为，就其被称为非物质的实体而言，天使是依据天体运动或天体的数目而增加的，这和亚里士多德所说的是一样的。但是，他又认为，在圣经中甚至承载着上帝意旨的人也被称为天使，甚至“自然事物的能力”也彰显着上帝的大能。但是，非理性事物的能力之被称为天使，是与圣经的传统全然相异的。

因此，我们必须说，即使就天使是非物质实体而言，他们也是以远远超过所有物质实体的数目的非常大的数目存在。狄奥尼修斯在《天国等级论》第 14 章中说过：“存在着许多具有天体理智的受到上帝祝福的军队，他们超出了我们物质肢体的虚弱的和有限的计算。”之所以是这样，理由在于：既然宇宙的完满是上帝在创造事物时所主要意愿的，那么，就越完满的事物之被上帝越多 319a
地创造而言，越完满的事物就越多。由于在形体中看到如此大的数目，所以，在非形体事物方面也就应看到非常大的数目。事实上，我们看到不朽的形体即最完满的形体在数量上几乎无可比拟地超出可毁灭的形体；因为与天体相比，由能动事物与被动事物构成的整个领域在数量上是非常之小的。因此，我们可以合理地得出结论说：就数量而言，非物质实体在数量上可以说是不可比拟地超过物质实体。

答异议理据 1：在天使里，数目不是由对事物的连续分割所造成的离散的量，而是由形式的不同所造成的东西；正如前面所说，这是就其被算作超自然的东西（transcendentibus）而言的。

答异议理据 2：从天使在本性上最接近于上帝这一事实出发，

我们必须说天使在组合方面数量最少，但这不是就其在极少的主体中发现而言的。

答异议理据3：这是亚里士多德的证明，[①]如果独立实体是为有形实体造出来的，那就必定能够得出这一结论。因为除非非物质实体的一些运动出现在有形的实体之中，否则它们就将不为任何目的而存在。但是，说非物质实体是为了有形的事物而存在的，这是不正确的；因为目的高于达到目的手段。所以，亚里士多德也说那不是一种必然的证明，而是一种概然的证明。他是不得已而为之，因为只有通过可感知的事物我们才能认识可理解的事物。

答异议理据4：这一证明来自这样一种意见，它认为质料是事物得以区分开来的原因；但是，前面的讨论（问题47第1条）已经
319b 驳斥了这个意见。所以，天使的增加，不是依据质料，也不是依据形体，而是依据设计着非物质实体的各种秩序的神圣智慧。

第4条　天使是否在种相上有所不同？

现在我们着手讨论第4条。

异议：天使似乎并不是在种相上（specie）不同。

理据1：因为既然种差比属相高贵。在其所包含的最高贵的东西方面相一致的所有事物，在其终极的构成性的种差方面也同样是一致的。但是，所有的天使在其中所包含的最高贵的东西方面是一致的，也就是说，他们在理智（intellectualitate）方面是一致

① 亚里士多德：《形而上学》，Ⅻ，8，1073a37。

的。所以,所有的天使属于一个种相。

理据 2:再者,多些和少些不会改变种相。但是,天使似乎只是就多些和少些而言才区分开来的,也就是说,是就一个天使比另一个天使更单纯和一个天使比另一个天使具有更敏锐的理智而言区分开来的。所以,天使在种相上并没有什么不同。

理据 3:还有,灵魂与天使是相互反对相互区别的。但是,所有的灵魂都属于一个种相。所以,天使属于一个种相。

理据 4:还有,事物在本性上越完满,它就应当被越多地增加。但是,如果一个种相下只有一个天使,这种情况就不会存在。所以,许多天使属于同一个种相。

但是,从另一个方面看,一如哲学家在《形而上学》第 3 卷中所说,属于同一种相的事物没有第一和第二这样的区分。[①] 但是,按照狄奥尼修斯《天国等级论》第 2 章中的说法,在即使属于同一个级别的天使中也存在着第一、中间和最后。所以,天使不属于一个种相。

我的回答是:有人曾经说过,所有的精神实体,甚至灵魂,都属于同一个种相。另外一些人还说过,所有的天使都属于一个种
相,但灵魂却不属于这个种相。而且,还有一些人声称,同一个等 320a
级甚至同一个种类的所有的天使都属于同一个种相。

但是,这是不可能的。因为在种相方面一样在数值上不一样的事物,在形式方面虽然一样,但是在质料方面却不同。因此,如果天使不是由质料和形式组成的(这在问题 50 第 2 条已经证

① 亚里士多德:《形而上学》,Ⅲ,3,999a6。

明)，那就必然可以得出这样一个结论：两个天使不可能属于一个种相；正如不可能存在着几个分开的白或几个人性一样，因为，除非就白存在于几个不同的实体中而言，不可能存在有几个白。而且，如果天使有质料，即便这样也不可能存在有属于同一个种相的几个天使。因为天使是无形的，所以，在这种情况下，质料之必然为使一个天使与另一个天使区分开来的原则，并不是就量的不同而言，而是就其能力的不同而言的；而且，这样的质料之不同所造成的，不仅有种相的不同，而且还有属相上的不同。

答异议理据1：种差比属相高贵，就像确定的事物比不可确定的事物高贵、专有的东西比共有的东西高贵一样；但是，这与一个本性比另一个本性高贵不同。因为倘若那样，那就必定可以得出结论说：所有的非理性动物属于同一个种相，或者在非理性动物中存在着某种比具有感知能力的灵魂还要高贵的形式。所以，非理性动物在种相上不同，是就其具有不同确定级别的感知本性而言的；同样，所有的天使在种相上不同，是就其具有不同级别的理智本性而言的。

答异议理据2：多些和少些改变种相，不是就它们是由某一形式的增强或减弱所造成的而言，而是就它们是由不同级别的形式造成的而言的，比如，我们说火比气更其完满，就是如此。天使就多些和少些而言被多样化，也正是在这个意义上说的。

答异议理据3：种相的善超过个体的善。因此，在天使中，种相被增加远比属于一个种相的个体被增加要好。

320b 答异议理据4：数目的增加，既然能够被无限地进行，所以也就并非活动主体所意向的；正如前面所说，活动主体所意向的只是种类上的增加。所以,天使本性的完满性要求的是种相的增加,而非属于一个种相的个体的增加。

第 5 条 天使是否是不朽的?

现在我们着手讨论第 5 条。

异议:天使似乎不是不朽的(incorruptibiles)。

理据 1:因为大马士革的约翰在《论正统信仰》第 2 章第 3 节论到天使时说,天使是“理智实体,它藉恩典而不是藉本性享有不死性”。

理据 2:再者,柏拉图在《蒂迈欧篇》里说,“噢,神中之神,我是你们的创造者和你们的父;你们都是我的作品,就本性上看,你们是会毁灭的;但是,你们依然是不朽的,因为我想使你们成为这样。”但是,这样的神灵只能被认为是天使。所以,就本性上看,天使是有朽的。

理据 3:还有,根据格利高利在《道德论》第 16 卷中的看法,“若非大能者的手保护它们,一切事物都将趋向虚无。”但是,可能被变成为虚无的事物就是可毁灭的。因此,既然天使是被上帝创造的,那么他们显然由于其自身的本性而是可毁灭的。

但是,从另一个方面看,狄奥尼修斯在《论神的名称》第 4 章第 1 节中说:“理智实体具有永不衰竭的生命,免除了一切毁灭、死亡、质料和生育。”

我的回答是:我们必须主张,天使就其自身的本性而言是不朽的。这种主张的理由在于:任何事物,除非其形式与其质料相分离,是不会被毁灭的。所以,既然天使是自存的形式,这一点从前面(第 2 条)所说的看来是很清楚的,它的实体就不可能是可毁灭的。因为:任何事物,若在其自身之内被考察,属于它的任何东西都不能被与它分离。但是,若就它与其他事物的关系被考察,
321a 则属于它的东西就可以与之分离了。因为其他的东西,从它所属的那个事物的观点看,是能够被拿走的。圆不可能与圆形分离,因为圆属于圆形自身;但是,一个青铜的圆环若其圆形被取消,则它也就因此而不再为圆了。存在就其本身而言是适合具有形式的,因为每一件事物都是因为它具有形式而得以成为一个现实存在的,而质料也只是藉形式才得以成为一个现实存在的。因此,一个由质料和形式组成的主体,由于其形式与其质料相分离,而不再现实地存在。但是,如果某事物的形式自存于其自己的存在之中,比如在天使里情况就是这样,正如前面所说(第 2 条)的那样,那么,它就不会丧失自己的存在了。所以,天使的非物质性,正是它藉自己的本性成为不朽的原因所在。

天使的这种不朽性的一个标志,可以从他的理智运作中获得。因为每一件事物,倘若它是现实的,就都在活动;而且,一件事物的运作显示了它的存在的样式。事物运作的种相和本性,是从其对象而得以认识的。但是,理智运作的对象是永恒的,因为理智是超出时间的。所以,每一个理智实体就其自身的本性而言是不朽的。

答异议理据 1:大马士革的约翰是在谈论完满的不死性,它包括完全的不变性;因为按照奥古斯丁在《反马西米诺》第 2 卷第 12 章中的说法,“每一个变化都是一种死亡。”天使只能藉恩典才能获得完全的不变性,这一点我们将在后面(问题 62 第 2 条和第 8

条)予以证明。

答异议理据 2:柏拉图用“神灵”一词意指天体,他认为天体是由元素组成的复合物,因此,天体是由于其自身本性的缘故而为可分解的;但是,藉着上帝的意志,他们却能够永远存活下去。

答异议理据 3:一如我们前面已经看到的(问题 44 第 1 条答异议理据 2),存在着某种必然的事物,其必然性是有其原因的。因此,这与一个必然的或不朽的存在依赖另一件事物作为自己存在的原因并不矛盾。所以,当我们说若非被上帝保存,甚至包括天使在内的一切事物都将落入虚无时,并不能由此得出结论说天 321b
使中存在着毁灭的原则,而只能说天使的存在依赖作为其原因的上帝。因为某一事物被说成是可毁灭的,不单单是因为上帝藉撤销他对它的保护活动就可把它变成非存在,而且还因为它在自身之内存在有某种毁灭的原则,或者存在有矛盾,或者至少存在有质料的潜在性。

问题 51

参照形体论天使

（共 3 条）

接着我们参照有形事物来探究天使。首先，参照形体来探究天使；其次，参照有形场所来探究天使（问题 52）；第三，参照位移运动来探究天使（问题 53）。

在第一个项目下，有 3 个要点需要探究：

（1）天使在本性上是否具有与之结合的形体？

（2）天使是否以形体显现？

（3）天使是否在其显现的形体中实施生命的功能？

第 1 条　天使在本性上是否具有与之结合的形体？

现在我们着手讨论第 1 条。

异议：天使在本性上（naturaliter）似乎具有与之结合的形体。

理据 1：因为奥利金在《第一原则》（*Peri Archon*）第 1 卷第 6 章中说过："他被理解为既无需物质实体也无需有形附加物做伴便可存在，这是上帝独有的属性，也就是说，这属性只属于圣父、
322a 圣子和圣灵。"伯纳德（Bernardus）在《〈雅歌〉布道集》中也说过："让我们把无形体性仅仅归于上帝，就像我们把不死性仅仅归于

上帝一样；只有上帝的本性才既不因为自身的缘故也不因为其他任何事物的缘故而需要任何有形器官的帮助。”奥古斯丁在《〈创世纪〉文字注》第 3 卷第 10 章中也说过：“魔鬼被称为太空动物，因为它们的本性与天体的本性相似。”但是，魔鬼与天使的本性是相同的。所以，天使在本性上具有与之结合的形体。

理据 2：其次，格列高利在《〈福音书〉注》中称天使为“理性动物”。但是，凡动物都是由形体和灵魂组成的。所以，天使就其本性而言具有与之结合的形体。

理据 3：还有，在天使中的生命比在灵魂中的生命更为完满。但是，灵魂不仅活着，而且把生命赋予形体。所以，天使就其本性而言是能够把生命赋予与之结合的形体的。

但是，从另一个方面看，狄奥尼修斯在《论神的名称》第 4 章第 1 节中说，天使“被认为是没有形体的”。

我的回答是：天使就其本性而言是没有与之结合的形体的。因为不论什么事物，若作为偶性属于某种本性，那么，它便不能在那一本性中被普遍地发现；所以，像有翅膀这东西，由于它不是动物的本性，所以并不属于所有动物。然而，既然理解既非形体的活动，也不是形体能力的活动，这一点将在后面（问题 75 第 2 条）加以说明，那么，由此可得出结论说：具有与之结合的形体并非理智实体的本性，而且，它之所以为某一理智实体所具有，也只是由于其他的原因；正如人的灵魂，它具有与之结合的形体，是因为它是不完满的而且它是潜在地存在于理智实体的属相之中的，它在自己的本性中没有丰富的知识，它只是通过形体的感觉从可感知的事物中获得知识，我们将在后面（问题 84 第 6 条；问题 89 第 1

条)对此作出解释。无论何时,只要我们在一个属相里发现了不完满的事物,我们就必然假设在那个属相中存在着完满的事物。
322b 因此,在理智本性中存在着某些完满的理智实体,他们无须通过可感知的事物就可获得知识。由此必然得出的结论是:并非所有理智实体都与形体结合,有些理智实体恰恰是与形体相分离的,我们将后者称为天使。

答异议理据 1:正如前面(问题 50 第 1 条)已经说过的,有人认为所有存在皆是形体,相应地,有人似乎认为除了与形体结合的实体之外没有无形的实体能够存在,乃至如奥古斯丁在《上帝之城》第 7 卷第 6 章中告诉我们的,还有人甚至认为"上帝是世界的灵魂"。由于这有违大公教会根据《诗篇》第 8 篇第 2 节"你将你的荣耀彰显于天"所作的信仰宣称:"上帝被荣耀,超乎万物",所以,奥利金在《第一原则》第 1 卷第 6 章中拒绝说那样的事物属于上帝,但是,关于其他的实体,他还是追随了他人所说的上述观点,在这里他是受骗了,正如他由于追随古代哲学家们的意见而在其他许多问题上受骗一样。伯纳德的表述应当这样来解释:受造的精神需要一些形体的工具,但是,这些工具不是本性上与之结合的,而是为了某种目的而采用的,对这一点我们在后面(第 2 条)将予以解释。奥古斯丁在《上帝之城》中那样说,不是要断定一个事实,而是简单地利用柏拉图主义者的"有某种太空动物,他们被称为魔鬼"这一看法。这些柏拉图主义者认为存在有一些生活在太空中的、被称为魔鬼的动物。

答异议理据 2:格列高利只是因为天使与理性的相似而比喻地称天使为理性动物。

答异议理据 3：实际地赋予生命，乃一种严格意义上的完满性；因此，这种完满性只属于上帝，正如《撒母耳记上》第 2 章第 6 节所说："耶和华使人死，也使人活。"但是，形式地赋予生命，则属于这样一种实体：它是某种本性的一部分，但是，在其自身之内它并不拥有它所属的那一种相的全部本性。所以，不与形体结合的理智实体比与形体结合的理智实体更为完满。

第 2 条　天使是否以形体显现？ 323a

现在我们着手讨论第 2 条。

异议：天使似乎并不以形体显现(assumant corpora)。

理据 1：因为在天使的工作里没有多余的东西，正如自然的作品里没有多余的东西一样。但是，对于天使来说以形体显现是多余的，因为天使自己的能力超过所有形体的能力，他根本不需要形体。所以，天使不以形体显现。

理据 2：再者，每一种显现都被终止在某一结合之中，因为以某事物显现自己意味着显现者已经使它附属于自己。但是，形体不是把天使作为其形式而与天使结合，这一点前面(问题 51 第 1 条)就已经说过；而且，就形体是把天使作为其推动者而与天使结合而言，不能说形体是在藉天使来显现自己，否则就会得出这样一个结论：凡被天使推动的形体都被天使用来显现自己。所以，天使并不以形体显现。

理据 3：还有，天使不以土或水的形体显现，如果那样他们就不能突然消失；天使也不以火的形体显现，如果那样他们就会使他们接触到的所有东西都燃烧；天使也不以气的形式显现，因为气是既无形状也无颜色的。因此,天使不能以形体显现。

但是,从另一个方面看,奥古斯丁在《上帝之城》第16卷第29章中却说过:天使以显现的形体出现在亚伯拉罕面前。

我的回答是:有人主张,天使绝对不以形体显现,我们在圣经中读到的关于天使的异象都出于先知们的幻见(visione),也就是说,是根据想象得来的。但是,这种看法与圣经的意图相反,因为凡在想象的幻见中被看见的东西都只存在于目睹者的想象之中,因此不能为每个人无差别地看见。但是,圣经一再提到天使为所有的人相当明显地共同看见;例如,出现在亚伯拉罕面前的天使被亚伯拉罕和他的全家、被罗德和所多玛的居民一起看见;同样,出现在托庇亚面前的天使也为在场的所有人看见。从所有这些
323b 例子可以明白,这样的异象是作为形体的景象被看见的,被看见的对象存在看见这个对象的人之外,而且因此便能够为所有人看见。既然人们藉这样的异象只能看见形体,但是,正如前面(本问题第1条;问题50第1条)所说,天使既不是形体,也不具有本性上与他们结合的形体,那么,由此得出的结论便只能是:天使有时以形体显现。

答异议理据1:天使需要以形体显现,不是为了天使自己,而是为了我们的缘故,藉着与人的亲密交流,他们可以向人提供证据,说明人期望在来生与他们建立的那种理智伙伴关系是存在的。再者,在旧律法下天使以形体显现是一种象征性的征兆:上帝之道将以人的肉身出现。因为《旧约》里的所有异象都被安排来预示一个道理:上帝之子为何要以肉身出现。

答异议理据2:天使藉以显现自己的形体之与天使结合,不是

因为天使是它的形式，也不仅仅是因为天使是它的推动者，而是因为天使作为推动者藉那被采用的可推动的形体来显现自己。因为正如在《圣经》中可理解的事物的特性是经由可感事物的类似表现出来一样，藉着上帝的力量，可感的形体也是这样为天使塑造成适合于恰当地表现天使的可理解的特性。这也正是我们说天使以形体显现的意思。

答异议理据 3：尽管气在稀薄状态下既没有形状也没有颜色，但是，在浓缩状态下它就既有形状也有颜色，比如在云彩中就是如此。虽然如此，天使以气的形体显现，藉神圣的能力使之浓缩，使之合乎要求地形成可用于显现天使的形体。

第 3 条　天使是否在其显现的形体中实施生命的功能？

现在我们着手讨论第 3 条。

异议：天使似乎在显现的形体中实施生命的功能。

理据 1：因为在拥有真理的天使中伪装是不合身份的。但是，324a
如果天使显现出来的形体看似活着而且看似在实施生命的功能，但却并不拥有这些功能，那么，这就是在伪装。所以，天使在其显现的形体中是实施生命的功能的。

理据 2：其次，在天使的工作中没有一件是无目的的。但是，在天使显现的形体中有眼睛、鼻子和其他的感官，如果不用它们感觉任何东西，那么，它们就是不为任何目的而形成的。所以，天使藉其显现的形体感觉；而感觉是生命的最专门的功能。

理据 3：还有，一如哲学家在《论灵魂》第 2 卷中所说，从这个地方运动到另一个地方，是生命的功能之一。[1] 但是，天使明明被看见在其显现的形体中运动。因为《创世记》第18章第16节说："亚伯拉罕也与他们（显现在他面前的天使）同行"；《多俾亚传》第5章第7—8节说道："多俾亚对天使说：'你认识往玛待去的路吧？'天使对他说，'是，我多次到过那里，全条路程我都很熟悉。'"所以，天使经常在显现的形体里实施生命的功能。

理据4：还有，说话是活着的主体的功能之一。因为言说是藉声音而发生的，声音自身是从嘴巴里传出来的，哲学家在《论灵魂》第2卷中就是这么说的。[2] 但是，《圣经》里的许多节经文明白地说天使在其显现的形体里说话。所以，天使在其显现出来的形体中实施生命的功能。

理据5：还有，吃完全是动物的功能。因此，主复活后与他的门徒们一起吃以证明他具有再生的生命（《路加福音》24：43）。既然天使在使用的形体中显现时吃，亚伯拉罕就把他们当作上帝一样来崇敬，并且拿食物供养他们（《创世记》18：2）。所以，天使在其显现的形体里实施生命的功能。

理据6：还有，生育后代是一种生命活动。但是，这种事也发生在以形体显现的天使中。因为《创世记》第6章第4节上写道："后来上帝的儿子们，和人的女子们交合生子，那就是上古英武有名的人。"因此，天使在显现的身体里具有生命的功能。

但是，从另一个方面看，正如我们在前面（问题51第2条答

---

① 亚里士多德：《论灵魂》，Ⅱ，2，413a23。

② 同上书，Ⅱ，8，420b5。

异议理据 3)所说,天使藉以显现自己的那些形体没有生命。所 324b
以,他们在其显现的形体中不可能实施生命的功能。

我的回答是:活着的主体的一些功能,有着与其他运动类似的东西。比如,说话是有生命的受造物的功能,就其是声音而言,与无生命的事物是相同的。又如行走,就其为运动而言,与其他运动也是相同的。因此,那些被天使在其显现的形体中实施的生命功能,不是活着的主体特有的生命功能,尽管就其运作来说二者是相同的。因为依据哲学家的观点,"有能力者就有活动。"[①]所以,除了有生命者,没有一件事物能够具有生命的功能,因为生命是生命活动的潜在原则。

答异议理据 1:因为可理解的事物在《圣经》里被置于可感觉的事物之下,这绝对不与真理矛盾;因为这样说不是为了主张可理解的事物是可感觉的事物,而是为了主张:可理解的事物的属性可以通过可感觉的形象藉类似而被认识;所以,尽管天使不是有生命的人而是藉形体而显现为活人,这并不与属神的天使所具有的真理相矛盾。因为形体之被使用,只是为了这样一个目的:天使的精神特性和工作藉人的特性和工作而得以彰显。如果天使不显现为真人,这一目的就不会被那么充分地实现;因为这样的人的属性将把我们引向人而不是引向天使。

答异议理据 2:感觉整个是生命的功能。因此,无论如何也不能说天使通过他们显现出来的形体器官感觉。但是,这些形体之形成不是没有目的;因为它们之形成不是为了通过它们以感觉,

① 亚里士多德:《论睡与醒》,Ⅰ,454a8。

而是为了这样一个目的的，即通过这样的形体器官，天使所具有的精神能力可以彰显出来，就像藉眼睛天使的知识所具有的能力被彰显出来一样，通过其他的器官，天使的其他力量受到彰显，狄奥尼修斯在《天国等级论》第15章中曾经教导过这一点。

答异议理据3：来自一个所结合的推动者的运动是生命的固有功能；但是，天使藉以显现的形体不是这样被推动的，因为天使
325a 不是这些形体的形式。当这些形体被推动时，天使也只是被偶然地推动，因为天使在这些形体之中就像推动者在被推动者中一样；而且，天使在这些形体之中也不像在其他地方一样；可是，这不能用来论说上帝。因此，由于上帝无处不在，他存在于每一个事物之中；当事物被推动时，上帝却不被推动；可是，由于天使藉以显现的形体的运动，天使便被偶然地推动。但是，即使天使之存在于形体之中就像推动者存在于被推动者中一样，天使也不是像天体之运动那样受到推动，因为天体完全不改变位置；推动世界的精神也不会像世界的实体之任何一指定部分一样一会儿在东方一会儿在西方没有固定的位置，而是具有不变的方向，因为按照哲学家在《物理学》第8卷中所说，“推动的能量总是在东方”。①

答异议理据4：严格地讲，天使并不通过他藉以显现的形体说话，但是，就他们就像人的声音一样在空气中形成声音而言，这里存在有一种说话的外观。

答异议理据5：严格地讲，不能说天使吃，因为吃意味着把食

① 亚里士多德：《论天》，Ⅱ，2，285b18。

物消化吸收到吃者的实体中。尽管基督拥有一个由食物在其中能够被消化的真正自然的东西构成的肉身,但是,在复活后食物不能被变成基督肉身的实体,而是被变成与之相伴的质料;所以,基督的吃是真正的吃。但是,天使吃的食物不能被其藉以显现的形体吸收,而且,这样的形体也不是由食物在其中能够被消化的真正自然的东西所构成的。因此,天使的吃不是真正的吃,而是一种比喻,意即精神地吃。这正是天使对多俾亚所说的:"我与你们在一起时,我好像确实在吃和喝;但我吃的是看不见的肉,喝的是看不见的酒(《多俾亚传》12:19)。"亚伯拉罕供给他们食物,相信他们是人;但是,一如奥古斯丁在《上帝之城》第 16 卷第 29 章中所说,他崇拜的是居住在他们之中的上帝,"因为上帝通常处在先知们中"。

答异议理据 6:正如奥古斯丁在《上帝之城》第 15 卷中所说:"许多人确信他们有过那种体验,或者听有过这种体验的人说过,被普通人称作魔鬼(incubos)的山林之神西万诺(Silvanos)和田园之神的浮诺斯(Faunos)经常出现在妇人面前,追求她们并且与她们交合。因此,否认这一点是愚蠢的。但是,上帝的神圣天使在 325b
大洪水之前不可能堕落到如此程度。因此,这里的'上帝的儿子们'应当理解为善人塞特的后代;《圣经》用'人的女子'指该隐的后代。巨人从他们而生,这一点也不奇怪;尽管在大洪水之前有很多巨人,但他们不全是巨人。"再者,如果其中一些是偶然地从魔鬼而生的,他们也不是出于这些魔鬼的精子,不是出于他们藉以显现的形体,而是出于为此目的而被盗来的那些男人的精子,因为魔鬼首先以女人的形式显现,然后以男人的形式显现;正如奥古斯丁在《论三位一体》第3卷中所说，魔鬼为了其他的生育目的而盗取其他动物的精子；所以，由此而出生的人不是恶魔的孩子，而是精子被从其盗取的那个男人的孩子。

问题 52

就其与场所的关系论天使

(共 3 条)

现在我们开始探究天使的场所。

关于这个问题，有 3 个要点需要探讨：

(1)天使存在于场所之中吗？

(2)一个天使能同时处在几个不同的场所吗？

(3)几个天使能处在同一个场所吗？

第 1 条　天使存在于在场所之中吗？

现在我们着手讨论第 1 条。

异议：天使似乎不存在于场所(loco)之中。

理据 1：因为波爱修在《七公理论》(*De Hebdom*)中说过："有 326a
学问的人的共同看法是，无形的事物是不存在于场所之中的。"而且，亚里士多德在《物理学》第 4 卷中也说过："并不是每一个存在的事物都存在于场所之中的，只有可被推动的形体存在于场所之中。"[①]但是，天使不是形体，这一点已如上述(问题 50)。所以，天

① 亚里士多德：《物理学》，Ⅳ，5，212b28。

使不存在于场所之中。

理据2：再者，场所是一个具有方位的量。但是，在场所中的每一件事物都具有某种方位。可是，具有方位不能有益于天使，因为天使的实体完全没有量，而量的专有的种差就是具有方位。所以，天使不存在于场所之中。

理据3：还有：存在于某个场所之中就是被这样的场所度量和包纳，从哲学家在《物理学》第4卷中所说的话看，这一点是显然的。[①] 但是，天使既不被场所度量，也不为其所包纳，因为包纳者比被包纳者更多地是形式的，就如气之于水的关系一样。[②] 所以，天使不存在于场所之中。

但是，从另一个方面看，《晚祷词荟要》(*collecta dicitur*)里说："让神圣的天使住在这里，使我们居于和平安宁之中。"

我的回答是：在场所中对天使是有助益的，但是，天使和形体之被说在场所中是在不同意义上讲的。形体之被说成是存在于场所之中，是说依据它与向量的关系而被限制在这样的场所中；但是，在天使里没有向量，因为天使的量是虚拟的量。所以，天使之被说成是存在于一个有形场所中，意思是说天使的能力能够以任何方式应用到任何一个场所。

因此，没有必要说天使可以认为是可用场所度量的，或者没有必要说他占有一个连续的空间。因为这是被赋予了向量的形体所特有的。同样，由于这个原因，天使也必然不会为场所所包

---

① 亚里士多德：《物理学》，Ⅳ，12，221a18。

② 同上书，Ⅳ，5，213a2。

纳，因为无形实体实际上包纳着与之联系的事物，而不被与之联系的事物所包纳；所以，灵魂在形体中同时又包纳形体，但却不被形体包纳。同样，天使被说成存在于一个有形的场所中，不是因为它是被包纳的事物，而是因为它以某种方式包纳着有形的场所。

这已经回答了那些理据。

第 2 条 一个天使能否同时存在于几个场所？ 326b

现在我们着手讨论第 2 条。

异议：一个天使似乎能同时存在于几个场所（pluribus locis）。

理据 1：因为天使被赋予的能力并不小于灵魂被赋予的能力。但是，灵魂同时存在于几个场所，因为按照奥古斯丁在《论三位一体》第 4 卷中的说法，灵魂“遍在于形体的每一部分”。所以，天使能同时存在于几个场所。

理据 2：再者，天使存在于他藉以显现的形体中，他藉以显现的形体是连续的，显然，他存在于这个形体的每个部分之中。但是，既然这个形体有几个部分，那它就有几个场所。所以，天使能同时存在于几个场所。

理据 3：还有，大马士革的约翰在《论正统信仰》第 2 卷第 3 章中说过：“天使在哪里运作，他就存在于哪里。”但是，天使偶然地同时在几个场所运作，这从天使摧毁所多玛一事（《创世记》19：25）就可以明显地看出来。所以，天使能同时存在于几个场所。

但是，从另一方面看，大马士革的约翰在《论正统信仰》第 2 卷第 3 章中说：“天使在天堂，他们不存在于尘世。”

我的回答是:天使的能力和本性是有限的,而作为万物的普遍原因的上帝的能力和本质则是无限的。上帝通过自己的能力达于万物,不单单地出现在某些场所,而是出现在每一个场所。既然天使的能力是有限的,它就不可能达于万物,而只能达于某些确定的事物。因为凡与一能力相关联者必定是作为一个确定的事物而与这能力相关联。因此,由于一切存在都是作为一个事物而与上帝的普遍能力相关联的,所以,一个具体的事物也是作为一个事物而与天使的能力相关联的。所以,既然天使藉其能力被用于一个场所而存在于这个场所中,那么,由此便可得出结论
327a 说:天使并不是无所不在的,他也不能(同时)存在于几个场所,而只能存在于一个场所。

但是,有些人在这件事上被欺骗了。因为有人不能够超出其想象力的范围,他们认为天使的不可分割性与点的不可分割性相似,因此,他们认为天使只能存在于点这样的场所之中。[1] 但是,他们显然是被欺骗了,因为点是具有方向的不可分割的东西,尽管天使也是不可分割的,但是,天使超出了量的属相和场所的属相。所以,在天使方面没有他在场所方面确定一个不可分割的场所的机会;只要天使愿意把自己的能力限定在一个或大或小的形体中,那么,任何场所,不论是可分割的还是不可分割的,也不论是大的还是小的,都足以使天使满意。所以,天使为自己的能力限定在其上的那一整个形体,对天使来说,只是一个场所。

即使某个天使推动天体,对他来说无处不在也不是必然的。

---

① 参阅波拉文图:《〈箴言四书〉注》,Ⅱ,d. Ⅱ,Pt. 2,A. 2,Q. 3。

首先，因为他的能力只被施加于首先被他推动的那个天体。由于天体的一部分，也就是说，是东方的部分，是最先被推动的，所以，哲学家在《论天》第 2 卷中把天体推动者的能力归诸东方的天体。[①] 其次，哲学家们并不认为一个独立实体就能直接地推动所有的天体。所以，天使并不必然地是无处不在的。

所以，显而易见，在场所方面，对于形体、天使和上帝来说，具有完全不同的含义。因为形体是以被局限的方式存在于一个场所中。但是，天使却不是以被局限的方式存在于场所中，因为天使不被场所度量，而只是被场所所明确，他在一个场所只是表明他不存在于另一个场所。但是，上帝存在于一个场所之中，既不被这场所局限，也不被这场所明确，因为他是无处不在的。

从以上所说，我们能够轻松地回答上面所有理据：因为天使的能力被直接应用于其上的那一对象整个地被认为是一个场所，即使这个对象是连续的，亦复如此。

第 3 条　几个天使能否同时存在于同一个场所？ 327b

现在我们着手讨论第 3 条。

异议：几个天使似乎能同时存在于同一个场所。

理据 1：几个形体不能同时存在于同一个场所，因为它们会使那个场所充满。但是，几个天使不会使一个场所充满。因为一如哲学家在《物理学》第 4 卷中所说，只有形体才会把场所充满，使

---

① 参阅亚里士多德：《论天》，Ⅱ，2，285b18。

场所不是空着的。[①] 所以，几个天使能够存在于同一个场所。

理据2：再者，天使与形体之间的区别大于两个天使之间的区别。但是，一个天使和一个形体能够同时地存在于一个场所，因为没有一个场所不被可感知的形体所充满，我们发现在《物理学》第4卷中已经证明出了这一点。[②] 所以，两个天使更加能够存在于同一个场所。

理据3：还有，依据奥古斯丁在《论三位一体》第6卷第6章中的说法，"灵魂存在于形体的每一个部分之中。"但是，尽管魔鬼不占据灵魂，他们却偶然地占据形体，因此，灵魂与魔鬼是能够同时存在于一个场所的；所以，基于同样的原因，所有其他的精神实体也能够同时存在于一个场所。

但是，从另一个方面看，没有两个灵魂同时存在于一个形体之中。由于相似的原因，也没有两个天使存在于同一个场所。

我的回答是：没有两个天使存在于同一个场所。这一说法的理由是：因为两个完全的原因不可能是同一个事物的直接原因。这在每个属相的原因中是显而易见的；因为一个事物只有一个近因，
328a 只有一个最近的推动者，尽管可能存在着几个远的推动者。不可否认的是：几个人可能划一条船，尽管所有人一起是这条船的推动者，可是他们中没有一个人是这条船的完全的推动者，因为没有一个人的能力大到足以划动这条船，就他们所有人联合的能力共同使这条船运动而言，所有这些人一起是一个推动者。因此，既然天使之被

---

① 亚里士多德：《物理学》，Ⅳ，7，213b23。

② 同上书，Ⅳ，8、9，214b12、216b23。

说成是在一个场所，乃是因为他作为一个完美的包纳者其能力直接达于这个场所这一事实，前面(问题 52 第 1 条)我们已经说到这一点，那么，在一个场所也就只可能有一个天使。

答异议理据 1：几个天使之所以不能存在于同一个场所，并不是因为他们会使那个场充满，而是由于其他的原因，前面我们已经说到过这一点。

答异议理据 2：天使和形体并不以同样的方式存在于一个场所。所以，那个结论是推证不出来的。

答异议理据 3：即使魔鬼与灵魂也不是依据同样的因果关系而与形体相比的，因为灵魂是形体的形式，但是，魔鬼不是形体的形式。所以，那个推论是推证不出来的。

问题 53
论天使的位移运动
（共 3 条）

接下来我们着手考察天使的位移运动。

在这个题目下，有 3 个要点需要探究：

(1)天使是否能在位置方面受到推动？

(2)天使在从一个场所到另一个场所的过程中，他是否穿过居间的场所？

(3)天使的运动是在时间中还是瞬间的？

第 1 条　天使是否能在位置方面受到推动？

现在我们着手讨论第 1 条。

异议：天使似乎不能在位置方面(localiter)受到推动。

328b 理据 1：因为，一如哲学家在《物理学》第 6 卷中所证明的："没有部分的事物不可能受到推动"；[①]因为当它处于它从之而来的那一端时，它没有受到推动，当它处于它将要到达的那一端时，它也没有受到推动，因为那时它已经受到推动了。因此，这说明：被推

---

① 亚里士多德：《物理学》，Ⅵ，4，234b10；Ⅵ，10，240b8。

动的那一事物，当它正受到推动时，它一部分在它从之而来的那端，另一部分则在它向之而去的那端。但是，天使是没有部分的。所以，天使不能在位置方面受到推动。

理据 2：再者，一如哲学家在《物理学》第 3 卷中所说："运动是不完满的存在的现实。"①但是，蒙福的天使并非不完满。所以，蒙福的天使不能在位置方面受到推动。

理据 3：还有，运动仅仅是因为欲望。但是，神圣的天使没有欲望。所以，神圣的天使不能在位置方面受到推动。

但是，从另一个方面看，一个蒙福的天使之受到推动与一个蒙福的灵魂之受到推动是一回事。但是，必须说蒙福的灵魂是在位置方面受到推动的，因为基督的灵魂下降到地狱里是一条信仰。所以，蒙福的天使是能够在位置方面受到推动的。

我的回答是：蒙福的天使是能够在位置方面受到推动的。但是，存在于一个场所对于形体和对于天使具有不同的意义，同样，位移运动对于形体和对于天使也具有不同的意义。因为一个形体存在于一个场所，不是就它被一个场所包纳并且为这个场所所规定而言的。所以，一个形体的位移运动必然为这个场所所规定，并且必然要符合这个场所的要求。因此，哲学家在《物理学》第 4 卷中说："运动的连续所依据的是积量的连续，形体的位移运动的先和后所依据的则是积量（magnitudine）上的先和后"。② 但是，天使之存在于场所之中，不是就其为这场所规定和包纳而言

① 亚里士多德：《物理学》，Ⅲ，2，201b31。

② 同上书，Ⅳ，11，219a12。

的,而是就其包纳这个场所而言的。所以,天使的位移运动不至于为了具有连续性而为那一场所规定或者去符合那一场所的苛求,因为它是非连续的运动。既然天使只是藉虚拟的联系而存在于一个场所,这一点已如上述(问题 52 第 1 条),那么,由此必然得出的结论便是:天使在位置方面的运动不过是几个场所的几个连续发生的联系,而非同时发生的联系,因为如上所述(问题 52
329a 第 2 条),一个天使是不能同时存在于几个场所的。这些联系不一定是连续的。但是,在这样的联系中还是能够发生某种程度的连续性。因为,一如前面所说(问题 52 第 1 条),没有事物能够阻止我们依据虚拟的联系把可分的场所分派给一个天使,像我们依据积量的联系把可见的场所分派给一个形体一样。因此,正如形体是连续地而不是同时地离开它之前在其中的那个场所,而且由此在位移运动上产生连续性;类似地,一个天使也能连续地离开他之前所在的那个场所,而他的运动因此也是连续的。而且,天使能够在瞬间离开整个场所,在同一瞬间使他自己居于另一个场所之整体中,他的运动因此就将不再是连续的了。

答异议理据 1:这一意见由于下述两个理由是达不到其目的。首先,因为亚里士多德的证明涉及的是积量上不可分割的东西,而与此相应的场所也必然是不可分割的。所以,它是不能用来谈论天使的。

其次,是因为亚里士多德的证明所涉及的运动是连续的。如果运动不是连续的,它就可能被说成是:当事物处于它由之出发的场所时和处于它所要抵达的场所它便受到推动,因为关于同一件事物,所在场所的连续便可以称为运动,所以,不论这一事物可能在哪一个场所，它都可以被说成是受到推动。但是，运动的连续性否认这一观点，因为没有一个连续的事物处于它的端点上，这是显而易见的，因为线并不处于这个点上。所以，一个受到推动的事物当其正在受到推动时必然完全不在其中的一个端点上，而是部分地在一个端点上，部分地在另一个端点上。因此，就天使的运动不是连续的而言，亚里士多德的证明是无效的。但是，就天使的运动被认为是连续的而言，这一点又是理所当然的，即：当天使运动时，他部分地在他所从之出发的那一端点上，部分地在他将要抵达的那一端点上（在这里，“部分”不应被用来述说天使的实体，只应当用来说天使的场所）。因为在天使的连续运动开始时，天使处于在其开始受到推动时所由之出发的那个完全可分的场所；但是，当其现实地处于运动中的时候，他则部分地处于他所离开的第一个点，部分地处于他将占据的第二个点。天使能够占据属于他的两个场所的部分这一事实之属于天使，恰恰是由于他能够藉应用自己的力量占据可分割的场所，就如形体可藉其 329b
大小占据可分割的场所一样。由此便可以得出结论说：一个物体就场所而言，它是可以运动的，而就大小而言，则它是可分的；但是，就天使而言，他的力量是能够应用到可分割的事物之上的。

答异议理据 2：处于潜在状态的事物的运动是不完满的活动主体的现实。但是，作为能量运用的运动却是一种处于现实的活动主体的现实，因为能量意味着现实性。

答异议理据 3：处于潜在状态的事物的运动是不完满者的现实，但是，处于现实状态的事物的运动却不是为了它自己的需要，而是为了他者的需要。这样，由于我们的需要，天使便在位置方面受到推动，因为《希伯来书》第1章第14节说："天使岂不都是服役的灵，奉差遣为那将要承受救恩的人效力么？"

第2条　天使是否穿过居间的场所？

现在我们着手讨论第2条。

异议：天使似乎并不通过居间的(per medium)场所。

理据1：因为穿过居间的场所的每一件事物在穿过一个较大的场所之前首先须穿过与自己的尺寸相应的场所。但是，天使是不可分割的，与天使相应的场所被限制在一个点上。所以，如果天使穿过居间的场所，则他在运动中便必须要穿越无数个点；但是，这是不可能的。

理据2：再者，天使是比灵魂更为单纯的实体。但是，我们的灵魂藉思考能够从一端到另一端而无需经过中间的场所；因为我能思考法兰西，接着就思考叙利亚，而无需思考处在二者之间的意大利。所以，天使更是能够从一端到另一端而无需通过居间的场所的。

但是，从另一个方面看，如果天使从一个场所运动到另一个场所，那么，当他处于他达到的那个端点时，他便不是受到推动，而是被改变。但是，改变的过程处于每一个现实的改变之前。所以，
330a 以，当他存在于某一个场所时，他便正在受到推动。然而，只要他处于他从之出发的那一点上，他就没有受到推动。因此，当天使处于居间场所时他便受到推动，天使因此便必然穿过居间的场所。

我的回答是：正如前面一条所说，天使的位移运动可以是连

续的，也可以是非连续的。如果天使的位移运动是连续的，他就不能从一个端点到另一个端点而不穿过居间的场所，因为正如哲学家在《物理学》第 4 卷中所说："所谓居间就是一个能够被连续地改变的事物在还没有到达它要被改变成的那个最后目标之前处在其中的那个阶段。"[①]因为在连续的运动中，第一和最后之序是基于积量中的第一与最后之序的。[②]

但是，如果天使的运动不是连续的，他就可能从一个端点到另一个端点而不必穿过居间的场所，这是显而易见的。在这两个端点之间有无数个居间的场所，不管它们被认为是可分割的还是被认为是不可分割的，都是如此。关于不可分割的场所，这是再清楚不过的。因为：既然一如哲学家在《物理学》第 6 卷中所证明的："没有两个点可以一个接续另一个而二者之间没有居间的点"，那么，在任何两个点之间便都会有无数个居间的点。[③] 同样的结论也必然可以用来论断可分割的场所，而且，这个结论也可以从形体的连续运动得到证明。因为除非在时间中，一个形体是不能从一个场所运动到另一个场所的。但是，在度量形体的运动的那整个时间中，不可能存在在其中运动的形体既不在这个场所也不在另一个场所的这样两个"现在"；因为如果一个形体在这样两个"现在"都处于同一个场所，那就可以得出结论说，它在那儿静止不动，因为静止无非就是现在和之前存在于同一个场所。所以，既然在度量运动的时间的第一个"现在"与最后一个"现在"之

① 亚里士多德：《物理学》，Ⅴ，3，226b23。

② 同上书，Ⅳ，11，219a16。

③ 同上书，Ⅵ，1，231b9。

间有无数个“现在”，那么，在运动从之开始的那第一个场所与运动停止在其上的那最后一个场所之间必然存在着无数个场所。这个结论，从感觉经验也可以得到证明。假设有一个一掌长的形体，再假设它沿着一个两掌长的平面运动；显然，运动从之出发的那第一个场所是一个一掌长的场所，运动结束于其上的那个场所则是另一个一掌长的场所。非常清楚的是：当它开始运动时，它逐渐地离开第一个一掌长的场所而进入第二个一掌长的场所。因而，由于掌的积量（大小）是可分的，接续的那些居间的场所也
330b 是可分的，因为在第一掌长的积量中的每一个独特的点都是一个场所的开端，在另一个掌长的积量中的每一个独特的点则是这同一场所的末端。所以，由于积量是无限可分的，而且在每一个积量中的那些点又是潜在地无限的，由此必然得出这样一个结论：在每两个场所之间存在着无数居间的场所。

一个可被推动的形体只是藉其连续的运动而穷尽无限个居间的场所，因为正是由于居间的场所是潜在地无限的，所以在连续的运动中也必然有无限个东西被计算在内。所以，如果运动不是连续的，那么，这运动的所有部分都将被实际地计算在内。因此，如果任何一个可被推动的形体受到推动，但是，又不是藉连续的运动受到推动，那就可以得出结论说：或者它不穿过任何居间的场所；或者它事实上穿过了无限个场所，然而，这是不可能的。所以，既然天使的运动不是连续的，他就不穿过任何居间的场所。

实际地从一个端点到另一个端点而不用经过居间场所，这与天使的本性完全相符，但是，却不与形体的本性相符，因为形体受

到场所的度量，而且还为场所包纳，所以，它一定在其运动中遵从场所的规律。但是，天使的实体不被空间包纳也不受制于场所，而是包纳场所且处在场所之上。所以，如其所欲地把自己投入到一个场所，或通过或不通过居间场所，这是件完全处于天使的能力范围之内的事情。

答正反两方意见理据 1：天使的场所之被认为与天使匹配，所依据的不是积量，而是能力的接触，所以，天使的场所是可分的，而不总是一个纯粹的点。但是，即使居间的可分的场所也是无限的，正如我们前面所说，它们也可被连续的运动穷尽，这一点从前面所说的便可以明白。

答正反两方意见理据 2：当天使在位置方面受到推动时，他的本质便被用到不同的场所；但是，灵魂的本质不能用到所思想的事物中去，而毋宁说所思想的事物存在于灵魂之中。所以，这里没有可比性。

答正反两方意见理据 3：在连续的运动中，实际的变化不是这种运动的一个部分，而是这种运动的结果；所以，运动必然在变化之前。因此，这样的运动穿过居间的场所。但是，在非连续的运动中，变化是这种运动的一个部分，因为一个单元是数目的一个部分；所以，即使没有居间的场所，几个场所的连续也构成这样的运动。

第 3 条　天使的运动是否是瞬间的？ 331a

现在我们着手讨论第 3 条。

异议：天使的运动似乎是瞬间(instanti)的。

理据 1：因为推动者的力量越大，被推动者越弱地抵抗推动者，运动就越快。但是，正在推动自己的天使所具有的力量不可比地超过他推动一个形体的力量。然而，速度的比例是按照时间的减少得到计算的。但是，在一段时间和另一段时间之间存在着比例。所以，如果形体是在时间中受到推动的，天使就是瞬间受到推动的。

理据2：再者，天使的运动比任何形体上的变化都要单纯。但是，一些形体上的变化是瞬间实现出来的，比如照亮就是这样；因为对象不是像其连续地变热那样被连续地照亮的，而且光线到达一个近的场所并不比它到达一个远的地方快。所以，天使的运动就更加是瞬间的了。

理据3：还有，如果天使是在时间中从一个场所受到推动达到另一个场所，那么，显而易见的是：在这段时间的最后一瞬他处在他将要受到推动的那一端；但是，在整个前进的时间中，他或者处在仅仅在此之前的那个被当成其从之出发的那个端点的场所，或者部分地处在一个场所，部分地处在另一个场所。但是，如果他部分地处在一个场所，部分地处在另一个场所，那就会得出这样一个结论：他是可分的；然而，这是不可能的。所以，在整个前进的时间中，他处于他由之出发的那个端点上。因此，他在那儿静止不动，因为所谓静止就是现在和之前处于同一个场所，前面（问题53第2条）我们已经说到这一点。所以，由此便可以得出这样一个结论：除非在最后一瞬，天使便不会受到推动。

但是，从另一个方面看，在每一变化中都有之前和之后。运动的之前与之后又是藉时间而被度量的。所以，每一个运动，即使是天使的运动，都处于时间之中，因为其中有之前和之后。

我的回答是：有些人认为天使的位移运动是瞬间的。他们说，当天使从一个场所受到推动达到另一个场所时，在整个前进 331b 的时间中他都在他的从之出发的那个端点上，但是，在这段时间的最后一瞬他却处于他要被推动所达到的那个端点上。这两个端点是无需居间的，正如在时间和时段之间没有居间一样。但是，在时间的两个"现在"之间存在着居间的时间；因此他们说最后一瞬不能被认为是他在他从之出发的那个端点上的那一瞬，正如在光照中和在火的实体之产生中不存在大气在其中是黑暗的那最后的一瞬，也不存在在其中质料缺乏火的形式的那最后一瞬，只能说存在这样的一瞬，在其中，光在大气中，火的形式在质料中。所以，光照和实体的产生被称作瞬间运动。[①]

但是，在当前的例子里，这种观点并不成立，而且它也被证明为不成立。静止的本性在于：处于静止状态的主体在"现在"与在"之前"相比，并没有受到另外的处置，所以，在度量静止的那一时间的每一个现在，处在静止状态的主体在这段时间的第一个时刻、居间的时刻和最后一个时刻，都处于同一个场所。另一方面，运动的本性在于：受到推动的主体现在所处的场所不同于它之前所处的场所，因此，在度量运动的那一时间的每一个时刻，受到推动的主体处于不同的场所；因此，在最后一个时刻，它必然具有一个不同于它之前所具有的形式。所以，显然，在整个时间中静止在某种状态，比如静止在白中，也就是说它在这段时间的每一时刻中都处在这样的状态中。所以，任何事物都不可能在整个前进

① 参阅阿维洛伊：《〈物理学〉注》，VI，59。

的时间中静止在一个端点上而在这段时间的最后一瞬之后处在另一个端点上。但是,在运动中这是可能的,因为在任何一段时间中受到推动不是在那段时间的每一个瞬间都处在同一个场所。因此,这类的所有瞬间变化都属于连续运动的范畴;正如产生属于质料的变化这一范畴,光照属于发光的形体的位移运动的范畴。天使的位移运动不属于任何其他的连续运动之范畴,它只属
332a 于自身的范畴,不依靠任何其他的运动。所以,不能够说在整个时间里他处于某个场所,也不能够说在最后一个时刻他处于另一个场所,但是,必须指派这样一个时刻,在其中他处于先前的场所中的最后一点。但是,在存在着一个时刻接续着另一个时刻的地方,必然存在着时间,因为时间不是别的东西,它无非是对运动中的之前和之后的计数。所以,仍然可以说天使的运动是存在于时间之中的。如果天使的运动是连续的,天使的运动就处于连续的时间中;如果天使的运动是非连续的,则天使的运动就处于非连续的时间之中;因为,正如前面所说(问题53第1条),天使的运动可以是连续的,也可以是非连续的,而时间的连续性出自运动的连续性,一如哲学家在《物理学》第4卷中所说的那样。[1]

但是,天使的运动处在其中的时间,不论它是连续的还是非连续的,与度量天体的运动和一切有形体的事物的运动的时间都是不相同的;因为后一种时间具有来自天体运动的可变性,而天使的运动却不依赖于天体的运动。

答异议理据1:如果天使运动的时间不是连续的,而仅仅是时

① 亚里士多德:《物理学》,Ⅳ,11,219b13。

刻的接续，它与度量有形体的事物的连续运动的时间就没有可比性；因为它们没有相同的本性。但是，如果天体运动的时间是连续的，它们就确实是可比的，但是，不是由于推动者与可被推者的可比，而是由于运动存在于其中的积量的可比。由于这个原因，天使运动的敏捷性便不是藉其能力的大小来度量的，而是藉其意志的确定性来度量的。

答异议理据 2：光照属于运动的范畴，而且，它是一种变化，而不是位移运动，尽管光被理解为受到推动在达到远方之前而达到近处。但是，天使的运动是位移运动，而且，它不属于运动的范畴；所以，它们之间不存在任何可比性。

答异议理据 3：这一理据基于连续的时间。但是，天使运动的时间可能是非连续的。所以，天使能够在一瞬间处于一个场所，在另一瞬间处于另一个场所，而无需居间的时间。如果天使运动的时间是连续的，在最后一瞬间之前的整个时间里他就会被变换无数个场所，前面（问题 53 第 2 条）我们已经证明出了这一点。但是，他之部分地处于诸连续场所中的一个场所，部分地处于连续场所中的另一个场所，并不是因为他的实体是可分的，而是因 332b
为他的能力既被用于第一个场所的一个部分又被用于第二个场所的一部分，我们在前面（问题 53 第 1 条）就已经解说过这一点。

问题 54
论天使的认识
（共 5 条）

在考察了属于天使实体的问题之后，现在我们着手考察天使的认识。这一考察将有四个方面。首先，考察天使的认识能力；其次，考察天使获得认识的中介（问题 55）；第三，考察天使认识的对象（问题 56）；第四，考察天使藉以认识对象的方式（问题 58）。

在第一个题目下，有 5 个要点需要探究：

(1)天使的理解活动是其实体吗？

(2)他的存在即是他的理解活动吗？

(3)天使的实体即是他的理智能力吗？

(4)在天使中存在有能动理智和被动理智吗？

(5)除理智外，天使有任何别的认识能力吗？

第 1 条　天使的理解活动是否即是他的实体？

现在我们着手讨论第 1 条。

异议：天使的理解活动（intelligere）似乎即是他的实体（substantia）。

理据 1：因为天使既比灵魂所具有的能动理智更高，又比它更单纯。但是，能动理智的实体是它自己的活动；这在亚里士多德和他的注释者那里是显而易见的。[①] 所以，天使的活动，即他的理解活动，更加是他的实体。 333a

理据 2：再者，哲学家在《形而上学》第 12 卷中说："理智的活动就是生命。"[②]但是，一如哲学家在《论灵魂》第 2 卷中所说："在生物里，生活就是存在"[③]，所以，生命似乎就是实体。因此，理智活动即是进行理解活动的天使的本质。

理据 3：还有，如果两个端点是同一个，那么，中间就不会与两端有什么不同，因为一端离另一端总比中间离一端要远些。但是，在天使里，至少就天使理解他自己的实体而言，理智与被理解的对象是同一个东西。所以，处在理智和被理解的事物之间的理解活动与进行理解活动的天使的实体是同一个东西。

但是，从另一个方面看，一个事物的活动与它的实体之间的区别大于它与它的存在之间的区别。但是，没有一个受造物的存在是其实体，因为如前所述（问题 3 第 4 条；问题 7 第 1 条答异议理据 3；问题 44 第 1 条），这只属于上帝。所以，天使的活动不是它的实体，任何别的受造物的活动也都不是它的实体。

我的回答是：天使的活动和任何其他受造物的活动都不可能是它自己的实体。因为活动完全是能力的实现，正如存在是实体或实体的实现一样。任何不是纯粹现实而是具有某些潜在的混合成分的事物都不可能是它自己的实现，因为实现与潜在是相反

---

① 亚里士多德：《论灵魂》，Ⅲ，5，430a18。

② 亚里士多德：《形而上学》，Ⅻ，7，1072b27。

③ 亚里士多德：《论灵魂》，Ⅱ，4，415b13。

的。但是，只有上帝是纯粹现实。所以，只有在上帝中他的实体与他的存在和他的活动是一回事。

此外，如果天使的理解活动是他的实体，那么，他必然是独立存在的。独立存在的理智活动只能有一个，正如独立存在的抽象事物只能有一个一样。这样一来，一个天使的实体将不会与理解活动是独立存在的上帝的实体不同，也不会与另一个天使的实体不同。

还有，如果天使是他自己的理解活动，那么，天使的理解活动也就不会有比较完满或比较不完满的程度之差别了；因为这种差别是通过不同地参与理解活动而产生的。

答异议理据1：能动理智被说成是它自己的活动时，这样的判断不是实体判断，而是偶性判断。因为，直接地说，就本性存在于
333b 其自身中、活动与其相伴而言，恰恰是其本性构成了现实；但是，这不能用来言说被动理智，因为直到被动理智变为现实之后它才会有活动。

答异议理据2："生命"(vita)与"生活"(vivere)之间的关系并不同于本质(essentia)与存在(esse)之间的关系，而毋宁说和"赛跑"(cursus)与"跑着"(currere)之间的关系一样，其中一个抽象地表示活动，另一个则具体地表示活动。因此，不能得出这样的结论：如果"生活"是"存在"，那么，"生命"就是"本质"。尽管生命有时是为了本质而产生出来的，一如奥古斯丁在《论三位一体》第10卷第2章中所说："记忆、理解和意志是同一个本质，同一个生命"，但是，当哲学家说"理智的现实是生命"时，却不能在这个意义上予以理解。

答异议理据 3:指向外在事物的活动实际上是天使与接受这一活动的主体之间的中介。留在活动主体之内的活动实际上却不是活动主体和活动对象之间的中介,而只是一种表达方式;因为它实际上说明活动对象与活动主体的联合。理解活动是藉所理解的对象与理解它的活动主体的联合产生出来的,作为一种结果是区别于两者的。

第 2 条　在天使中,理解是否即是他的存在?

现在我们着手讨论第 2 条。

异议:在天使中,理解(intelligere)似乎即是存在(esse)。

理据 1:因为一如哲学家在《论灵魂》第 2 卷中所说:"在生物里,生活就是存在"。[①] 但是,理解活动,在某种意义上,就是生活。[②] 所以,在天使中,理解就是存在。

理据 2:再者,原因与原因,像结果与结果一样,有同样的关系。但是,天使藉以存在的形式与他藉以理解(至少就理解他自己而言)的形式是相同的。所以,在天使中,理解就是存在。

但是,从另一个方面看,天使的理解活动是他自己的运动,这从狄奥尼修斯在《论神的名称》第 4 章中的说法看,是很清楚的。 334a
但是,存在不是运动。因此,在天使中,存在不是理解。

我的回答是:天使的活动,像任何受造物的活动一样,不是他的存在。因为一如哲学家在《形而上学》第 9 卷第 8 章中所说,有

---

① 亚里士多德:《论灵魂》,Ⅱ,4,415b13。

② 同上书,Ⅱ,2,413b23。

两类活动：一类活动指向外部某个事物，并且因此而在这个事物上面产生一种受动性，如燃烧和切割；另一类则不扩展到外面，而只是保持在活动主体之内，比如感觉、认识和意志；在这样的行为中，外部事物没有被改变，而且整个行为发生在活动主体之内。[①]显然，第一类活动不可能是活动主体自身的存在，因为活动主体的存在是作为他自身之内的东西表示出来的，而这样的活动所表示的则是一些由活动主体指向受动者的东西。但是，第二类活动则由于它自己的本性而具有无限性，要么具有绝对的无限性，要么具有相对的无限性。作为具有绝对无限性的活动的例子，我们有其目标是真的理解活动，还有其目标是善而且可以与其存在一起变化的意志活动；所以，认识和意志自身就与一切事物发生关系，并且这两者都从其对象接受自己的种相。但是，感觉活动是相对无限的，因为它只与一切可被感觉到的事物发生关系；比如，看只与一切可被看到的事物发生关系。每一个受造物的存在都被限制在自己的那个属相与种相中；而且，一如狄奥尼修斯在《论神的名称》第5章中所说，只有上帝的存在是绝对无限的，能够在自身之中领会一切事物。所以，只有上帝的本性是他自己的理解活动和意志活动。

答异议理据1：生命有时被认为是有生命的事物的存在自身，有时也被认为是一种生命运作，也就是说，是某事物藉以显示其正生活的东西。这样，哲学家说，在某种意义上，认识就是生活；因为他依据生命的不同功能把有生命的事物分成不同的等级。

---

① 亚里士多德：《形而上学》，Ⅸ，8，1050a23。

答异议理据 2：天使的本质自身是其整个存在的理据(ratio)，而不是其整个理解活动的理据，因为他不能够藉其本质理解每一件事物。所以，就天使自己的作为这样一种本质的种相的本性而言，它是可以与天使的存在本身作比较的；然而，就天使的理解活动而言，它可以说是包含在一个更其普遍的对象的观念，即真理 334b
或存在之中的。显而易见，尽管形式是同一个，但是，依照同一个观念，这形式却既不是存在的原则也不是理解活动的原则。由于这个原因，不可能推出这样一个结论：在天使中，存在与理解活动是一回事。

第 3 条　天使的理智能力是否即是他的本质？

现在我们着手讨论第 3 条。

异议：天使的理智功能或能力(virtus vel potentia intellectiva)似乎与他的本质(essentia)没有不同。

理据 1：因为心智(mens)和理智(intellectus)表示理解能力(potentiam intellectivam)。但是，狄奥尼修斯在他的著作《天国等级论》和《论神的名称》的许多段落里都把天使称为"心智和理智"。所以，天使即是他自己的理智能力。

理据 2：再者，如果天使的理智能力是其本质之外的任何事物的话，那么，它就必定是一种偶性。因为我们是把任何事物的本质之外的东西称作偶性的。但是，按照波爱修在《论三位一体》第 2 章中的说法，"一个纯粹的形式不可能是一个主体。"所以，天使不可能是一个纯粹的形式，因为这与以前(问题 50 第 2 条)所说的相矛盾。

理据 3：还有，奥古斯丁在《忏悔录》第 12 卷第 7 章中说，上帝使天使的本性“接近于他自己”，而使原初质料“接近于虚无”；从这段话看，天使具有比原初质料更纯净的本性，因为他更接近于上帝。但是，原初质料是它自己的能力。所以，天使更是他自己的理智能力。

但是，从另一个方面看，狄奥尼修斯在《天国等级论》第 11 卷第 7 章中却说过：“天使被划分成实体、能力和运作。”所以，实体、能力和运作在天使里是全然不同的。

我的回答是：无论是在天使里，还是在其他的受造物里，能力或运作的功能都与其实体不同。这一点是显而易见的。既然每
335a 一种能力都被命令去做一活动，那么，活动不同，能力便必然不同；而且，由于这一原因，我们便可以说，每一专有的活动都对应于其专有的能力。但是，在每一个受造物中，实体都不同于其存在；而且，实体与存在相比，如同潜在与现实相比，这一点从前面所说的（问题 44 第 1 条）看是非常清楚的。与运作能力相比照的现实是运作。然而，在天使里，理解与存在不是一回事，与他身上的任何运作也不是一回事；在任何别的受造事物中，理解与它的存在也不是一回事。所以，天使的本质并不就是他的理智的能力；任何受造物的本质也都不是其运作的能力。

答异议理据 1：天使之被称为理智和心智，乃是因为天使的所有的认识都是理智的；相反，灵魂的认识，则一部分是理智的，一部分是感性的。

答异议理据 2：一个作为纯粹现实的单纯形式不可能是偶性的主体，因为主体之比照于偶性，恰如潜在之比照于现实。只有

上帝才是这样的形式,波爱修在那里所说的正是这样的形式。但是,一个单纯形式,虽然不是其自身存在,但是其与之相比照却如同潜在与现实的比照,是能够成为偶性的主体的;这样的偶性特别是随着种相而来的:因为这样的偶性属于其形式;——相反,一个属于个体而不属于整个种相的偶性,则出自作为个体化原则的质料。而这样一种单纯的形式便是天使。

答异议理据 3:质料的能力是一种相关于实体性存在自身的潜在;相反,运作的能力则相关于偶性的存在。所以,这里没有任何可比性。

第 4 条 在天使里是否存在有能动理智和被动理智?

现在我们着手讨论第 4 条。

异议:在天使里似乎既存在有能动理智(intellectus agens),也存在有被动理智(intellectus possibilis)。

理据 1:哲学家在《论灵魂》第 3 卷第 5 章中说:"正如在每一 335b
本性中一样,在灵魂中,有着它藉之能变成万物的东西,也有着它藉之能造就万物的东西。"[①]但是,天使是这样一种本性。所以,在天使里存在有能动理智和被动理智。

理据 2:再者,被动理智的专有功能是接受;相反,照亮是能动理智的专有功能,这在《论灵魂》第 3 卷中写得明明白白。[②] 但是,一个天使从比自己高的天使那里接受光照,并且照亮比自己低的

① 亚里士多德:《论灵魂》,Ⅲ,5,430a14。
② 同上书,Ⅲ,4、5,429a15,430a14。

天使。所以，在天使里存在有能动理智和被动理智。

但是，从另一个方面看，能动理智和被动理智在我们中的区别与心像(phantasmata)有关，心像之与被动理智相关，就像颜色之与看相关一样，但心像之与能动理智相关，却像颜色之与光相关一样，这一点从《论灵魂》第 5 卷第 7 章中是可以清楚看到的。[①]但是，在天使中却并不是这样。所以，在天使里是没有能动理智和被动理智的。

我的回答是：承认在我们中有被动理智的必要性源于这样一个事实：我们有时只是潜在地理解而不是现实地理解。因此，必然存在着某种能力，虽然在理解活动的行为之前，它对可理解的事物来说是潜在的，但是，当它理解它们的时候，它对于这些事物来说也就现实化了；当其反思它们的时候，事情就更其如此了。而承认在我们中存在有能动理智的必要性则归因于下面一点：我们所理解的物质事物的本性并不存在于灵魂之外，像非物质的和实际上可理解的事物那样，而只是就其存在于灵魂之外而言才是潜在地可理解的。因此，必然存在着这样一种能力，能够使这样的本性成为现实地可理解的；而我们身上的这种能力，则被称作能动理智。

但是，这两种必然性中，每一种都不存在于天使之中。当天使自然地认识这样一些事物时，他们并不是有时只是潜在地理解；天使所理解的对象也不是潜在地可理解的，而是现实地可理解的；因为他们首先而且主要理解非物质的事物，这些东西到后

① 亚里士多德：《论灵魂》，Ⅴ，7，430a15，431a14。

面我们将要谈及(问题 84 第 7 条;问题 85 第 1 条)。因此,在天使里不存在能动理智和被动理智,除非二者是多义的。

答异议理据 1:正如这句话本身所表明的,哲学家将这两种事物理解为存在于有机会产生或制作的每一种本性之中。然而,认 336a
识并不是在天使中产生出来的,而是天生出现在天使之中的。所以,根本没有必要承认在天使中存在着能动理智和把被动理智。

答异议理据 2:能动理智的功能不是照亮另一种理智,而是照亮潜在地可被理解的事物,这是就其藉抽象,它能够使它们成为现实地可理解的东西而言的。属于被动理智功能的则是:潜在地相关于那些能够自然地得到认识的事物,而有时则能够现实地认识它们。所以,一个天使照亮另一个天使并不属于能动理智的范畴;而天使在超自然的奥秘方面受到照亮,以至于有时能够潜在地认识它们,也不属于被动理智的功能。但是,如果有人想用能动理智和被动理智的名称来称呼这两者,他就将会是在多义地谈论这两者;所以,我们就不必为这两个名称而烦恼了。

第 5 条　在天使里是否只存在有理智认识?

现在我们着手讨论第 5 条。

异议:天使的认识似乎并不是全然理智的(sola intellctiva)。

理据 1:因为奥古斯丁在《上帝之城》第 8 卷第 6 章中说过:"在天使里存在有进行理解和感觉的生命。"所以,在天使里也存在有感觉能力。

理据 2:再者,伊西多尔(Isidorus)在《论至善》中说过:天使藉经验认识许多事物。但是,按照哲学家在《形而上学》第 1 卷第 1

章中的说法,“经验源出于众多记忆。”[①]所以,天使也有记忆能力。

理据3:还有,狄奥尼修斯在《论神的名称》第4卷第23章中说过:在魔鬼里存在有“邪恶的心像”。但是,心像属于想象能力。因此,想象能力存在于魔鬼里;由于同样的理由,想象也存在于天使里,因为魔鬼和天使具有同样的本性。

336b 但是,从另一个方面看,格列高利在《福音书注》中却说过:“人与野兽共有感觉,与天使共有理解。”

我的回答是:在我们的灵魂里存在着某些能力,它们的运作是藉有形的器官进行的;这样的能力是身体的各种各样的部分的现实,比如眼睛的看和耳朵的听。还有一些能力,其运作不是通过有形的器官进行的,比如理智和意志,而且,它们也不是身体的任何部分的现实。天使没有本性上与之结合的形体,这一点从前面所说的(问题51第1条)来看是非常清楚的。所以,在灵魂的能力中,只有理智和意志可以属于天使。

评注者在《〈形而上学〉注》第12卷中也说到同样的事情,这就是:独立实体划分为理智和意志。而且,它始终与宇宙的秩序保持一致,因为最高等级的理智的受造物是完全理智的;而不是部分理智的,像我们的灵魂那样。也正是由于这个原因,如前所说(问题54第3条答异议理据1),天使才被称为“理智和心智”。

这两种回答都能够答复反面的理据。首先,它们能够答复那些权威们的意见。那些权威是依据那些认为天使和魔鬼自然地具有与之结合在一起的形体的人的意见来谈论问题的。奥古斯

① 亚里士多德:《形而上学》,Ⅰ,1,980b20。

丁在他的书中经常利用这种观点，虽然他的意思并不是要对之加以肯定。所以，他在《上帝之城》第 21 卷第 10 章中说："这样的一种探究并不需要花费大的力气。"

其次，可以说这些权威一类的人物是藉类比的方法谈论问题的。因为既然感觉对其专有的感性对象具有可靠的认识，当他确切地理解某件事物时，他就采用一种常用的说法，说我们感觉到了它。所以，这正是我们用"sententia"一词所要表示的。经验之被认为属于天使，也是就所认识的事物之间的类似性而言的，尽管不是由于认识它们的能力的类似性使然。当我们藉感觉认识 337a
单个的对象时，我们就有了经验；天使同样也认识单个的对象，这一点我们将要在后面（问题 57 第 2 条）予以说明，然而，天使却不是藉感觉认识这些对象的。但是，记忆却允许存在于天使之中，因为奥古斯丁在《论三位一体》第 10 卷第 11 章中就曾将记忆放到了心智里面；尽管就记忆为能感觉灵魂的一部分而言，我们是不能够说记忆是属于天使的。同样，"邪恶的心像"也可以归于魔鬼，因为魔鬼对真正善的东西有着错误的实践评估。而我们的受骗也正是来自这样的心像，正是藉着这样的心像，有时我们固执地认为事物的肖像就是事物自身，这在昏睡者和精神失常者中是相当明显的。

问题 55
论天使认识的中介
（共 3 条）

依照顺序，接着要探讨的是天使认识的中介问题。在这个题目下，有 3 个要点需要探究：

(1)天使认识每一件事物，是藉他们自己的本质呢，还是藉某个种相？

(2)如果天使藉种相认识事物，那么，他究竟是藉本性所具有的种相，还是藉源出于事物的种相？

(3)较高级的天使是否比较低级的天使藉更为普遍的种相来认识事物？

第 1 条　天使是否藉他们自己的实体认识所有事物的？

现在我们着手讨论第 1 条。

异议：天使似乎是藉他们自己的实体(substantiam)认识所有事物(omnia)的。

理据 1：因为狄奥尼修斯在《论神的名称》第 7 章第 2 节中说
337b 过："依照心智的固有本性，天使认识世界上发生的种种事情。"但是，天使的本性就是他的本质。所以，天使是藉自己的本质认识事物的。

理据 2：再者，依据哲学家在《形而上学》和《论灵魂》中的说法，“在没有质料的事物里，理智与所理解的对象是一回事。”①但是，就事物是藉理智而得到理解的而言，所理解的对象与理解它的认识者是一回事。所以，在无质料的事物里，如在天使里，事物藉以理解的东西正是那理解这一事物的认识者的实体本身。

理据 3：还有，包含在另一个事物之中的每一个事物都是依据那包含者的样式存在于那儿的。但是，天使具有一种理智的本性。因此，凡存在于他里面的东西都是以一种可理解的样式存在于那儿的。但是，所有事物都存在于天使里，因为较低层次的存在者都从本质上存在于较高等级的存在者之中，而较高层次的存在者则只是分有地存在于较低层次的存在者之中。所以，狄奥尼修斯在《论神的名称》第 4 章第 7 节中说道：“上帝在整个宇宙中”，亦即在万物中，“包纳整个宇宙”。所以，天使是在他自己的本质里认识所有事物的。

但是，从另一个方面看，狄奥尼修斯在《论神的名称》第 4 章第 1 节中却又说道：“天使是由事物的形式照亮的。”所以，天使是藉事物的形式，而不是藉他们自己的本质来认识事物的。

我的回答是：理智藉以理解事物的中介是以理解它的理智作为它的形式而相关于理智的；因为活动主体正是藉形式而活动的。为了使官能得以为形式完满地实现出来，这一官能所及的所有的事物便都必须包纳在这一形式之中。因此，事实上，在那些

① 亚里士多德：《形而上学》，Ⅺ，9，1075a3；《论灵魂》，Ⅲ，4，430a3。

朽坏的事物中,形式并不能完满地实现质料的潜在性,因为质料的潜在性所及的事物多于包纳在这个形式或那个形式中的事物。但是,天使的理智能力能够理解所有的事物,因为理智的对象是普遍存在或普遍真理。尽管如此,天使的本质并不能包容所有的事物本身,因为它是一种被限定于属相和种相的本质。单纯地和完满地包纳所有的事物本身,专属于上帝的本质,因为他的本质是无限的。所以,只有上帝是藉他自己的本质认识所有事物的。
338a 一个天使则是不可能藉他自己的本质认识所有事物的;为了认识所有的事物,他的理智就必须藉某些种相完善化。

答异议理据1:当人们说天使依据他自己的本性认识事物时,"依据"这个词组并不规定获得这样认识的中介,因为中介是所认识事物的类似性。它们所表示的是天使的认识能力,依据天使的本性,这种认识能力是由于天使自己的本性而属于天使的。

答异议理据2:现实的感觉,按照《论灵魂》第3卷第2章中的说法,就是现实的感性事物,[①]但是,这不是因为感觉能力是那被包纳在感觉中的感觉对象的类似性使然,而是因为有一件事物从二者产生出来,就如从现实和潜在中产生出来一样;同样,现实的理智之被说成是被现实地理解的事物,也不是因为理智的实体自身是它藉以理解事物的那种类似性,而是因为那种类似性是它的形式。然而,说"在无质料的事物里,理智与被理解的对象是同样的事物",与说"现实的理智是被现实地理解的事物"是一回事;因为一件事物之现实地得到理解,恰恰是因为它是无质料的。

---

① 亚里士多德:《论灵魂》,Ⅲ,2,426a10。

答异议理据 3：低于天使的事物和高于天使的事物都以某种方式存在于天使的实体之中，但是，它们之存在于天使的实体之中，实际上它们既不是完满地也不是依据它自己专有的形式存在于天使的实体之中，因为天使的本质，既然是有限的，便是藉它自己的形式区别于其他事物的，而是依据某种公共形式。然而，一切事物都完满地、依据它们专有的形式存在于上帝的本质中，因为任何事物之专有的或共有的东西，无不出自这一首要的和普遍的运作能力。所以，上帝藉他自己的本质而具有所有事物的专有知识，而天使则没有这种知识，而只有一种公共知识。

第 2 条　天使是否是藉从事物中抽象出来的种相进行理解的？

现在我们着手讨论第 2 条。

异议：天使似乎是藉从事物中抽象出来的种相（species）进行理解的。

理据 1：因为所理解的每一件事物都是藉存在于认识它的 338b
那个主体中的某种类似性而得以认识的。但是，那件事物的存在于另一件事物中的类似性或者是以原型的方式存在于那里的，如果这样，则这种类似性便是这一事物的原因；或者是以肖像的方式存在于那里，如果这样，则这种类似性就是由这样的事物引起的。因此，正在进行理解的那个人的所有的知识便必定要么是所理解的对象的原因，要么是由所理解的事物引起的。然而，天使的认识却不是存在着的事物的原因，因为只有上帝才是存在着的事物的原因。所以，天使的心智藉以理解的种相必然源出于事物。

理据2:再者,天使的光比灵魂的能动理智之光强大。能动理智之光从心像(phantasmatibus)中抽象出可理解的种相。因此,天使的理智之光也能从感性事物中抽象出可理解的种相。所以,没有什么东西能够阻止我们说天使藉从事物中抽象出来的种相进行理解。

理据3:还有,理智中的种相与在场的或远离的事物无关,除非是就这些种相是从事物中抽象出来的而言才是这样。因此,如果天使不藉从事物中抽象出来的种相进行理解,那么,他的认识就会与在场的或遥远的事物无关,而且,他也将因此而毫无目的地在空间上被推过来推过去。

但是,从另一个方面看,狄奥尼修斯在《论神的名称》第7章第2节中却说过:"天使并不是从可分的或可感觉的事物那里获得他们的神的知识的。"

我的回答是:天使藉以理解事物的种相,不是从事物中抽象出来的,而是他们本性所具有的(connaturales)。因为我们必须看到:在精神实体的特征和秩序与形体事物的特征和秩序之间存在着一种类似性。最高级的形体在其本性方面具有一种藉形式才能充分完善的潜在性;相反,在低级的形体中,质料的潜在性却不是由形式充分完善起来的,而是从某个活动主体那里接受过来的,一时接受这个形式一时又接受另一个形式。同样,低级理智实体,即人的灵魂,也具有一种理解能力,这种能力从本性上来说是不完全的,而是藉着它们从事物中抽象出来的可理解的种相而
339a 连续不断地完善起来的。但是,在高级的精神实体即天使中,理解能力从本性上看是藉可理解的种相完成的,这是就他们本性上

所具有的这样一些种相，从而他们能够理解他们自然认识的所有事物而言的。

这一点从这类实体的存在方式看也是非常明显的。低级的精神实体，即人的灵魂，就他们具有形体的形式而言，也具有一种类似于形体的本性；因此，由于他们的存在方式本身，使他们适合于从形体并且通过形体寻求他们的可理解的完满性。否则，他们与形体的结合就是无的放矢。另一方面，高级的精神实体，即天使，则完全就没有形体，而且是非物质地，按照他们自己的可理解的本性，独立存在着。从而，他们是通过纯概念的流溢而达到他们的纯概念上的完满性的，正是通过智慧的流溢，他们从上帝那里接受到所认识的事物的种相，连同他们的理智的本性。因此，奥古斯丁在《〈创世纪〉文字注》第 2 卷第 8 章中说："低于天使的其他事物是这样被创造的，它们首先在关于理性受造物的认识里接受存在，然后从它们自己的本性里接受存在。"

答异议理据 1：在天使的心灵里，存在有受造物的形象，但是，它们实际上并不是来自受造物，而是来上帝，上帝是受造物的原因，受造物的形象首先存在于上帝之中。所以，奥古斯丁在《〈创世纪〉文字注》第 2 卷第 8 章中说："因为受造物据之得以塑成的那个原型在受造物被塑成之前就存在于上帝的道中，所以，关于这些原型的认识首先存在于理智受造物中，然后才是受造物的塑造。"

答异议理据 2：从一端走向另一端必然要经过中间。在其形式没有质料但却不能没有质料条件的想象中，形式的本性处在中间，一边是存在于质料中的形式的本性，另一边是藉从质料和质料条件中抽象而得以在理智中存在的形式的本性。因此，不管天使的心灵是多么有力，他也不能把质料的形式变成理智的条件，除非他首先把质料的形式变成所想象的形式的本性；但这是不可能的，因为如前所述（问题54第4条），天使是没有想象力的。即使我们承认天使能够从物质事物中抽象出可理解的种相，天使也
339b 不会这么做；因为他具有属于其本性的可理解的种相，他根本不需要从物质事物中抽象出来的可理解的种相。

答异议理据3：天使的认识与事物的远或近无关。但是，他的空间运动不是没有目的，其原因在于：他被推动到一个地点，不是为了寻求认识，而是为了运作。

第3条 较高级的天使与比较低级的天使相比是否是藉更普遍的种相进行理解的？

现在我们开始讨论第3条。

异议：较高级的天使（superiores angeli）与比较低级的天使（inferiores angeli）相比似乎不是藉更普遍的种相（species magnis universales）进行理解的。

理据1：表面上看，共相是从殊相中抽象出来的东西。但是，天使并不是藉从事物里抽象出来的种相理解事物的。所以，不能说天使的理智的种相更普遍或不太普遍。

理据2：再者，凡具体地认识的事物都比一般地认识的事物更完全地被认识到；因为概略地说，一般地认识任何事物都位于潜在与现实的中间。所以，如果较高级的天使比较低级的天使藉更普遍的种相进行认识，那么，必然得出这样一个不正确的结论：较

高级的天使所具有的认识比较低级的天使具有的认识更不完全。然而，这是不恰当的。

理据 3：再者，同一(idem)不可能是复多的特有的模型。但是，如果较高级的天使藉一个普遍的形式认识几个事物，而较低级的天使藉几个特别的形式认识几个事物，那就会得出这样的结论，即较高级的天使为了认识几个事物而利用一个普遍的形式，所以，较高级的天使将不可能拥有关于其中每一个事物的正确认识。这样的结论似乎是不恰当的。

但是，从另一个方面看，狄奥尼修斯在《天国等级论》第 7 章第 2 节中却说道：较高级的天使比较低级的天使具有更普遍的认 340a
识。而且，《论原因》第 9 节中也说道：较高级的天使具有更普遍的形式。

我的回答是：由于这个理由，有些事物便具有更尊贵的本性，因为它们离作为第一原因的上帝更近也更像上帝。在上帝那里，理智认识的全部丰富性都包含在一个事物中，也就是说，都包含在上帝的本质之中，而上帝正是藉着这种本质认识所有事物的。认识的这种丰富性以一种较低级的方式和不够单纯的方式存在于受造的理智中。从而，比较低级的理智必定是藉许多形式认识上帝藉一个形式就可以认识的事物；而且，理智越是低级，就越是需要藉更多的形式进行认识。

因此，天使越是高级，他就越是能够藉更少的种相认识全部可认识的对象。所以，他的形式必然是更普遍的；而且，可以说，其中的每一个形式都会扩展到更多的事物。这样的例子在某种程度上也能够在我们人类中发现。因为有这样一些人，除非每一部分都被详细地解释,他们就不能够理解一个可认识的真理;之所以会这样,原因在于他们理智上的暗弱;还有一些人具有较强的理智,他们能够以从很少的事物出发认识许多事物。

答异议理据1:就认识共相的理智从事物那里获得认识而言,共相之从殊相里抽象出来是偶然的。但是,如果有一个不从事物中获得认识的理智,它所认识的共相就不会是从事物里抽象出来的,而是在某种程度上是先于事物而存在的:或者依据原因的层次,如事物的共相预先存在于上帝之道中那样;或者至少在本性的层次上,如事物的共相预先存在于天使的理智中那样。

答异议理据2:普遍地认识任何事物可以在两个意义上加以理解。一方面,就所认识的事物一方来说,只有事物的普遍本性得到认识。就此而言,普遍地认识一个事物就是比较不完满的,因为一个人若只知道人是一个动物,那他关于人的认识就比较地不完满。另一方面,是就获得认识的中介而言的。就此而言,普遍地认识一个事物就是比较完满的;因为藉一个普遍的中介,能
340b 够认识彻底地包含在其中的每一件事物的理智,与不能这样做的理智相比,就是更完满的。

答异议理据3:"一"不可能是几个事物的特有的、充分的模型。但是,如果这个"一"是卓越的,它就可以被当成"多"的特有的模型和形象。正如在人中,存在有一种普遍的审慎,它与一切合乎美德的行有关,能够被当作那在狮子中导致宽容活动、在狐狸中导致机警活动的审慎的特有的类型和形象;这样的例子可以举出很多。同样,上帝的本质由于其卓越而被认为是包含在其中

的每一个事物的模型；因此，每一个事物都依据其特有的模型而被认为与它相像。“一”适用于存在于天使理智中的普遍形式，因此，由于它的卓越，许多事物能够通过它被正确地认识到。

问题 56

论天使对非物质事物的知识

（共 3 条）

现在我们着手探讨天使对其认识对象的知识。我们将首先考察其关于非物质事物的知识，然后考察其关于物质事物的知识（问题 57）。

在第一个题目下，有 3 个要点需要探究：

(1)天使认识他自己吗？

(2)一个天使是否认识另一个天使？

(3)天使是否是凭借他自己的自然原则认识上帝的？

第 1 条　天使是否认识他自己？

现在我们开始讨论第 1 条。

异议：天使似乎不认识他自己（seipsum）。

341a 理据 1：因为狄奥尼修斯在《天国等级论》第 6 章第 1 节中说过："天使不认识他们自己的能力。"但是，当实体被认识时，能力便也被认识。所以，天使不认识他自己的本质。

理据 2：其次，天使是单一的实体；否则，他就不会活动，因为活动属于单一的自存者。但是，没有一个单一者是可被理解的。

因此,天使不可能被认识。所以,既然天使只拥有理智知识,那么,便没有天使能认识他自己。

理据 3:还有,理智受可认识的事物推动,因为正如《论灵魂》第 3 卷中所说:"在某种意义上,理解活动就是一种受动性。"①但是,没有事物是被它自己推动或作用的,正如我们在有形事物中所看到的那样。所以,天使不可能认识他自己。

但是,从另一个方面看,奥古斯丁在《〈创世纪〉文字注》第 2 卷第 8 章中却说道:"当天使被按立,即被真理照亮时,他认识他自己。"

我的回答是:这一点从前面所说的(问题 16 第 2 条;问题 44 第 2 条)看来是很清楚的:对象之存在于一个内在活动中与对象之存在于一个外在(transit)活动中,其关系是完全不同的。在一个外在活动中,活动所及的对象或物质是与活动主体相分离的,正如受到加热的事物与给予热量的事物之分离,建筑物之与建筑者之分离一样;相反,在一个内在活动中,为了引发活动,对象必须与活动主体联合在一起,正如可感知的对象必须与感官联系在一起以便感官能现实地感知。而且,那与一种能力联合的对象同这种活动发生的关系,就如它与在其他的活动主体中作为活动原则的形式所发生的关系一样;正如热是火的加热活动的原则,被看见之事物的种相就是眼睛之观看活动的形式原则一样。

但是,必须牢记在心的是:对象的这种肖像有时只在认识官能中潜在地存在,这时也就只是潜在地具有知识;为了能够有现实的知识,就要求认识官能为那一个种相激活。但是,如果认识

① 亚里士多德:《论灵魂》,Ⅲ,4,429a14。

官能总是现实地拥有那一个种相,则它就无需其他进一步的变化或接收就能拥有现实的知识。从这一点就可清楚明了的是:被对象推动,所论断的不是作为现实的认识活动的认知者的本性,而
341b 是作为潜在的认识活动的认知者的本性。由于形式是活动的原则,那么,它是内在于其他的事物之中还是自存的,也就没有什么区别了;因为热若是自存的,与它内存于其他事物之中,就提供热量而言,并没有什么不同。所以,如果在可被认识之存在的属相中存在着自存的可被认识的形式,那么,它就会认识自己。因为天使是没有质料的,所以,他是一个自存的形式;而且,他也因此是现实地可被认识的。由此可以得出结论说:天使是藉自己的形式,即他自己的本质,认识他自己的。

答异议理据1:那是段陈旧的译文,现在已经被新的译文修正了。新的译文写道:"而且,他们认识自己的能力。"但是,老的译文却写道:"而且,他们不认识自己的能力。"这里,"他们"指的是"天使"。即使旧的译文在这方面也持这样一种观点:天使不能完全地认识他们自己的能力,因为他们的能力出自天使不能领会的神圣智慧的秩序。

答异议理据2:我们不认识单个形体,不是因为它们的单一性,而是因为那作为其个体化原则的质料。所以,如果存在着无需质料就可自存的单个体,那就没有任何东西妨碍它们成为现实地可被认识的事物。

答异议理据3:就理智是潜在的而言,被推动和被作用是适合于它的。因此,被推动和被作用不可能发生在天使的理智里,考虑到天使认识他自己这一事实,就更其如此了。此外,理智的活

动与有形事物中所发现的活动的本性并不是一回事，后者则分配到某种别的质料之中。

第 2 条　一个天使是否认识另一个天使？

现在我们着手讨论第 2 条。

异议：一个天使似乎并不认识另一个天使。

理据 1：因为哲学家在《论灵魂》第 3 卷第 4 章中说过，如果人 342a
的理智在其自身中具有可被感知的事物的任何一种本性，那么，存在于其中的那种本性就会阻止它认识外面的事物，比如，如若眼睛的瞳孔被染成特定的颜色，眼睛就不能看任何一种颜色了。[①]但是，正如人的理智是为了认识有形事物而设置的，天使的理智也是为了认识无质料的事物而设置的。因此，既然天使的理智在其自身中就具有非物质本性中的一种确定的本性，所以他似乎也就不能认识其他的非物质本性。

理据 2：再者，《论原因》第 7 节中说，每一个灵智(intelligentia)，就其是由高于它的事物所产生的而言，它认识高于它的事物；就其是低于它的事物的原因而言，它认识低于它的事物。但是，一个天使不是另一个天使的原因。所以，一个天使认识不到另一个天使。

理据 3：再者，一个天使是不可能为另一个天使藉他自己的本质(per essentiam ipsius)认识到的，因为所有的知识都是藉相似性引起的。但是，正在进行认识活动的那个天使的本质与被认识

① 亚里士多德：《论灵魂》，Ⅲ，4，429a20。

的那个天使的本质是不同的，除非从属相上讲才是如此。这一点从前面（问题50第4条；问题55第1条答异议理据1）所说的看来是非常明白的。由此便可得出结论说：一个天使不会具有关于另一个天使的特殊知识，而只可能具有关于另一个天使的普遍知识。同样，不能说一个天使藉被认识的那个天使的本质认识另一个天使，因为理智藉以认识的那个东西是内在于理智之中的某个事物，而且，只有三位一体的上帝才能洞察心智。还有，也不能说一个天使藉一个种相认识另一个天使，因为种相与被认识的天使并没有什么不同，它们都是非物质的。所以，显然，一个天使是绝对不可能认识另一个天使的。

理据4：还有，如果一个天使确实认识另一个天使，那么，这要么是藉内在的种相，要么是藉一个从事物中抽象出来的种相。在前一种情况下便会得出结论说：如果上帝现在准备创造一个天使，那么，这样一个天使是不可能被现在的天使认识的。在后一种情况下，便会得出结论说：较高的天使不可能认识较低的天使，因为前者并不从后者接受任何东西。所以，看来一个天使绝对不可能认识另一个天使。

342b 但是，从另一个方面看，我们在《论原因》第10节中却读道："每一个灵智都认识到那些不会朽坏的种种事物。"

我的回答是：正如奥古斯丁在《〈创世纪〉文字注》第2卷第8章中所说，这些自永恒以来就预先存在于上帝之道中的事物，以两种方式从上帝那里出现，第一种方式是天使的理智，第二种方式是在自己的本性中自存。它们之生育成天使的理智，是因为上帝把他所创造的事物之存在于其自己的本性存在中的形象刻在天使的心智上。众所周知，在上帝之道中，自永恒以来，不仅存在着形体事物的形式，而且也同样存在着一切精神受造物的形式。所以，在每一个精神受造物中，包括形体受造物和精神受造物在内的一切事物的形式都被上帝刻在其心智上。因此，在每一个天使中都存在着被上帝既依据其本性的存在又依据其可被理解的存在刻于其心智之上的关于他的种相的形式，所以，他能够在自己种相的本性中自存并且藉他自己种相的本性认识自己，尽管其他精神本性和形体本性的形式只是被上帝依据天使的可被理解的存在刻在他的心智上，一个天使藉这样被上帝刻在其心智上的种相还是可以认识形体受造物和精神受造物的。

答异议理据 1：依据一定的秩序，天使的精神本性互不相同，这一点已如上述（问题 50 第 4 条答异议理据 1；问题 10 第 6 条；问题 47 第 2 条）。因此，一个天使的本性并不妨碍他认识其他天使的本性，因为较高的天使和较低的天使两者类似于他的本性，其间的唯一区别在于他们依据自己不同的完满程度而不同程度地类似于他的本性。

答异议理据 2：原因与结果的本性并不能导致一个天使认识另一个天使，除非藉着相似，就原因和被引起的事物的相似而言才能如此。因此，如果我们承认在天使里存在着无因果关系的相似，那么，这种相似就足以使一个天使认识另一个天使。

答异议理据 3：一个天使是藉存在于他的理智之中的天使的种相认识另一个天使的，他所具有的这一个种相与和他相似的天使之不同，不是就物质存在和非物质存在而言的，而是就本性存 343a
在与意向存在而言的。天使自身是一个在其本性存在中自存的东西，但是，存在于他的理智之中的另一个天使的种相却不是自存的，因为后者只具有可理解的存在。正如墙上颜色的形式具有一种本性的存在，但是，在承载这一颜色的媒体中，它却只具有意向的存在。

答异议理据4：上帝使他的每一个受造物与他决意创造的宇宙相称。因此，如果上帝决心创造更多的天使或者更多的事物的本性，则他一定会在天使的心智上刻上更多的可理解的种相；正如一位建筑师，如果他意欲建造一所更大的房子，则他便肯定会打更大的地基。所以，如果上帝想给宇宙增加一个新的受造物，他同样也会给一位天使增加一个新的可理解的种相。

第3条　天使是否是藉自己的自然原则认识上帝的？

现在我们着手讨论第3条。

异议：天使似乎并不能够藉自己的自然原则（naturalia）认识上帝。

理据1：因为狄奥尼修斯在《论神的名称》第1章第4节中说过：上帝"因其具有无限的大能而处在所有属天的心智之上"。之后他又接着说，"因为他处在所有实体之上，所以，他处在一切知识之外。"

理据2：再者，上帝无限地超出天使的理智。但是，无限地超出理智的东西不可能被理智触及。所以，显然，天使不能够藉自己的自然原则认识上帝。

理据3：还有，《哥林多前书》第13章第12节中写道，"我们如今仿佛对着镜子观看，模糊不清。到那时，就要面对面了。"从这一点就可以看出，关于上帝的知识有两种：一种知识是这样的，藉着它，上帝在他自己的本质里被看见，正是根据这种知识，上帝被说成是面对面地被看见；另一种知识是这样的，藉着它，上帝在受造物的镜子里被看见。正如前面（问题 12 第 4 条）已经说过的， 343b
天使不可能藉自己的自然原则具有前面一种知识。但是，藉镜子而看也不适合于天使，因为天使不是从可被感觉的事物获得关于上帝的知识的，正如狄奥尼修斯在《论神的名称》第 7 章第 2 节中所说的那样。所以，天使不可能藉自己的自然原则认识上帝。

但是，从另一个方面看，在知识方面，天使比人更有能力。然而，根据《罗马书》第 1 章第 19 节中的说法，"上帝的事情，人所能知道的，原显明在人心里"；人是能够藉他们自己的自然原则认识上帝的。所以，天使更加能够如此。

我的回答是：天使藉他们自己的自然原则是能够具有关于上帝的一些知识的。但在证明这一观点的过程中，必须牢记在心的是：一个事物可以用三种方式认识得到的。第一种方式，其本质存在于认识者之中，例如，光在眼睛之中便能够被看到；所以，我们说天使能够认识他自己（第 1 条）。第二种方式，其相似性存在于认识它的能力之中，例如，一块石头会因为它的相似性存在于眼睛之中而被眼睛看见。第三种方式，被认识对象的相似性并不直接出自这一被认识事物自身，而是出自被用来显现它的其他事物，例如，我们在镜子中看见一个人，就是这样一种情况。

那种由上帝藉其本质而被看到而获得的关于上帝的知识，属于上述第一等级的知识；而且，这样的知识，如前所述（问题 12 第 4 条），是任何受造物都不可能藉它自己的自然原则获得的。第三等级的知识是由我们借以认识上帝的知识构成的，我们虽然生活在尘世上，但是却可以藉受造物中所表现出来的上帝的类似性认识上帝。因为《罗马书》第1章第20节中说过："上帝的永能和神性，虽是眼不能见，但藉着所造之物，就可以晓得。"因此，我们被说成是在镜子里看见上帝。但是，天使依据自己的自然原则藉以认识上帝的那种知识，处在上述两种知识的中间，而且，它与一个事物藉着从该事物接受来的种相得到认识的那种知识是联系在一起的。因为，既然上帝的形象为上帝的本质印在天使的本性上，就天使是上帝的相似而言，他是认识上帝的。然而，天使认识不到上帝的本质，因为任何一个受造物都不足以完全表现上帝的本质。所以，这样的知识相当接近于反映的知识，因为天使的本性自身就是一种反映上帝形象的镜子。

344a 答异议理据1：狄奥尼修斯所谈论的是理解的知识，他的话把这一点清楚地表达出来了。这样，上帝就不可能为任何受造的理智所认识。

答异议理据2：既然天使的理智和本质无限地远离上帝，由此就可得出这样一个结论：他不可能理解上帝；他也不可能藉他自己的本性认识上帝的本质。然而，却不能因为这个理由而得出结论说，天使根本不可能具有关于上帝的知识。因为，既然上帝无限地远离天使，那么，上帝所具有的关于他自己的知识也就无限地高于天使所具有的关于上帝的知识。

答异议理据3：天使自然地具有的关于上帝的知识处在这两类知识的中间；但是，它更接近这两种知识中的一种，这一点如上所述。

问题 57
论天使对物质事物的知识

(共 5 条)

我们接着考察天使所认识的关于物质对象。

在这一题目下,有 5 个要点需要探究:

(1)天使是否认识物质事物的本性?

(2)天使是否认识单个事物?

(3)天使是否认识未来事件?

(4)天使是否认识隐秘的思想?

(5)天使是否认识关于恩典的所有奥秘?

第 1 条　天使是否认识物质事物?

现在我们着手讨论第 1 条。

异议:天使似乎并不认识物质事物(res materiales)。

理据 1:因为所理解的对象无非是那个理解它的认识者的完 344b
满性。但是,物质事物是不可能成为天使的完满性的,因为物质事物低于天使。所以,天使并不认识物质事物。

理据 2:再者,理智所看见的只是那些藉其本质存在于灵魂之内的东西,奥古斯丁在《〈创世纪〉文字注》第 12 卷第 28 章中就曾经这么说过。但是,物质事物藉他们自己的本质既不能够进入人的灵魂也不能够进入天使的心智。所以,物质事物不能为理智的看见所认识,而只能为认识形体的形象的想象的看见和感觉的看见所认识,物体的形象正是藉着这种想象的看见而得到认识,而感觉的看见则是关于物体本身的。因为在天使中既不存在有想象的看见,也不存在有感觉的看见,而只存在有理智的看见。所以,天使是不可能认识物质事物的。

理据3:还有,物质事物是不可能成为现实地可理解的,但是,它们却可藉并不存在于天使之中的感觉和想象的认识而成为可认识的。所以,天使是不认识物质事物的。

但是,从另一方面看,凡低级能力能够做的事情,较高的能力同样也能够做。但是,在自然的秩序里,人的理智低于天使的理智,而人的理智是能够认识物质事物的。所以,天使的理智更能够认识物质事物。

我的回答是:事物的既定秩序是这样的,较高的存在比较低的存在更其完满,凡有缺陷地、片面地和以多样方式包含在较低级的存在中的东西,都将卓越地,并且以某种程度的全面和单纯,包含在较高级的存在中。所以,在作为万物的最高根源的上帝中,一如狄奥尼修斯在《论神的名称》第1章第5节中所说,万物以超实体的方式预先存在于上帝自身的单纯存在之中。而且,在受造物中,天使最接近于上帝,与上帝最相像;所以,一如狄奥尼修斯在《天国等级论》第4章第2节中所说,天使更全面、更完满地分有了神圣的善。所以,所有的物质事物都以甚至比其自身存在时更单纯、更少物质性的方式预先存在于天使之中,但是,与它们在上帝之中的预先存在相比，它们在天使中的预先存在，方式就多些、而且不大完满。

任何东西，不论它是存在于什么事物之中，它被包含在该事物里，都必须合乎它存在于其中的那个事物的样式。但是，天使是具有其自己本性的理智存在者。因此，就物质事物是藉他们的可理解的种相存在于天使之中而言，正如上帝是藉他自己的本质认识物质事物的一样，天使也是藉他们自己的本质认识物质事物 345a
的，因为它们是藉其可理解的种相存在于天使之中的。

答异议理据 1：所理解的事物乃是理解者的完满性，因为理解者是藉他自己的理智里所具有的可理解的种相而进行理解活动的。所以，存在于天使的理智之中的那可理解的种相是天使的理智的完满性和现实。

答异议理据 2：感觉不能认识事物的本质，而只能认识它们的外在的偶性。同样，想象也不能理解事物的本质，因为它只能认识形体的形象。只有理智才能认识事物的本质。因此，哲学家在《论灵魂》第 3 卷第 6 章中说："理智的对象是事物之所是"[①]；理智在这方面是不会犯错误的，正如感觉在适用于它的可感觉的对象方面不会犯错一样。所以，物质事物的本质存在于人和天使的理智之中，就如被认识的事物之存在于认识它的那个认识者之中，而且也不以它们的真正存在为依据。但是，有些事物依照存在的两种方式，或者存在于理智之中，或者存在于灵魂之中；而且，在这两种情况中，都存在有理智的看见。

---

① 亚里士多德：《论灵魂》，Ⅲ，6，430b28。

答异议理据3:如果一个天使能从物质事物本身获得关于物质事物的知识,他就需要通过一种抽象过程使它们成为可现实理解的。但是,天使并不是从物质事物本身获得关于它们的知识的。他是藉物质事物的现实的可理解的种相获得物质事物的知识的,这些种相是他自身所具有的;就像我们的理智要具有物质事物的知识,就需凭借种相一样,不过,我们是通过抽象而使种相成为可理解的。

第2条　天使是否认识单个事物?

现在我们着手讨论第2条。

异议:天使似乎并不认识单个事物(singularia)。

345b 理据1:因为哲学家在《分析后篇》第1卷中说过:"感觉以单个事物为自己的对象,但是,理智却以普遍事物为对象。"[①]但是,除了理智能力以外,天使再也没有任何理解能力了,这从前面(问题54第5条)说过的看来是很明白的。所以,天使并不认识单个事物。

理据2:再者,所有的知识都藉认识者与认识对象的某种相像产生出来的。但是,就认识对象是单个的而言,在天使和单个的对象之间不可能存在有什么相像;因为一如前面(问题50第2条)已经讲过的,天使是没有质料的,而质料是单一性的原则。所以,天使是认识不到单个事物的。

理据3:还有,如果天使认识单个事物,他要么藉殊相,要么藉共相。但是,天使不能藉殊相认识单个事物,因为若此他就需要

① 亚里士多德:《分析后篇》,Ⅰ,18、24,81b6,86a29。

具有无数的种相。天使也不能藉共相认识单个事物，因为共相不是认识单个事物的充分原则，除非单个事物是被潜在地认识，它是不能在共相中被认识的。所以，天使认识不到单个事物。

但是，从另一个方面看，没有谁能保护他不认识的东西。但是，依据《诗篇》第 91 篇第 11 节的说法，“他吩咐他的使者保护你”，天使保护单个的人。所以，天使认识单个事物。

我的回答是：有人否认天使能够认识单个事物。但是，首先，这与天主教的信仰不合；天主教的信仰宣布，低级事物被天使管理，因为《希伯来书》第 1 章第 14 节说：“天使都是为人服役的灵。”如果天使对单个事物一无所知，他们就不可能把“应许”加于在这世上行走的任何东西了；因为在世上行走之活动属于单个的人。而且，这种观点也与经文《训道篇》第 5 章第 5 节的意思相反，该节经文说：“不要在天使面前说，不存在什么应许。”其次，它与哲学的教导相反，根据哲学的教导，天使被说成是天体的推动者，而且，天使根据他们的知识和意志推动天体。

因此，其他一些人说：天使拥有关于单个事物的知识，但是这 346a
知识只是关于它们的普遍原因的知识，而所有具体的效果都归因于普遍的原因；就像天文学家须从天体运动的态势预测未来的日食一样。这一观点也不能避免前面说过的难题；因为，仅仅在普遍原因方面认识一个单个事物并不是把它作为单个事物来认识的，也就是说，不是把它当作一个此时此地存在的东西来认识的。从对天体运动的计算知道将会有一次日食发生的天文学家是在普遍地认识日食；但是，除了藉感觉，在日食发生时他不可能认识这次日食。然而，管理、应许和运动都是关于此时此地存在着的单个事物的。

因此，与前面两种观点不同，我们必须说：正如人藉他的各种不同的认识能力认识所有种类的事物，藉理智认识普遍的和没有质料的事物，藉感觉认识单个的和物质的事物，而天使则藉自己唯一的理智能力认识这两类事物。因为事物的秩序是以这种方式安排的：事物越高级，与它联结在一起的能力就越多、越广大：这在人自身中就是显而易见的，公共感官比专有的感官高级，所以，尽管公共感官只是一种官能，但是，它却能认识五种外感官所认识的每一件事物，比如白与甜的区别。在其他的事例中，同样的情况也可以被发现。因此，既然天使在自然的秩序里高于人，说人藉自己的认识能力中的一种能够认识天使藉自己的认识能力即理智所不能认识的事物，那是不合理的。所以，亚里士多德在《论灵魂》和《形而上学》中宣布，如果说一种“不和谐”对我们来说是可认识的而对上帝来说却是不可能认识的，那是荒唐可笑的。[①]

天使认识单个事物所用的样式，可以从这样一点得到考察：正如事物为了它们可能在自己的本性里存在而从上帝那里流溢出来，同样，为了在天使的心智里存在，它们也会从上帝那里流溢出来。所以，很清楚：从上帝那里流溢出来的东西，不仅有属于它们的普遍本性的东西，而且同样也有构成它们的个体化原则的东西；因为上帝是每一件事物的整个实体的原因，既是每一件事物的质料的原因，也是每一件事物的形式的原因。因为上帝产生多
346b 少，他也就认识多少；因为上帝的知识是每一件事物的原因，这一

① 亚里士多德：《论灵魂》，Ⅰ，5，410b4；《形而上学》，Ⅲ，4，1000b5。

点我们在前面(问题 14 第 8 条)就已经说清楚了。所以,上帝藉着其产生万物的本质而与所有的事物相像,并且认识所有的事物,不仅认识它们的普遍本性,而且还认识它们的单个性;同样,天使藉内植于他们之中的种相认识事物,不仅认识它们的普遍本性,而且就它们是同一个单纯本质的多种多样的显现而言,也同样认识它们的单个性。

答异议理据 1:哲学家所谈论的是我们的理智,而我们的理智是只能够藉抽象的过程来认识事物;而且,也正是藉着对物质条件的抽象作用,被抽象的事物才能成为一个事物。这样一种认识方式不符合天使的本性,这一点我们在前面(问题 55 第 2 条、第 3 条答异议理据 1)就已经说过。所以,这里不存在着任何可比性。

答异议理据 2:天使与物质事物相像,所依据的不是天使的本性,不像一件事物藉着属相、种相或偶性方面的一致而与另一件事物相像,而是像高级的事物包含着与低级事物相像的东西那样,像太阳包含着火那样。从这个方面看,就凡在万物中被发现的东西都预先存在于作为万物的原因的上帝之中而言,甚至在上帝之中也存在着与万物的相像,这对质料和形式都是适用的。同理,天使的理智之中的种相,作为从神圣本质而来的相像,也是事物的相像,不仅是事物的形式的相像,而且也是事物的质料的相像。

答异议理据 3:天使藉普遍的形式认识单个事物,但是这些普遍形式作为事物的相像,不仅适合于事物的普遍原则,而且也适合于事物的个体化原则。藉一个种相究竟能够认识多少事物,这一点我们在前面(问题 55 第 3 条答异议理据 3)就已经谈过了。

第3条 天使是否认识未来事件?

现在我们着手讨论第3条。

异议:天使似乎认识未来的事件(futura)。

347a 理据1:因为在知识方面,天使比人的能力更大些。但是,一些人认识许多未来的事件。所以,天使更加能认识未来的事件。

理据2:再者,现在和未来是时间的区别。但是,天使的理智是在时间之上的,因为一如《论原因》第2节中所说:"理智与永恒等齐",也就是说,理智与永久的持续等齐。所以,对于天使的理智来说,过去和未来是没有差别的,从而,他同等地认识过去的事物和未来的事件。

理据3:还有,天使不是藉来自事物的种相认识事物的,而是藉内在于他的理智中的共相认识事物的。但是,共相同等地关涉到过去和未来。所以天使显然同等地认识过去的、现在的和未来的事件。

理据4:还有,正如一件事物由于时间的缘故而被说成是遥远的,它也同样由于空间的缘故而被说成是遥远的。但是,天使认识就位置而言的遥远的事物。所以,同理,天使也认识就未来的时间而言的遥远的事物。

但是,从另一个方面看,凡为上帝专有的特征都不属于天使。但是,根据《以赛亚书》第41章第23节的说法:"你们要说明后来的事,好叫我们知道你们是神",认识未来事件是上帝的专有特征。所以,天使并不认识未来事件。

我的回答是:未来能够以两种方式得到认识。第一,它能够在其原因里得到认识。因此，那些可必然地从它们的原因产生出来的未来事件能够得到确定的知识，比如，太阳明天依然会升起。但是，在大多数情况下，那些可从它们的原因产生出来的事件得不到确定的认识，而只能被猜测地认识到；比如，在病人康复之前医生只能猜测性地知道病人的康复。认识未来事件的这种方式就存在于天使之中；而且，由于天使比人更普遍、更完满地认识事物的原因，认识未来事件的这种方式之存在于天使之中就比其存在于我们之中的要多些。因此，那些更深刻地认识到致病原因的医生能够对病人的疾病的未来发展下一个更准确的诊断。但是，在少数情况下，从原因产生出来的事件在相当程度上是不可知的，比如偶然的和意外的事件，就是如此。

在另一种方式里，未来事件是就其本身得到认识的。以这种 347b
方式认识未来，只适合于上帝；而且上帝不仅认识必然发生的事件或者在大多数情况下会发生的事件，而且还认识偶然的和意外的事件，因为上帝在他的永恒里认识一切，而上帝的永恒是单纯的，它临在于一切时间之上，而且包罗一切时间。所以，上帝的一瞥就能看见发生在时间中的一切事情，就像这些事情是呈现在他面前一样；而且，上帝如这些事物所是地认识这些事物，我们在前面（问题 14 第 13 条）讨论上帝的知识问题时就曾经说到过这一点。但是，天使的理智以及每一个受造的理智都没有上帝的永恒；因此，任何受造的理智都不可能如未来事件所是地认识未来事件。

答异议理据 1：除非藉未来事件的原因或藉上帝的启示，人是不可能认识未来事件的。天使以同样的方式认识未来，但是，他对未来的认识却比人更敏锐些。

答异议理据2:尽管天使的理智处在所有物质运动都必须依据它来计数的那种时间之上,但是,就可理解的概念的序列而言,在天使的理智里还是存在着一种时间;关于这种时间,奥古斯丁在《〈创世纪〉文字注》第8卷第22章中说:"上帝依据时间推动精神受造物。"所以,既然在天使的理智里存在着序列,那么,并非发生在所有时间里的所有事情都会呈现给天使的理智。

答异议理据3:尽管天使的理智中的种相,就其是种相而言,同等地关涉到现在的、过去的和未来的事件;但是,现在的、过去的和未来的事件并不与这种相具有同样的关系。现在的事件具有这样一种本性,依着这种本性,现在的事件与天使理智中的种相得以想象,正是藉着这种相像天使才认识它们。还未到来的事件不具有那种它可藉之与天使理智中的种相相像的本性;所以,天使不可能藉其理智中的种相认识未来的事件。

答异议理据4:因为空间的缘故而遥远的事物已经存在于自然之中,并且分有一些种相,它与这些种相的相像存在于天使中;但是,这对于未来事件却不是真实的,正如我们已经说过的那样。所以,这里不存在任何可比性。

348a 第4条　天使是否认识隐秘的思想?

现在我们着手讨论第4条。

异议:天使似乎认识隐秘的思想(cogitationes cordium)。

理据1:因为格列高利在《道德论》第18卷第48节中在注释《约伯记》的第28章第17节"黄金与玻璃不足以比较"时说:"也就是说,在那些被从死亡中站起来的人的真福中,一个人呈现在另一个人面前就像他呈现在自己面前一样，所以，一旦一个人心里的东西被看见，其良心也就同时被洞察。”但是，那些复活者，将像天使一样，《马太福音》第 22 章第 30 节中曾经说到这一点。所以，一个天使能认识存在于另一个天使的良心之中的东西。

理据 2：再者，可理解的种相与理智之间的关系，就如外形与形体之间的关系。但是，当形体被认识时，它的外形也就被认识了。因此，当一个理智实体被认识时，存在于它之内的可理解的种相也就被认识了。所以，当一个天使认识另一个天使，甚至认识一个灵魂时，他似乎也就认识了这个天使和这个灵魂的思想。

理据 3：还有，存在于我们的理智之中的观念，与天使的相像甚于它与存在于我们的想象之中的形象的相像，因为前者可被现实地认识，后者却只能被潜在地认识。但是，正如形体的事物能被天使认识，存在于我们的想象之中的形象也能被天使认识，因为想象是一种形体的官能。所以，天使似乎能够认识理智受造物的思想。

但是，从另一个方面看，适合于上帝的东西却不适合于天使。但是，根据《耶利米书》第 17 章第 9 节：“人心比万物都诡诈，坏到极处，谁能识透呢？我耶和华是鉴察人心的”，鉴察人心，只适合于上帝。所以，天使不能认识内心的秘密。

我的回答是：隐秘的思想能够以两种方法认识。第一种方法是根据效果。在这种方法中，隐秘的思想不仅能被天使认识，而且也能够被人认识；而且，对于天使和人一样的是，效果越多地被隐蔽，要认识它就需要越大的智慧。因为有时候，发现内心的思想，不仅仅单纯藉外在的行为，而且还可藉表情的变化；而且，医 348b

生能够仅仅藉病人的脉搏即可知道病人灵魂的一些疾病。因此，天使甚至魔鬼能够更深入地洞察这些被隐藏着的形体上的变化。所以，奥古斯丁在《论魔鬼的预言》第5章中说，魔鬼"有时最熟练地知道人的想法，不仅在人用言语表达之时，而且在人内心里酝酿之时和人用形体上的某种标志来表达之时"；尽管奥古斯丁在《修正》中说过我们不可能说明魔鬼是如何做到这一点的。

当思想存在于理智中、情感存在于意志中时，可用另一种方法认识它们；而且，只有上帝能够用这种方式认识理智中的思想和意志中的情感。之所以这样，原因在于理智受造物的意志只服从上帝，只有作为理性受造物之意志的首要目标和最高目的上帝能够在理智受造物的意志里工作；这一点，我们将在后面（问题63第1条；问题105第5条）详细讨论。因此，存在于意志中的所有东西和仅仅依靠意志的所有东西，只能为上帝所认识。显然，任何一个人要现实地思考任何事物，必然完全依靠意志，因为一个具有知识习性或内在地具有可理解的种相的人，是在意志上使用这些习性和种相。所以，使徒在《哥林多前书》第2章第11节中说："除了在人里头的灵，谁知道人的事？"

答异议理据1：在现世的生活里，一个人的思想之所以不能为他人认识，是因为存在有双重的障碍；也就是说，由于肉身的重负，也由于他的意志隐藏着他的秘密。第一个障碍在复活时将被消除，而且，这个障碍在天使中根本不存在；可是，在复活后，第二个障碍却依然存在，天使里存在的障碍恰恰是它。但是，在恩典和荣耀的顶峰，肉身的荣光将会显示内心的品质。用这种方法，一个受造物将能够认识另一个受造物的内心。

答异议理据 2：尽管由于天使理智中的种相与他依据其理智的普遍性的大小而具有的等级成正比，一个天使可以认识另一个天使所拥有的可理解的种相，但是，并不能由此得出这样一个结 349a
论：一个天使藉现实的思考能够知道另一个天使是如何利用这些种相的。

答异议理据 3：野兽的欲望并不控制它的行为，它的欲望服从其他形体的或精神的原因所造成的印象。因此，既然天使认识形体事物和它们的性情，就总是在野兽那里发生的事情即感性欲望常常通过服从某些形体印象而影响野兽的行为而言，天使因此能够认识正发生在野兽的欲望或想象之中的事情，甚至能够认识正发生在人的欲望或想象中的事情。但是，就人的感性欲望活动和想象活动是被意志和理性所推动的而言，天使并不必然认识它们；因为正如哲学家在《伦理学》第 1 卷第 13 章中所说，"甚至灵魂的低级部分也分有理性，如服从统治者。"[①]但是，不能由此得出这样一个结论：如果天使认识正在人的感性欲望或想象中发生的事情，他就认识存在于人的思想或意志之中的东西。因为理智或意志不但不服从感性欲望或想象，反而能够以各种方式利用它们。

第 5 条　天使是否认识恩典的奥秘？

现在我们着手讨论第 5 条。

异议：天使似乎认识恩典的奥秘（mysteria）。

---

① 亚里士多德：《伦理学》，Ⅰ，13，1102b31。

理据1:因为道成肉身是所有奥秘中最大的奥秘。但是,天使从一开始就知道这一奥秘,因为奥古斯丁在《〈创世纪〉文字注》第2卷第19章中说过:“这个奥秘万代以来一直被隐藏在上帝之中,但是,对于天上的首领和权能来说,它还是可以认识到的。”而且,使徒在《弟茂德前书》第3章第16节中也说过:“这敬虔的奥秘,被天使看见。”所以,天使认识恩典的奥秘。

349b 理据2:再者,关于恩典的所有奥秘的理由都包含在上帝的智慧之中。但是,天使认识作为上帝的智慧,而那正是上帝的本质。所以,天使认识恩典的奥秘。

理据3:还有,按照狄奥尼修斯在《天国等级论》第4章第2节中的说法,先知是被天使照亮的。但是,先知认识恩典的奥秘;因为《阿摩司书》第3章第7节说过:“主耶和华若不将奥秘指示他的仆人众先知,就一无所行。”所以,天使认识恩典的奥秘。

但是,从另一方面看,没有人学习他已经认识的东西。但是,甚至最高级的天使也想找到并且学习恩典的奥秘。因为狄奥尼修斯在《天国等级论》第7章第3节中说过:“圣经描述了天上的一些本质,一些天使询问耶稣,并从他那里学习关于上帝为人所作的工程的知识,耶稣也就直接教导了他们。”这一点在《以赛亚书》第63章第1节中也是显而易见的。在那里,当天使问道:“那从厄东而来的是谁吗?”耶稣就回答道:“那就是我,是凭公义说话的我。”所以,天使并不认识恩典的奥秘。

我的回答是:天使具有两种知识。第一种知识是他本性上的知识,依据它,天使既藉其本质也藉内在于他之中的种相认识事物。藉着这方面的知识,天使不能认识恩典的奥秘。因为这些奥秘依赖于上帝的纯粹意志；但是，如果一个天使不能认识另一个天使的思想，而一个天使的思想依赖于他的意志，那么，一个天使就更其不能认识那完全依赖于上帝意志的东西。使徒也曾以这样的方式推理，他在《哥林多前书》第 2 章第 11 节说："除了在人里头的灵，谁知道人的事？除了人内里的心神外，有谁能知道那人的事呢？像这样，除了上帝的灵，也没有人知道上帝的事。"

天使还有另一种知识，这种知识使他幸福；正是藉着这种知识，天使认识上帝的道和存在于上帝之道中的东西。藉这种力量，天使认识恩典的奥秘，但不能认识所有的奥秘。而且，他们也不是同等地认识关于恩典的那些奥秘，而只是认识到上帝意愿他们藉启示认识所及的程度，正如使徒在《哥林多前书》第 2 章第 10 节中所说："上帝藉着圣灵向我们显明了。"因此，天使越高级，就越能清楚地认识上帝的智慧，越能更多、更深刻地认识存在于上 350a
帝的异象中的奥秘；而且，高级的天使通过照亮较低级的天使而把这些奥秘传达给他们。有一些奥秘是天使从其被创造出来的那一刻开始就认识的；其他的奥秘则是作为他们服务的奖赏而被教导的。

答异议理据 1：我们能够以两种方式言说道成肉身的奥秘。第一，以一般的方式；在这种方式里，道成肉身的奥秘是在所有天使的幸福的顶峰被上帝启示给他们的。之所以这样说，原因在于，这是他们所有的责任都受其安排的一种普遍原则，因为《希伯来书》第 1 章第 14 节说："天使都是奉差遣为那将要承受救恩的人效力"；而且，这是藉道成肉身的奥秘完成的。因此，所有的天使都必然从一开始就被教导了这一奥秘。我们还能以另外一种方式言说道成肉身的奥秘,即就具体的条件来言说。就此而言,并不是所有的天使从其被创造出来的那一刻起就被教导了这些奥秘;从前面所引的狄奥尼修斯的那段话所表明的看来,甚至较高级的天使也是在以后知道这些奥秘的。

答异议理据2:尽管处在真福中的天使知道上帝的智慧,但是,他们并不理解它。所以,他们并不必然认识隐藏在其中的每件事情。

答异议理据3:凡先知藉恩典的奥秘的启示所认识的东西都以更卓越的方式启示给了天使。而且,尽管上帝把他某天在人类的得救方面要做的事情一般地启示给先知,但是,使徒认识这事的某些具体的事情,先知却不认识它们。因此,我们在《以弗所书》第3章第4节和第5节读道:"你们念了,就能晓得我深知基督的奥秘。这奥秘在以前的时代,没有叫人知道,像如今藉着圣灵启示他的圣使徒和先知一样。"在先知中也有同样的情况,使徒们认识先知们不认识的事情;因为《诗篇》第118篇第100节说"我比年老的更明白",格列高利在《〈以西结书〉注》第4卷中说"关于神圣事物的知识与日俱增"。

问题 58

350b

论天使的知识样式

（共 7 条）

在考察了前面的问题之后，现在我们必须考察天使的知识样式。关于这个问题，有 7 个要点需要探究：

（1）天使的理智是否有时是潜在的，有时又是现实的？

（2）天使能否同时理解许多事物？

（3）天使的知识是否是推理的？

（4）天使是否是藉组合和区分理解事物的？

（5）在天使的理智中是否存在有谬误？

（6）天使的知识能否被称为早晨的和晚上的？

（7）早晨的知识和晚上的知识究竟是一回事，还是有什么不同？

第 1 条　天使的理智是否有时是潜在的，有时又是现实的？

现在我们着手讨论第 1 条。

异议：天使的理智似乎有时是潜在的（in potentia），有时又是现实的（in actu）。

理据 1：因为按照《物理学》第 3 卷第 1 章中的说法，“运动就是潜在地存在着的东西的现实”。[①] 但是，按照狄奥尼修斯在《论神的名称》第4章第8节中的说法，天使的理智是受理解活动推动的。所以，天使的理智有时是潜在的。

理据2：再者，因为欲望相关的是一件虽然未曾拥有但却可能拥有的东西，所以，凡想认识一件事物的存在，对于该事物来说，都是潜在的。但是，《彼得前书》第1章第12节却说：“天使也愿意详细察看这些奥迹。”所以，天使的理智有时是潜在的。

351a 理据3：还有，《论原因》第7节中说过：“理智依据其实体的样式认识。”但是，天使的理智搀有潜在的成分。所以，天使有时潜在地认识。

但是，从另一个方面看，奥古斯丁在《〈创世纪〉文字注》第2卷第8章中却说过：“既然天使是在永恒的道中被创造出来的，他们就享有神圣和虔诚的沉思。”沉思的理智不是潜在的，而是现实的。所以，天使的理智不是潜在的。

我的回答是：正如哲学家在《论灵魂》和《物理学》中所说，理智之为潜在的，有两种意义：第一，“在学习或研究前”，也就是说，在它具有知识的习性之前；第二，“在它已经具有知识的习性但还没有现实地思考之时”。[②] 在第一个意义上，在天使的本性知识所及的事物方面，天使的理智绝对不是潜在的。因为，正如较高级的形体即天体对于没有充分地现实化的东西不存在潜在性一样，天使也没有那种还没有被本性所具有的可理解的种相充分完成

---

① 亚里士多德：《物理学》，Ⅲ，1，201a10。

② 亚里士多德：《论灵魂》，Ⅲ，4，429b8；《物理学》，Ⅷ，4，255b33。

的理智上的潜在。但是，在对于上帝启示给天使的理智的事情方面，就没有东西可使天使的理智不成为潜在的，因为甚至天体有时在被太阳照亮的存在面前也是潜在的。

在第二个意义上，天使在可藉本性知识而认识的事情方面可以说是潜在的，因为天使并不总是现实地思考他藉本性知识认识的每一件事。但是，就关于上帝之道的知识和天使在上帝之道中看到的事情而言，天使在这个方面绝对不是潜在的；因为天使总是在现实地认识上帝之道和他在上帝之道中看到的事情。因为天使的真福是由这样的洞察构成的；而且，正如哲学家在《伦理学》第 1 卷第 8 章中所说，"至福不是由习惯构成的，而是由现实构成的。"[①]

答异议理据 1：在那里运动不是被当作某一个不完满的事物——也就是说，潜在地存在的某一个事物——的现实，而是被 351b
当作某一完满的事物——也就是说，现实地存在的某一个事物——的现实。在这个意义上，按照《论灵魂》第 3 卷第 7 章的说法，认识和感觉都被称为运动。[②]

答异议理据 2：天使对这样的东西的愿望并不排除他意愿的对象；相反，它排除的是对该对象的厌倦。或者说，在他们为了能更好地履行他们被赋予的使命而需要从上帝那里接受新启示方面，他们渴望看见上帝。

答异议理据 3：在天使的实体中不存在与现实相分离的潜在。

---

① 亚里士多德：《伦理学》，Ⅰ，8，1098b33。

② 亚里士多德：《论灵魂》，Ⅲ，7，431a4。

同样,天使的理智绝对不会离开现实而潜在地存在。

第2条　天使能否同时理解许多事物?

现在我们着手讨论第2条。

异议:天使似乎不可能同时理解许多事物(multa)。

理据1:因为哲学家在《论题篇》第2卷第10章中说过:"可能发生这样的情况,我们同时知道许多事情,但是,只理解其中的一件事情。"①

理据2:再者,除非理智像形体被形状赋予形式一样被一个可被理解的种相赋予形式,理智不能理解任何东西。但是,一个形体不可能变成许多形状。所以,一个理智也不能同时理解几个可理解的事物。

理据3:还有,理解是一种运动。但是,没有一个运动停止在几个端点上。所以,许多事物不可能被同时理解。

但是,从另一个方面看,奥古斯丁在《〈创世纪〉文字注》第4卷第32章中却说过:"天使的理智所具有的精神能力最轻松地同时理解他愿意认识的所有事物。"

我的回答是:因为端点的统一是运动的统一的前提,因此,目标的统一是运作的统一的前提。既然几个事物可以被当作多,也可以被当作一,比如一个连续的整体的几个组成部分就是如此。
352a 如果每一个组成部分被分开地看,它们就是多;因此,仅凭一个运作,无论是藉感觉还是藉理智都不可能领会它们,也不可能同时

① 亚里士多德:《论题篇》,Ⅱ,10,114b34。

领会它们。从另一个方面看，如果这些组成部分被当作整体中的一个部分，那么，它们就可由一个运作藉感觉和理智同时领会了；只要考察的是整个连续的整体，情况就总是这样，《论灵魂》第 3 卷第 6 章就说到过这一点。[①] 从这个方面看，我们的理智能够同时理解作为一个命题的组成部分的主词和谓词；而且，我们的理智也能同时理解两个相比较的事物，只要它们在可比的那一点上是一致的。从这一点可以得出一个显然的结论：许多事物，就它们是不同的而言，它们是不可能被同时理解的；但是，就它们在一个可理解的方面结合在一起而言，它们是可以被同时理解的。因此，每件事物，就它的相像存在于理智之中而言，它是可现实地理解的。所以，能够藉一个可理解的种相而认识的所有事物都可以当作一个可理解的事物得到认识，因而也能够同时得到认识。但是，藉几个可理解的种相而认识的事物，却只能当作不同的可理解的事物得到认识。

因此，天使藉着他们通过上帝之道而具有的关于事物的知识，能够认识处在一个可理解的种相即上帝的本质之下的所有事物。所以，在涉及关于这些事物的知识时，他们同时认识这些事物；正如奥古斯丁在《论三位一体》第 15 卷第 16 章中所说：在天上，“我们的思想将不会从一个事物飞到、走到和转回另一个事物，我们将只藉一瞥就能同时获得我们所有的知识。”但是，藉着那一种知识，天使能够同时认识处在一个种相之下的所有事物，当许多事物处在几个种相之下时，天使便不能够同时认识它

---

① 亚里士多德：《论灵魂》，Ⅲ，6，430b7。

们了。

答异议理据1:把许多事物当作一个事物来认识,也就是说,是在认识一个事物。

答异议理据2:理智是由存在于它自身之内的可理解的种相赋予形式的。因此,它能够同时认识处在一个种相之下的许多可理解的对象;正如一个形体能够藉着一个形状而与许多形体相像。

对理据3的回答,与对理据1的回答是相同的。

352b **第3条　天使的知识是否是推理的?**

现在我们着手讨论第3条。

异议:天使的知识似乎是推理的(discurrendo)。

理据1:因为理智的推理活动是从一个已经认识的事物出发到达另一个事物。但是,天使是通过其他的东西认识一个事物的,因为他是通过上帝之道认识受造物的。所以,天使的理智是藉推理的方法进行认识的。

理据2:再者,凡较低级的能力能够做的事情,较高级的能力也能够做。但是,人的理智能够用三段论论证,能够从结果认识原因,而所有这些都是推理的。天使的理智在自然的秩序里比人的理智高级,所以,它能用更大的理性推理。

理据3:还有,伊西多尔在《论至善》第1卷第30章中说过,魔鬼藉经验学习许多东西。但是,经验知识是推理性的,因为一如亚里士多德在《分析后篇》和《形而上学》中所注意到的,“单一的经验是由数量众多的经验构成的，单一的普遍经验出自许多经验”。[①] 所以，天使的知识是推理的。

但是，从另一个方面看，狄奥尼修斯在《论神的名称》第 7 章第 2 节中却说道：“天使不从个别的论证获得神圣的知识，他们也不会从普遍事物引开而趋向特殊事物。”

我的回答是：正如前面(问题 58 第 1 条；问题 50 第 3 条；问题 55 第 2 条)经常说到的，天使在精神实体中所居的等级就如天体在有形实体中所居的等级，因为狄奥尼修斯在《论神的名称》第 1 章第 4 节中称他们为“天上的理智”。天上的形体与地上的形体之间的区别在于：地上的形体藉变化和运动实现自己的终极完满性，天上的形体则从自己的本性即刻具有终极完满性。因此，同样，较低级的理智，即人的理智，藉某种运动和推理性的理智运 353a
作，也就是说，从已知事物前进到另一个事物，实现自己在关于真理的知识方面的完满性。但是，如果理智从关于一个已经认识的原则的知识出发，他就将直接认识与这个原则相应的所有结论；这样，在他们之中也就根本不存在任何推理过程。天使的情况正是这样，因为在他们天生认识的真理中，他们能够立即认识在这些真理中被认识的所有东西。

所以，天使被称为理智存在，因为甚至就我们自己而言，那些被理智瞬间认识的事物也被说成是被理解了；所以，理智被定义为第一原则的习性。但是，藉推理方法获得知识的人的灵魂被称作“推理的”；而且，这是因为人的灵魂的理智之光的微弱使然。

---

① 亚里士多德：《分析后篇》，Ⅱ，19，100a4；《形而上学》，Ⅰ，1，980b28。

因为如果人的灵魂像天使一样具有充足的理智之光，那么，一眼看到诸项原则，他们就能在一瞬间认识它们的整个领域，知觉到从中推演出来的所有东西。

答异议理据 1：推理是一种运动。既然所有的运动都是从前一个事物到后一个事物，因此，推理的知识便是这样产生的：从以前已经认识的某一个事物出发，一个人得到关于后来被认识但以前不曾认识的事物的知识。但是，如果在考察的那一个事物中其他的东西被同时发现，比如，一个对象和它的形象被同时在镜中看到，那么，由此获得的知识便不再是推理的知识。而且，在这个意义上，天使也是认识上帝之道中的事物的。

答异议理据 2：从天使知道三段论这个意义上讲，天使能够用三段论推理；而且，天使能够从原因认识结果，也能够从结果认识原因；但是，天使不是藉从原因推到结果或从结果推到原因这种方式获得关于未知真理的知识的。

答异议理据 3：经验被断定为天使和魔鬼所具有，仅仅是一种类比的说法，因为他们虽然知道在场的可感事物，但却根本不用任何推理。

353b **第 4 条 天使是否藉组合和区分来理解事物？**

现在我们着手讨论第 4 条。

异议：天使似乎藉组合（componendo）和区分（dividendo）来理解事物。

理据 1：因为按照《论灵魂》第 3 卷第 6 章的说法，哪里有被认识事物的复多,哪里就有相同者的组合。[1] 但是,在天使的理智中存在着许多被认识的事物,因为天使是藉若干个种相认识不同的事物的,而且根本不是同时认识它们。所以,在天使的理智中存在有组合和区分。

理据 2:再者,否定与肯定之间的距离远于任何两种相反的本性之间的距离,因为在所有的区别中首要的区别是否定与肯定之间的区别。但是,天使认识具有某种距离的本性,不是藉一个种相,而是藉不同的种相,这从前面(第 2 条)所说的看来是很明白的。因此,天使必然藉不同的种相认识肯定和否定。所以,天使似乎是藉组合和区分来理解事物的。

理据 3:还有,说话是理智的一个标志。但是,正如《圣经》里的许多段落所表明的,在对人说话时,天使使用肯定的和否定的表达,而这样的表达正是理智中的组合和区分的标志。所以,天使似乎是藉组合与区分来理解事物的。

但是,从另一个方面看,狄奥尼修斯在《论神的名称》第 7 章第 2 节中却说过:"天使的理智能力显示了神圣思想的明白无误的单纯性。"但是,一个单纯的理智是没有组合和区分的。所以,天使并不是用组合和区分来理解事物的。

我的回答是:正如在理智中,在推论时,结论是与大前提相比较的;同样,在理智中,在组合和区分时,谓词是与主词相比较的。因为如果我们的理智要立刻理解蕴涵在大前提中的结论,它就绝不会藉推理和推论来理解。同样,如果正在认识主词的本质的理 354a

---

① 亚里士多德:《论灵魂》,Ⅲ,6,430a27。

智要立刻拥有关于可能被归结于主词或能够从主词分离出来的所有东西的知识，它就绝不会藉组合和区分去理解，而只是藉理解主词的本质去理解。因此，显然，对于自我同一的理性，我们的理智藉推理，藉组合和区分来理解，也就是说，在对新近认识的事物的第一次认识中，我们的理智并非立刻理解实际上包含在这一新事物之中的一切东西。而且，这是由于内在于我们之中的理智之光的微弱，这一点前面（问题 58 第 3 条）即已经说过了。因此，既然理智之光在天使中是完满的，因为按照狄奥尼修斯在《论神的名称》第 4 章第 22 节中的说法，天使是“一面洁净的、最明亮的镜子”，那么，由此便可得出这样一个结论：既然天使不藉推论认识事物，所以，他也不会藉组合和区分认识事物。

然而，天使理解解释的组合和区分，正如他认识三段论推理；因为他单纯地理解复合的事物，不动地认识运动的事物，非形体地认识形体事物。

答异议理据 1：并不是所理解的事物的每一种复多都导致组合，只有所认识的事物之中的一个事物归结为另一个事物或是被认为是另一个事物的否定时，情况才是如此。当天使认识任何一个事物的本性时，他同时也就理解能够或者归结于这个事物或能够被认为是这个事物的否定的所有东西。所以，在理解一个本性时，天使是藉一个简单的知觉就能把握我们藉组合和区分所知道的一切。

答异议理据 2：事物的几个本性，就它们的存在样式而言，它们之间的区别小于肯定与否定之间的区别。但是，就它们在其中被认识的方式而言，肯定和否定具有更多共同的东西，因为一旦肯定被认为是真理，与之相反的否定也就立刻被认为是谬误。

答异议理据 3：天使使用言说的肯定形式和否定形式这一事实说明天使认识组合和区分两者，但是，天使不是藉组合和区分 354b 认识事物的，他们完全是藉认识事物的本性来认识事物的。

第 5 条 在天使的理智中是否可能存在有谬误？

现在我们着手讨论第 5 条。

异议：在天使的理智中似乎可能存在有谬误(falsitas)。

理据 1：因为反常属于谬误。但是，按照狄奥尼修斯在《论神的名称》第 4 章第 23 节中的说法，“魔鬼具有反常的想象力。”所以，在天使的理智中似乎能够存在有谬误。

理据 2：再者，无知是错误地评价事物的原因。但是，一如狄奥尼修斯在《天国等级论》第 5 章第 1 节中所说，在天使中是可能存在有无知的。所以，天使中似乎能够存在有谬误。

理据 3：还有，每个缺乏关于智慧的真理并且具有邪恶理性的事物，在其理智中都存在有谬误或错误。但是，狄奥尼修斯在《论神的名称》第 7 章第 3 节中却认为魔鬼具有这样的理智。所以，在天使的理智中，似乎能够存在有错误。

但是，从另一个方面看，哲学家在《论灵魂》第 3 卷中却说过：“理智总是正确的。”[①]奥古斯丁在《83 问题集》问题 32 中也同样说过：“除真理之外，没有任何东西能够得到理解。”但是，除非藉理解，天使认识不到任何东西。所以，在天使的知识中，既不存在

---

① 亚里士多德：《论灵魂》，Ⅲ，6，430b27；10，433a26。

欺骗,也不存在谬误。

我的回答是:这个问题的真理部分地依赖前面已经讨论过的。因为前面(问题58第4条)已经说过,天使理解事物,不是藉组合和区分,而是藉理解一件事物之所是。因为一如《论灵魂》第3卷第6章中所说:"就理智相关于一件事物之所是而言,它总是正确的",这和感觉相关于其固有的对象一样。[①] 但是,当我们藉某种复合认识一个事物的本质时,欺骗和谬误就藉偶性潜入我们
355a 的思想之中;而且,这样的事情会也发生在下面的情况中:当我们把一个事物的定义当成另一个事物的定义时,或者一个定义的组成部分不能一致时,比如我们欲把"四足的会飞的野兽"当成某种动物的定义时,就会产生这样那样的错误,因为根本不存在这样的动物。而且,这样的事情在复合事物中也会发生,因为复合事物的定义是从不同的部分中分离出来的,其中的一个部分是其他部分的质料。但是,按照《形而上学》第9卷第10章中的说法,"在对单纯实质(quidditates simplices)的理解中却不存在任何谬误"。[②] 因为,或者单纯的实质根本没有得到理解,这样我们就对它一无所知;或者,单纯的实质为我们精确地如其所是得到理解。

所以,任何谬误、错误或欺骗都不可能自行地存在于任何天使的心智之中;然而,这样的事情却能够偶然地发生,而且,与发生在我们之中的方式也有所不同。因为我们有时是通过组合的和区分的过程来把握一个事物的本质的,比如,当我们藉区分和

① 亚里士多德:《论灵魂》,Ⅲ,6,430b27。

② 亚里士多德,《形而上学》,Ⅸ,10,1051b26。

推证来获得一个定义的真理时，情况就是如此。天使的方法却不是这样，因为天使是通过认识一个事物的本质来认识与之相关的可以说到的每一件事物的。显而易见，一个事物的本质可能是关于适合于这一事物或者被从这一事物排除的每一个东西的知识的原则，但却不可能是那些依赖上帝的超自然命令的东西的原则。因此，由于善良天使具有诚实的意志，他们从关于事物的本质的知识出发并不能够对那些属于仅仅超自然地服从上帝命令的事物形成任何判断；所以，在善良的天使中不可能存在有错误或谬误。但是，由于魔鬼的理智被邪恶的意志引离上帝的智慧，他们有时仅仅依据同样事物的自然条件来形成他们对于这些事物的意见。就任何事物的自然属性而言，魔鬼也是不会受到欺骗的；但是，就与超自然的事物相关的东西而言，魔鬼就能够误入歧途；比如，看见一个死人时，魔鬼就可能设想这个死人不会再站起来；或者，看见基督这个人时，他们可能认为他不是上帝。

从上面所说的这些话出发，对这一问题的正反两方面的理据的回答也就显而易见了。因为魔鬼的邪恶源自他们对上帝智慧的不服从；就本性上可被认识的事物而言，在天使中不存在任何无知；但是，对于只能被超自然地认识的事物而言，在天使中却存在有无知。进一步说，显而易见的是：天使对事物之所是的理解 355b
总是正确的，只是在偶然情况下，即天使被以一种不正当的方式引向某种组合或区分时，天使的理解就可能出现错误。

第 6 条　在天使中是否存在“早晨”的知识和“晚上”的知识？

现在我们着手讨论第 6 条。

异议:在天使中似乎既不存在有早晨的知识(cognitio matutina)也不存在有晚上的知识(cognitio vespertina)。

理据1:因为早晨与晚上都混有黑暗的成分。但是,在天使的知识中不存在黑暗,因为在天使的知识中既不存在错误也不存在谬误。所以,天使的知识不应当被称为早晨的知识和晚上的知识。

理据2:再者,在晚上与早晨之间,夜晚亘于其中;正午又亘于早晨和晚上之间。因此,如果在天使中存在早晨的知识和晚上的知识,基于同样的理由,在天使中也应当存在有正午的知识和夜晚的知识。

理据3:还有,知识是依据认识对象的不同而划分的,因此,哲学家在《论灵魂》第3卷第8章中说:"学科之划分应符合事物之所是。"[①]但是,按照奥古斯丁在《〈创世纪〉文字注》第2卷第8章中的说法,事物的存在有三个方面,它们分别是:存在于上帝之道中,存在于它们自己的本性之中,存在于天使的知识中。因此,如果由于事物在上帝之道中的存在和在它们自己的本性中的存在而承认在天使中存在有早晨的知识和晚上的知识,那么,由于事物在天使的理智中的存在,也就应当承认在天使中还存在有第三类知识。

但是,从另一个方面看,奥古斯丁在《〈创世纪〉文字注》第4卷第22章和《上帝之城》第11卷第7章中却把天使的知识分成早晨的知识和晚上的知识。

---

① 亚里士多德:《论灵魂》,Ⅲ,8,431b24。

我的回答是："早晨"的知识和"晚上"的知识这种表达是由奥古斯丁发明的。他用此来解释上帝在其间创造万物的那六日，不是由太阳绕地球一周的时间来衡量的日常日子，因为太阳是在第 356a
四天才被创造出来的；而是天使的知识都被导向六类事物的六天。因为在日常的一天中早晨是一天的开始，而晚上是一天的结束，所以，天使关于事物的原初存在的知识被称为早晨的知识，而且，这也是就事物存在于上帝之道中而言的。但是，天使关于存在于他自己的本性之中的受造物的存在的知识却被称为晚上的知识，因为事物的存在是从上帝之道中流溢出来的，就像它是从某种原初原则中流溢出来的一样；而且，这一流溢到事物本身拥有自己的存在时就停止了。

答异议理据 1：天使知识中的早晨和晚上不能被视为可与黑暗的混合成分相比较的东西，只能被视为可与开始和结束相比较的东西。否则，就会如奥古斯丁在《〈创世纪〉文字注》第 4 卷第 23 章中所指出的那样，我们就能够说，没有什么东西能够阻止我们在与一个事物相比时把某个事物称为光明，而在与另一个事物相比时又把它称为黑暗。同理，依据《以弗所书》第 5 章第 8 节所说，"从前你们是暗昧的，但如今在主里面是光明的"，当与邪恶之人相比时，虔信的人和义人的生活被称为光明；但是，依据《彼得后书》第 1 章第 19 节，"我们并有先知更确的预言，如同灯照在暗处，你们在这预言上留意"，当与荣耀的生活相比，虔信之人的生活被称为黑暗。所以，天使藉以认识存在于他自己的本性之中的事物的知识，当与无知或错误相比时，是白昼；但是，当与上帝之道的异象相比时，是黑暗。

答异议理据 2：早晨的知识和晚上的知识属于白昼，确切地说，属于那些被照亮的天使；他们是远离黑暗的，也就是说，是远离邪恶精神的。那些善良的天使，尽管认识受造物，但是，却不执著于受造物，因为那样就意味着黑暗和晚上；他们致力于赞美上帝，他们在上帝之中，就像他们在自己的原则中一样，认识所有事物。所以，在善良的天使中，晚上之后不存在夜晚，只存在有早晨，因此，就天使以上帝对他们运行工作的认识的称赞为准而言，
356b 早晨是在此之前的那个白昼的结束，也是下一个白昼的开始。作为两个端点的中间的正午被包含在白昼的名称中。否则，正午就将被用来指天使们关于自身既没有开始也没有结束的上帝的知识。

答异议理据 3：天使自身也是受造物。所以，事物在天使知识中的存在是被包含在晚上的知识的名称之下的，正如事物在它们自身本性里的存在是被包含在晚上的知识的名称之下一样。

第 7 条　早晨的知识和晚上的知识是否是同一种知识？

我们现在着手讨论第 7 条。

异议：早晨的知识和晚上的知识似乎是同一种（una）知识。

理据 1：因为《创世记》第 1 章第 5 节说："有晚上，有早晨，这是第一日。"但是，藉着"一天"这一表述，按照奥古斯丁在《〈创世纪〉文字注》第 4 卷第 22 章中的说法，天使的知识就将得到理解。所以，天使的早晨的知识和晚上的知识是同一种知识。

理据 2：再者，一种官能不可能在同一时间里具有两种运作。但是，天使总是在藉着他们的早晨的知识现实地认识，因为依据

《马太福音》第 18 章第 10 节，天使总是在认识上帝和上帝之中的事物。所以，如果晚上的知识不同于早晨的知识，天使就绝不可能运用他的晚上的知识。

理据 3：还有，宗徒在《哥林多前书》第 13 章第 10 节中说过："等那完全的来到，这有限的必归于无有了。"但是，如果晚上的知识不同于早晨的知识，那么，晚上的知识与早晨的知识之相比，就如不大完满者与完满者之相比。这样，晚上的知识就不可能与早晨的知识一同存在了。

但是，从另一个方面看，奥古斯丁在《〈创世纪〉文字注》第 4 卷第 23 节中却说："如其所是地认识任何事物在上帝之道中的存在与如其所是地认识它在自己的本性之中的存在之间存在着巨大不同；因为前者属于白昼，后者属于晚上。"

我的回答是：一如前面（第 6 条）所注意到的，早晨的知识是天使藉以认识在他们的特有本性中存在的事物的知识。这不能理解为天使从事物的特有本性中获得他们的知识，因此，介词 357a
"在……中"所意指的是一个原则的形式；因为正如前面（问题 55 第 2 条）已经说过的，天使并不是从事物中获得他们的知识的。所以，可以得出这样一个结论：当我们说"在它们的特有本性中"时，我们是就它是知识的对象而言谈论事物的这个方面的；也就是说，就天使认识事物在其自己的本性中所具有的存在而言，晚上的知识是存在于天使之中的。

天使通过两种中介认识到这一点的，也就是说，是藉内在的观念以及藉事物之存在于上帝之道中的形式认识到这一点的。因为藉认识上帝之道，天使不仅认识事物在上帝之道中所具有的存在，而且也认识事物在自己的本性中所具有的存在；正如上帝藉沉思他自己认识事物在它们的本性中所具有的存在一样。因此，如果天使的知识被称为晚上的知识是就他们在认识上帝之道时他们就认识事物在它们自己的特有本性之中所具有的存在而言的，那么，早晨的知识和晚上的知识就本质而言就是同一的，只是就所认识的东西而言是不同的。如果天使的知识被称为晚上的知识是就他们藉内在（于他们自己理智中）的形式认识事物在它们自己的本性中所具有的存在而言的，那么，早晨的知识和晚上的知识就是不同的。所以，奥古斯丁在认为天使的晚上的知识低于早晨的知识时，他似乎也理解这一点。

答异议理据1：六天，按照奥古斯丁对它们的理解，应当被看作是天使所认识的六类事物；所以，"天"的单元是依据所认识的事物的单元而定的；但是，它也能够藉认识它的不同方式得到理解。

答异议理据2：同一个官能在同一时间能够有两种运作，其中的一种运作被认为起源于另一个。这一点从下面的情况看是明显的：在已经获得知识的情况下，意志能够在意欲目的同时意欲实现目的手段；而理智也能够在知觉原则的同时知觉到通过那些原则获得的结论。正如奥古斯丁在《〈创世纪〉文字注》第4卷第23章中所说，在天使中，晚上的知识是起源于早晨的知识的。所以，没有什么东西妨碍晚上的知识和早晨的知识二者同时存在于天使之中。

答异议理据3：完满的到来时，与之相反的不完满的就被废除了；正如关于不可见事物的信仰在异象出现时被变成虚无一样。
357b

但是，晚上的知识的不完满性并不是与早晨的知识的圆满性相反的。因为事物在其自身中被认识与其在其原因中被认识并不是相互对立的。再者，在藉一种比较完满的中介和另一种比较不完满的中介这两种中介对一个事物的认识中同样也没有什么矛盾；正如为了得到同一个结论，我们能够使用推证的方法，也能够使用类比的方法。同理，同一个事物，天使能够藉非受造的上帝之道认识，也能够藉内在的观念认识。

问题 59
论天使的意志
（共 4 条）

接着我们必须考察关于天使的意志问题。首先，我们要考察天使的意志本身；其次，要考察天使的意志的运动，即爱。

在第一个项目下，有 4 个要点需要探究：

（1）在天使中是否存在有意志？

（2）天使的意志是他的本性，还是他的理智？

（3）在天使中存在有自由意志吗？

（4）在天使中是否存在有愤怒的和情欲的欲望？

第 1 条　在天使中是否存在有意志？

现在我们着手讨论第 1 条。

异议：在天使中似乎并不存在有意志（voluntas）。

理据 1：因为哲学家在《论灵魂》第 3 卷第 9 章中说过："意志
358a 处于理性之中。"[①]但是，在天使中不存在理性，只存在高于理性的某种东西。所以，在天使中不存在有意志，只存在有高于意志的

① 亚里士多德：《论灵魂》，Ⅲ，9，432b5。

某种东西。

理据 2：再者，意志被包含在欲望之下，这从哲学家在《论灵魂》中所说的看来是很明显的。[①] 但是，欲望是不完满的（appetitus est imperfecti），因为它追求它还没有拥有的某种东西。所以，既然在天使中，特别是在蒙福的天使中，没有任何不完满性，那么，在天使中似乎便不存在有意志。

理据 3：还有，哲学家在《论灵魂》第 3 卷中说，意志是一种被推动的推动者，因为它是被已经认识到的可意欲的事物推动的。[②] 但是，天使是不能被推动的，因为他们是非形体的。所以，在天使中不存在有意志。

但是，从另一个方面看，奥古斯丁在《论三位一体》第 10 卷第 12 章中说过：三位一体在心智中能够发现，它表现为记忆、认识和意志。但是，上帝的形象不仅能在人的心智中发现，而且也能在天使的心智中发现，因为天使也有认识上帝的能力。所以，在天使中存在有意志。

我的回答是：我们必须把意志放在天使之中。在证明这一点时，必须牢记在心的是：万物皆是从上帝的意志流溢出来的，万物皆以它们自己的方式被欲望导引而以不同的方式倾向于善。有些事物是藉它们自己的自然倾向趋向于善，无须知识，比如植物和没有生命的形体。这样趋向于善的倾向被称为自然欲望。还有其他一些事物，它们被引向善，但必须有知识的伴随；这不是说

---

① 亚里士多德：《论灵魂》，Ⅲ，9、10，432b5、433a23。

② 同上书，10，433b16。

它们认识善的特征，而是说它们认识某种特殊的善，比如感觉认识甜、白等等。伴随知识的这种倾向被称为感性欲望。还有其他一些事物具有趋向善的倾向，但是，必须伴随着它们藉以认识善的样式的知识；这种欲望属于理智。这是最完满地趋向于善的事物；但是，确实不是像没有知识的事物那样只是被别的事物引导着趋向于善，也不是像那些只有感性欲望的事物那样只趋向于某种特殊的善，而是趋向于一般的善。这样的倾向被称为意志。因
358b 此，既然天使藉他们的理智认识善的普遍方面，显然，在他们之中存在有意志。

答异议理据1：理性超越感性的方式不同于理智超越理性的方式。理性超越感性，所依据的是它们所认识的事物的不同，因为感觉认识特殊事物，而理性认识普遍事物。因此，必然存在一种趋向于普遍善的欲望，这种欲望属于理性；必然存在着另一种趋向特殊的善的欲望，它属于感性。但是，理智与理性不同，是就它们认识事物的方式而言的，因为理智藉单纯的直觉认识事物，而理性则藉从一个事物向另一个事物的推理过程认识事物。但是，藉这样的推理，理性逐渐认识到理智不用推理就认识的事物，即普遍事物。因此，呈现在理性部分的欲望力量面前的对象和呈现在理智部分的欲望力量面前的对象是同样的。所以，在作为纯粹理智的天使中，并没有高于意志的欲望。

答异议理据2：虽然所欲求的部分的名称源出于正在欲求的但尚未被拥有的事物，但是，所欲求的部分不仅仅为这些事物所具有，而且也为许多其他的事物所具有；因此，石头(lapis)的名称源出于伤害脚(laesione pedis)，但是，伤害脚这一属性却不仅仅属

于石头。同样,愤怒的能力完全出于愤怒者,但是,在愤怒者中同时还存在有其他的情感,如希望、勇敢等等。

答异议理据 3:意志之被称为被推动的推动者,是就意志和认识都称为一种运动而言的;而且,不存在可使这种运动不存在于天使中的任何东西,因为这样的运动,按照《论灵魂》第 3 卷第 7 章中的说法,是“完满的行动者的现实”。[①]

第 2 条 在天使中,意志是否不同于理智?

现在我们着手讨论第 2 条。

异议:天使的意志似乎与他的理智和本性(natura)没有什么不同。

理据 1:因为天使比自然的形体更单纯。但是,自然的形体藉 359a
形式趋向于它的目的,即它的善。天使就更其如此了。然而,天使的形式若不是他借以自存的本性,就是他的理智内的某一个种相。因此,天使趋向于善,或者是通过他自己的本性,或者是通过一个理智的种相。但是,这样的趋向于善的倾向属于天使的意志。所以,天使的意志与他的本性和理智没有什么不同。

理据 2:再者,理智的对象是真,而意志的对象是善。善不同于真,但不是在实在上不同,只是在逻辑上不同(问题 16 第 4 条)。所以,意志和理智在实在方面并没有什么不同。

理据 3:共有的与专有的区别并不能使官能也有所不同,因为同样一个看的官能能够感知颜色和白。但是,善和真似乎像共同

① 亚里士多德:《论灵魂》,Ⅲ,7,431a6。

的与特殊的一样是相互联系的。所以,以善为对象的意志与以真为对象的理智并没有什么不同。

但是,从另一个方面看,天使的意志只注意善的事物,而天使的理智则既注意善的事物也注意恶的事物,因为他们认识这二者。所以,天使的意志不同于天使的理智。

我的回答是:在天使中,意志是一种特别的官能或能力,它既不是他们的本性,也不是他们的理智。它不是他们的本性,从这一点,即一事物的本性或本质是完全被包含在该事物之内,从而凡延伸到它之外的任何东西都不是它的本质,就可明白。因此,我们在自然形体中所看到的存在的倾向不是来自附加到本质上的任何东西,而是来自它在拥有存在之前欲求存在的质料以及当它一旦存在就使之保存在这样一个存在之中的形式。但是,趋向外在事物的倾向则来自附加在其本质上的某种东西;比如,趋向一个位置的倾向来自重力或失重,而使某一事物类似自己的倾向则来自现实的品质。

但是,意志具有趋向于善的自然倾向。因此,只有在本质和意志同一的地方——也就是说,只有在上帝中——所有的善才能包含在意欲这些善的他的本质之内;上帝除了他自己的善之外,
359b 不意欲在他自己之外的任何东西。这不能用来言说任何受造物,因为无限的善对于任何受造物的本性来说都是相当陌生的。所以,无论是天使的意志,还是其他任何受造物的意志,都不可能是与其本质相同的东西。

同理,意志也不可能是与天使的理智或人的理智相同的东西。因为知识之产生是就认识的对象存在于认知者之内而言的;

因此，理智把它自己扩展到在它自己外面的东西，本质上外在于它的东西经处理后而成为在某种程度上存在于它之内的东西。另一方面，意志却走向外面达到它之外的某种东西。这是就其凭借一种倾向，以一种方式趋向于它外面的东西而言的。然而，在自身之内具有某种处于其外的东西，适合于一种官能，而趋向于它之外的某种东西，则适合于另一种官能。因此，在每一个受造物中，理智和意志都必定是不同的能力。但是，对上帝来说，事情就不是这样。因为上帝在他自身之内就拥有普遍的存在和普遍的善。所以，理智和意志这两者都是上帝的本性。

答异议理据 1：自然的形体是由其实体性的形式推动而达到 360a
自己的存在的；而它趋向于外面的东西，则是由于某种附加上去的东西，这一点前面就已经说过。

答异议理据 2：各种官能并不是由于其对象的任何质料方面的差别而不同的，而是由于其形式方面的区别而不同的，而后一个方面的差别是由对象的本性本身产生出来的。所以，这种出自善的概念和真的概念的多样性足以使理智区别于意志。

答异议理据 3：因为善和真在实在方面是可以自由转换的，由此便可以得出这样一个结论：善可被理智当作真的东西来认识，而真也可被意志当作善的东西来意欲。然而，其外观方面的多样性就足以说明官能方面的多样性，这一点已如上述（答异议理据 2）。

第 3 条　在天使中是否存在有自由意志？

现在我们着手讨论第 3 条。

异议：在天使中似乎并不存在有自由意志(liberum arbitrium)。

理据1：因为自由意志的活动是选择。但是，天使不可能有任何选择。因为一如《伦理学》第3卷中所说，选择是“在考虑之后对某物的意欲，而考虑则是一种探究”。[①] 但是，天使的知识不是探究的结果，因为探究属于理性的推理。所以，很显然，在天使中不存在任何自由意志。

理据2：再者，自由意志意味着对可供选择的东西的不关心。但是，在天使中，其理智的部分中不存在有这样的不关心；因为，正如前面(问题58第5条)已经说明的，天使的理智就那些在本性上对他们来说是可理解的东西而言是不会受骗的。所以，在他们的欲望官能方面，不可能存在有自由意志。

理据3：还有，天使的各种禀赋是依据其等级的高低而适合于他们的；因为理智的本性在较高级的天使中比在较低级的天使中更为完满。但是，自由意志不容许等级的差别。所以，在天使中不存在有自由意志。

但是，从另一个方面看，自由意志是人的尊严的一部分。但是，天使的尊严超过人的尊严。所以，既然自由意志存在于人之中，那么，它就有更多的理由存在于天使之中。

我的回答是：存在着某些事物，它们的活动不是出自任何在前的判断，而是似乎由其他东西推动而开始活动；正如箭是由射者射向箭靶的一样。还有一些事物活动，出自某种判断，但不是出自自由意志，比如无理性的动物就是如此；因为绵羊基于它认

① 亚里士多德：《伦理学》，Ⅲ，2，1112a5；Ⅲ，3，1112b23。

为狼对自己是有害的这一判断飞跑着逃离狼,这样一个判断不是自由的判断,而是由本性灌输给它的。只有天生具有理智的行为主体,就其认识善的共同概念而言,能够依据一个自由的判断进行活动;从善的共同概念出发,他能够判断这一事物或其他的事物是否是善的。因此,凡存在有理智的地方,都存在有自由意志。所以,很显然,正因为在天使中存在有理智,在天使中也就存在有自由意志;而且,自由意志以比在人身上的更高程度的完满性存在于天使之中。

答异议理据 1:哲学家所谈论的选择是存在于人之中的选择。正如在理论事务上,人的评价不同于天使的评价,天使不需要探究,而人却需要探究;同样,在实践事务上也是如此。所以,在天 360b
使中存在有选择,只是他的选择无需藉好奇的建议性的思虑来进行,而只需要藉对真理的突然接受即可。

答异议理据 2:正如前面(第 2 条)已经说明的,知识是藉被认识者呈现在认识者之内产生出来的。但是,在自己之内不具有拥有它在本性上当有的东西,在任何事物中都是不完满的一种标志。因此,如果天使的理智不指向他在本性上能够认识的真理,那么,他在本性方面就将是不完满的。但是,欲望能力的活动是由这引起的,乃至情感也指向外面的事物。可是,一个事物的完满性并不来自它所趋向的每一个东西,而只来自高于它的某一个东西。所以,如果天使的理智不指向低于他的东西,我们就不能因此而认为在天使中存在有不完满性;但是,如果天使不指向高于他的东西,我们就因此而可以认为在他之中存在有不完满性。

答异议理据3:自由意志以比它在较低级天使中的方式还要高贵的方式存在于较高级的天使中,正如理智的判断那样。但是,有一点是真的,即:倘若考虑到冲动的消除这个问题,那么,天使的自由就不受等级高低的影响;因为缺乏和否定既不能自行地直接地增多它们本身也不能自行地直接地减少它们本身,而只是由于他们的原因或者藉增加某些限制的缘故。

第4条　在天使中是否存在有愤怒的和情欲的欲望?

现在我们着手讨论第4条。

异议:在天使中似乎存在有愤怒的和情欲的欲望(irascibilis et concupiscibilis)。

理据1:因为狄奥尼修斯在《论神的名称》第4章第23节中说过,在魔鬼中存在有"不合理的狂怒和狂热的情欲"。但是,魔鬼具有与天使同样的本性;因为罪并没有改变他们的本性。所以,在天使中,存在有愤怒的和情欲的欲望。

361a 理据2:再者,爱和欢乐存在于情欲的欲望中,而愤怒、希望和恐惧则存在于愤怒的欲望中。但是,在圣经中,这些东西都既赋予了善良的天使,也赋予了邪恶的天使。所以,在天使中,存在有愤怒的和情欲的欲望。

理据3:再次,有些美德被说成是居于愤怒的欲望之中,有些美德则被说成是居于情欲的欲望之中:比如,仁慈和节制似乎存在于情欲的欲望中,而希望和刚毅(fortitude)则似乎存在于愤怒的欲望中。但是,这些美德都存在于天使之中。所以,在天使中,既存在有情欲的欲望,也存在有愤怒的欲望。

但是，从另一个方面看，哲学家在《论灵魂》第 3 卷第 9 章中却说过，愤怒的和情欲的欲望存在于感性的部分中，[①]但是，在天使中却不存在有感性的部分。所以，在天使中，不存在有愤怒的和情欲的欲望。

我的回答是：理智的欲望不可能被区分成愤怒的和情欲的；只有感性的欲望才可以这样区分。之所以这样，理由在于：一种能力与另一种能力的不同不是依据其对象的质料方面的区别，而是依据其对象的形式方面的区别，如果就某种共同观念而言，任何一种能力都对应着一个对象，那么，就被包含在那个共同观念之下的特殊事物而言，各种能力之间就不存在不同了。正如看这种能力的专有对象是颜色之类的东西，所以，就黑与白的不同而言就不存在着几种不同的看的能力了；然而，如果某一种能力的专有对象是白和似白的东西，那么，观看白色的能力就将不同于观看黑色的能力。

从前面（本问题第 1 条，问题 16 第 1 条）已经说过的就可以清楚地明白这样一点：理智欲望——从另一个角度看便被认为是意志——的对象是就善的共同特征而言的善；除了对善的东西的意欲之外，它不可能有任何欲望。因此，在理智的部分中，欲望不能依据某些特殊事物的不同而得到区分；而感性的欲望则是可以那样区分的，因为感性的欲望并不追求依据善的共同特征而是善的东西，它只追求某种特殊的善的对象。所以，由于在天使中只存在有理智的欲望，从而，他们的欲望便不可以区分成愤怒的和情

① 亚里士多德：《论灵魂》，Ⅲ，9，432b6。

欲的,他们的欲望是不可分的;而且,它是被称为意志的。

答异议理据1:狂怒和情欲的欲望被比喻地说成存在于魔鬼
361b 之中,正如愤怒有时被认为是上帝的特征一样;——这是由于它们在效果上相似的缘故。

答异议理据2:爱和欢乐,就它们是情感而言,是存在于情欲的欲望之中的;但是,就它们表现意志的单纯现实而言,它们则存在于理智的部分之中:在这个意义上,爱一个人就是希望这个人过得好,欢乐就是意志栖止于某种已经拥有的善之中。按照奥古斯丁在《上帝之城》第9卷第5章中的说法,普遍地讲,这些东西,就其作为情感而言,没有一个是可以用于言说天使的。

答异议理据3:仁慈,作为一种美德,不是存在于情欲的欲望之中,而是存在于意志之中;因为情欲欲望的对象是可为感觉侦知的善。但是,仁慈的对象是神圣的善,它不属于任何一类可为感觉侦知的善。基于同样的理由,必须说希望也不存在于愤怒的欲望之中;因为愤怒的欲望的对象是属于感觉层面的难得之物,但希望这种美德却与感觉层面无关,因为希望的对象是难得的而且是神圣的东西。但是,被认为是人的一种美德的节制却涉及对感官快乐的追求,这种追求是属于情欲的欲望能力的。类似的是,刚毅调节胆大和恐惧,胆大和恐惧又是属于愤怒的部分的。因此,节制,就它是人的一种美德而言,居于情欲的欲望之中,而刚毅则居于愤怒的欲望之中。但是,它们都不以这种方式存在于天使之中。因为在天使中,既不存在关乎情欲欲望的激情,也不存在被节制和刚毅调节的大胆和恐惧这样的情感。但是,就天使为了使自己的意志符合上帝的意志而必须中庸地展示他们的意志而言，节制是可以用来言说天使的。同样，就天使坚决地执行上帝的意志而言，刚毅也可归于天使。这两种美德，都是藉他们的意志形成的，而不是藉愤怒的或情欲的欲望形成的。

问题 60

论天使的爱

(共 5 条)

接下来的题目是考察天使意志的活动，即爱；因为欲望官能
362a 的每一个活动都出于爱。

在这个题目下，有 5 个要点需要探究：

(1)在天使中，是否存在有本性的爱？

(2)在天使中，是否存在有选择的爱？

(3)天使爱他自己，是出于本性的爱，还是出于选择的爱？

(4)一个天使是否像爱他自己那样出于本性的爱来爱另一个天使？

(5)天使是否是出于本性的爱而爱上帝胜过爱他自己的？

第 1 条 在天使中，是否存在有本性的爱？

现在我们着手讨论第 1 条。

异议：在天使中似乎并不存在有本性的爱(amor vel dilectio naturalis)。

理据 1：因为本性的爱，按照狄奥尼修斯在《论神的名称》第 4 章第 15 节中的说法，是与理智的爱相对的。但是，天使的爱是理

智的。所以,天使的爱不是本性的。

理据 2:再者,那些用本性的爱去爱的比自身能动的受到更多的作用,因为没有什么东西能够控制住它自己的本性。然而,天使是不会受到作用的,他们只自行活动,因为他们具有自由意志,这一点已如上述(问题 59 第 3 条)。所以,在天使中并不存在有本性的爱。

理据 3:还有,每一种爱,或者是合法的,或者是不合法的。然而,合法的爱属于博爱,不合法的爱属于邪恶。但是,博爱和邪恶都不属于本性,因为博爱高于本性,邪恶反乎本性。所以,在天使中不存在本性的爱。

但是,从另一个方面看,爱出于知识,因为按照奥古斯丁在《论三位一体》第 10 卷中的说法,除非被认识,否则便没有一个东西会得到爱。但是,在天使中存在有本性的知识。所以,在天使中存在有本性的爱。

我的回答是:我们必须认为天使有本性的爱。在证明这一点 362b
的过程中,我们必须记住:首先出现的东西必然被保存在后于它出现的东西之中。但是,本性在理智之前出现,因为每一个主体的本性都是他自己的本质。因此,凡属于本性的东西都必然被同样保存在诸如具有理智的主体中。但是,每一本性具有某种倾向,这是共同的;这种倾向就是本性的欲望或者爱。我们发现这种倾向在不同的本性中以不同的方式存在;但是,它在每一个本性中都依据其样式而存在。所以,在理智的本性中,都可发现一个出自其意志的本性的倾向;在感性的本性中,都可发现一个就感性欲望而言的本性的倾向;但是,在一个缺乏知识的本性中,便只能发现就本性之趋向某物而言的本性的倾向。所以,既然天使是理智的本性，在他的意志中就必然存在有本性的爱。

答异议理据1：理智的爱与作为纯粹本性的爱之相互反对和相互区别，是就理智的爱属于一个既不具有与感性的完满相类的东西也不具有与理智的完满相类的东西的本性而言的。

答异议理据2：除了第一活动主体(primum agens)外，世界上所有的事物都受到别的东西的推动而活动，而第一活动主体则以这样的方式活动着：他无论如何都不受到别的事物的推动而活动。所以，就天使的本性的倾向是为他的本性的创造者放置在他之中而言，在天使之被推动着去活动中，并不存在有任何不适合的东西。然而，天使也没有被推动着去活动乃至他不能自主地活动，因为他具有自由意志。

答异议理据3：正如本性的知识总是真的一样，本性的爱也总是受到良好的控制；因为本性的爱无非是被本性的创造者放置在本性中的倾向而已。说本性的倾向受不到良好的控制，就是在贬损本性的创造者。但是，本性的爱的正确性，确实不同于博爱和美德的正确性：因为后者的正确性使前者的正确性得以完满。尽管这样，关于本性知识的真理属于一类，关于被灌输的或获得的知识的真理则属于另一类。

363a **第2条 在天使中是否存在有选择的爱?**

现在我们着手讨论第2条。

异议：在天使中似乎并不存在有选择的爱(dilectio electiva)。

理据1：选择的爱显然是推理的爱，因为选择总是伴随着思考，而思考则在于探究，《伦理学》第3卷第2章中曾经说到过这一点。[①] 但是,按照《论神的名称》第 4 章第 23 节中所说,推理的爱与天使固有的理智的爱相矛盾。所以,在天使中并不存在有选择的爱。

理据 2:再者,除了被灌输的知识以外,天使只有本性的知识,因为他们并不是从原则出发进行推理以获得关于结论的知识的。因此,天使趋向于他们能够认识的每一个事物,就像我们的理智趋向于它能够天生认识的第一原则一样。但是,爱是伴随着知识的,对这一点前面(本问题第 1 条,问题 16 第 1 条)就已经说到过。因此,除了被灌输的爱以外,在天使中只存在有本性的爱。所以,在天使中并不存在有选择的爱。

但是,从另一个方面看,我们既不赞美也不批评我们的本性活动。但是,天使却藉他们的爱赞美或批评。所以,在天使中存在着选择的爱。

我的回答是:在天使中存在有本性的爱,也存在有选择的爱。天使的本性的爱是他们的选择的爱的原则;因为属于先前出现的事物的东西总是具有一个关于原则的本性。因此,既然在每一个事物中本性总是第一出现的,所以,在每一个事物中,属于本性的东西必然是一项原则。

就人的理智和意志来说,这无疑是显然的。因为理智天生认识原则;而且,理智从人的这些关于原则的知识出发得到关于他不是通过本性而是通过发现或教育所获得的结论的知识。同样,目的之于意志,一如《物理学》第 2 卷第 9 章中所说,正如原则之 363b

① 亚里士多德:《伦理学》,Ⅲ,2,1112a15。

于理智。[1] 因此，意志天生趋向其最高目的；每个人天生意欲幸福，其他的意志都是由这一本性的意欲引起的，因为凡一个人所意欲的东西，皆是为了其最高目的而意欲的。所以，一个人对他天生意欲的那个善的爱是他的本性的爱；但是，出于对它的爱，即对为了那个目的缘故而爱那个善的爱，是选择的爱。

尽管如此，在理智方面和意志方面之间还是存在有一种差别。因为正如前面（问题59第2条）已经说过的，理智所具有的知识是藉被认识者呈现在认识者之内而获得的。由于人的理智本性的不完满性，他的心智不能同时拥有他能够认识的一切事物，而只能拥有他在某种程度上从之出发被推动着去把握其他事物的一些事物。相反，欲望能力的活动则遵循人之趋向事物的倾向。在这些倾向中，有一些本身就是善的，因此它们自身就是值得意欲的；而另外一些则只是就在它与其他事物的关系才具有善的特征，从而，它们是由于其他事物而是值得意欲的。因此，不能因为一个人为他自己的意欲而天生追求是他的目的那个事物而选择性地追求从属于这一目的其他事物就认为他不完满。由于天使的理智本性是完满的，所以，在他们之中只能发现本性的知识而不能发现推理的知识；但是，在他们之中却可以发现既存在有本性的爱也存在有选择的爱。在说这一切时，我们也就忽略了那些高于本性的一切事物，因为本性不是这些事物存在的充足原则。关于这些，我们以后（问题62）还要说到。

答异议理据1：就理性的爱区别于理智的爱而言，并非所有选

---

① 亚里士多德：《物理学》，Ⅱ，9，200a22。

择的爱都是理性的爱。因为被称为理性的爱的东西，只在涉及自由选择时才遵循理性的知识；并非每一个选择都遵循理性的推理活动，只有人的选择才遵循理性的推理活动。所以，那一结论并不成立。

这也是对从前面已经说过的东西推出来的第二个理据的回答。

第 3 条　天使爱他自己，是出于本性的爱，还是出于选择的爱？ 364a

现在我们着手讨论第 3 条。

异议：天使爱他自己似乎既不是出于本性的爱（dilectione naturali）也不是出于选择的爱（dilectione electiva）。

理据 1：因为正如前面（问题 60 第 2 条）已经说过的，本性的爱关注目的自身，而选择的爱则关注实现目的手段。但是，同一个事物，就其与同样的东西的关系而言，不可能既是目的又是实现目的的一个手段。所以，本性的爱和选择的爱不可能具有同样的对象。

理据 2：再者，正如狄奥尼修斯在《论神的名称》第 4 章第 15 节中所主张的："爱是一种统一的、连结的能力。"但是，统一和连结意味着不同的事物被合而为一。所以，天使不可能爱他自己。

理据 3：还有，爱是一种运动。但是，每一个运动都趋向其他的事物。所以，天使似乎不可能爱他自己，无论是出于本性的爱，还是出于选择的爱。

但是，从另一个方面看，哲学家在《伦理学》第 9 卷第 4 章中却说过:“爱他者源于爱自己。”[1]

我的回答是:因为爱的对象是善,而善,按照《伦理学》第1卷第6章中的说法,是既能够在实体中也能够在偶性中被发现的;[2]所以,一个事物可以用两种方式被爱:首先是作为自存的善,其次是作为偶性的或内在的善。作为一个自存的善被爱,就是它之那样被爱乃至我们希望对它有所增益。但是,我们为了另外的东西而爱的东西却是作为偶性的或内在的善受到爱的;因此,知识之被爱,不是因为有某种善可能栖止其上,而是因为它可能被拥有。这种爱被以“情爱”(concupiscentiam)之名称之,而第一种爱则被称为友谊。

然而,显而易见的是:缺乏知识的事物天生努力获得对它自己来说是善的东西;比如火努力向上燃烧。因此,天使和人都追
364b 求他们自己的善和完满性。所以,就天使和人都天生欲求对他们自己来说是善的东西而言,他们都天生爱自己。另一方面,就天使和人都从选择出发追求可能使他们受益的东西而言,他们都用选择的爱爱自己。

答异议理据1:天使用本性的爱和选择的爱爱自己,与人用本性的爱和选择的爱爱自己,不属于同样的类型,而是属于完全不同的类型,这一点已如前述。

答异议理据2:因为成为同一胜于成为统一,所以在指向自身的爱中比在使自己与他者统一的爱中有着更多的同一性。狄奥

① 亚里士多德:《伦理学》,Ⅸ,4,1166a1。

② 同上书,Ⅰ,6,1096a19。

尼修斯使用“统一”和“连结”这两个词是为了表示从自己指向自己之外的事物的爱的来源；正如统一活动源出于统一体一样。

答异议理据 3：因为爱是一种保留在行为主体之内的活动，所以，它也是一种保留在爱者之内的运动，因此它并不必然趋向于其他事物；但是，它能够被反射回爱者乃至爱者爱他自己，正如知识被反射到认识者乃至认识者认识他自己。

第 4 条　一个天使是否能够像爱他自己那样以出于本性的爱来爱另一个天使？

现在我们着手讨论第 4 条。

异议：一个天使似乎并不能够像爱他自己那样以出于本性的爱(naturali dilectione)来爱另一个天使。

理据 1：因为爱遵循知识。但是，一个天使并不能够像他认识自己那样认识另一个天使，因为他是藉他的本质认识他自己，却藉他的相像来认识另一个天使的，这一点已如上述(问题 56 第 1 条和第 2 条)。所以，天使似乎并不像他爱自己那样天生爱另一个天使。

理据 2：再者，原因比结果更有力，原则比从之而出者更有力。但是，按照哲学家在《伦理学》第 9 卷第 4 章中的说法，对他者的爱出自对自己的爱。[①] 所以，一个天使不可能像爱他自己那样爱另一个天使，而是更爱他自己。

理据3：还有，本性的爱是关于作为一个目的某一事物的，而

---

① 亚里士多德：《伦理学》，Ⅸ，4，1116a1。

365a 且它也不可能被剥夺。但是,一个天使不是另一个天使的目的;而且,一个天使对另一个天使的爱是可能被剥夺掉的,在不爱善良的天使的魔鬼那里情况就是如此。所以,一个天使不可能像他爱自己那样天生爱另一个天使。

但是,从另一个方面看,爱他者如爱自己,似乎是一个在所有事物,甚至在缺乏理性的事物中都可以发现的本性特征。而且,正如《德训篇》第13章第19节所说:"一切动物都爱自己的同类。"所以,一个天使是能够像爱他自己那样天生爱另一个天使的。

我的回答是:正如前面(问题60第3条)所主张的,天使和人都天生爱他自己。但是,与一个事物同一的东西是这个事物本身;所以,一个事物爱与它自己同一的东西。因此,如果这一事物是藉本性的联合而与之同一的,那么,它就是用本性的爱爱这一事物;如果这一事物是藉非本性的联合而与之同一的,那么,它就是用非本性的爱爱这一事物。因而,一个人是用属于政治美德的爱爱他的同胞;而他是用自然的感情来爱他的血亲的,因为在自然生育的原则上他与这个血亲是同一的。

但是,显而易见的是:在属相方面或种相方面一个事物与另一个事物的同一属于本性的同一。因此,就每一个事物都爱它自己的种相而言,每一个事物都用本性的爱爱在种相方面与其同一的另一个事物。即使在缺乏知识的事物那里,这也是显而易见的;因为火具有把自己的形式传给另一个事物的本性倾向,在那个事物中,火的形式构成了它的善,因为它被本性驱动着去追求它自己的善,也就是说,被点燃并且向上燃烧。

所以，就一个天使与另一个天使在本性上是同一的而言，必须说一个天使是用本性的爱去爱另一个天使的。但是，就一个天使与另一个天使共同地具有其他某种东西，或者在某些方面与其不同而言，一个天使并不是以本性的爱去爱另一个天使的。

答异议理据1：从一个方面讲，"像他自己那样"这一表述可能限制被认识者和被爱者这一方的知识和爱，因此，一个天使之所以像认识自己那样认识另一个天使，乃是因为他甚至像认识到他自己存在那样认识到另一个天使存在。从另一个方面讲，"像他自己那样"这一表述可能限制认识者和爱者这一方的知识和爱。因此，一个天使不可能像认识他自己那样认识另一个天使，因为他藉自己的本质认识他自己，而不是藉另一个天使的本质认识这
个天使。同样，他也不可能像他爱自己那样去爱另一个天使，因 365b
为他藉自己的意志爱他自己，但是，他却不是藉另一个天使的意志爱这个天使。

答异议理据2："像……一样"这一表述并不意指同等，而是意指相像。因为，既然本性的爱以本性的同一为基础，那么，天使天生较少地爱不那么与之同一的东西。因此，与那些只在属相方面或种相方面与其同一的东西相比，他更爱那些在号数上与其同一的东西。但是，以一种类似于爱自己的方式爱另一个天使，对于一个天使来说是本性的，从这个方面看，正如他爱自己是希望对自己有益一样，他爱另一个天使也是希望对这个天使有益。

答异议理据3：本性的爱被说成是关于目的自身的，不是关于善因之被意欲的那一目的，而是一个存在者为自己而意欲因而也是为那与之统一的另一个存在者而意欲的那种善。就邪恶的天

使与善良的天使具有同样的本性而言，即使他们对善良的天使已经不再有本性的爱，但这样的本性的爱也不可能从他们身上剥夺掉。

第 5 条　天使是否是藉本性的爱而爱上帝胜过他爱他自己的？

现在我们着手讨论第 5 条。

异议：天使似乎并不是藉本性的爱去爱上帝（diligat Deum）胜过他爱他自己（diligat seipsum）的。

理据 1：因为正如前面（问题 60 第 4 条）所说，本性的爱以本性的统一为基础。但是，上帝的本性远远高于天使的本性。所以，就本性的爱而言，天使爱上帝不及他爱他自己，甚或不及他对另一个天使的爱。

理据 2：再者，一个事物因之如此这般的那个东西就更其如此这般了。但是，每一个事物都是为了自己的缘故而用本性的爱去爱另一个事物的，因为一个事物是因为另一个事物对自己有益而
366a 去爱它的。所以，天使并不是藉本性的爱而爱上帝胜过爱他自己的。

理据 3：还有，本性在其运作方面是以自我为中心的；因为我们发现每一个行为主体都天生为了它自己的保存而活动。但是，如果本性的运作更多地趋向于其他事物而非更多地趋向本性自身，那么，本性的运作就不是以自我为中心的了。所以，天使并不是从本性的爱出发而爱上帝胜过他爱他自己的。

理据 4：还有，爱上帝胜过他爱他自己，是博爱所特有的。但是，从博爱而来的爱对于天使来说不是本性的；因为按照奥古斯

丁在《上帝之城》第 12 卷第 9 章中所说，“它是被上帝赐予他们的圣灵倾倒在他们的心灵上的。”所以，天使并不是藉本性的爱而爱上帝胜过他爱他自己的。

理据 5：还有，本性持续存在时本性的爱就持续存在。但是，爱上帝胜过爱自己的那种爱并不存在于犯罪的天使或人之中，因为，正如奥古斯丁在《上帝之城》第 14 卷第 28 章中所说：“两种爱造成了两种城市；也就是说，爱自己轻视上帝造成了地上的城市，爱上帝轻视自己造成了天上的城市。”所以，爱上帝胜过爱自己，对于天使来说，不是出自本性的。

但是，从另一个方面看，关于律法的所有道德观念都出自关于本性的律法。但是，爱上帝胜过爱自己这一观念是一个关于律法的道德观念。所以，它出于关于本性的律法。所以，天使是从本性的爱出发而爱上帝胜过他爱他自己的。

我的回答是：有一些人认为，天使是藉本性的爱而爱上帝胜过爱他自己的，就对情欲之爱而言的确是这样，因为他为了他自己要追求的是上帝的善而不是他自己的善；同样，就对友谊的爱而言，就他天生意欲在上帝看来而非在他自己看来更大的善而言也是这样，因为他天生希望上帝之为上帝，就像他为了他自己而希望具有他自己的本性一样。但是，绝对地讲，他是在本性的爱之外爱他自己胜过他爱上帝的；因为从本性方面看，他爱自己先于爱上帝，而且是爱自己爱得更强烈。

一个人只需考察本性的运动是否趋向于事物的本性秩序，这样一种观点的错误就可以显示出来了；因为缺乏理性的事物的本性倾向表明在具有理智本性的意志中存在有一种具有本性倾向

的本性。但是，在自然事物中，像这样在本性上属于另一个事物
366b 的每一个事物，在原则上而且更强烈地倾向于它所从属的那个事物而不是它自己。这样的本性倾向，从那些因其本性而被推动的事物中，就可以得到证明；因为一如《物理学》第2卷第7章中所说，“就一个从本性上讲被推动的事物而言，它具有一种这样被推动的天生的自然倾向。”[①]因为我们观察到，为了保卫整体，部分天生暴露它自己；比如，为了保证整个身体的安全，手被毫不犹豫地暴露出来，以致遭到突然的打击。而且，由于理性复制本性，我们发现在政治美德中也有同样的情况；因为为了保存整个共同体而把自己暴露于死亡的危险中是属于有美德的公民的；所以，如果一个人是这样一个国家的自然成员，那么，这样的倾向对他来说就是合乎本性的。

因此，上帝是普遍的善，而人、天使和所有的受造物都被包含在这种善之下，因为每一个受造物其存在都在本性方面属于上帝；由此便可得出这样一个结论：天使和人同样是从本性的爱出发而在爱自己之前就爱上帝的，而且是以更多的爱爱上帝的。否则，如果天使或人爱自己胜过爱上帝，那么，就将得到出下面一个结论：本性的爱是邪恶的，它将不是为博爱所完满，而是为博爱所摧毁。

答异议理据1：这样的推理抓住了以平等为基础被划分的事物的善，在这样的事物中，一个事物不是其他事物的存在和善性的理由；因为在这样的本性中，每一个事物天生爱自己胜过它爱

---

① 亚里士多德：《物理学》，Ⅱ，7，199a9。

其他的事物，因为它更多地与它自己同一而不是更多地与其他事物同一。但是，在一个事物是其他事物的存在和善性的全部原因的地方，这个事物就被其他的每一个事物以胜过它们爱自己的程度爱着；因为，正如我们上面所说，每一个部分都天生爱整体胜过它爱自己，每一个个体都天生爱其所属的那个种相的善胜过它爱自己的特殊的善。但是，上帝不仅是一个种相的善，而且还是绝对普遍的善；所以，每一个事物都以它自己的方式天生爱上帝胜过它爱自己。

答异议理据 2：当人说“就上帝对天使而言是善的”上帝为天使所爱时，如果“就……而言”意指一个目的，那么，这句话就是错误的；因为天使天生爱上帝，不是为了他自己的善，而是为了上帝的缘故。如果“就……而言”意指爱者一方的爱的本性，那么，这句话就是正确的；因为除非就每一个事物都依赖作为其善的上帝 367a
而言，爱上帝将不存在于任何一个事物的本性之中。

答异议理据 3：本性的运作是以自我为中心的，这不仅仅是就本性中特殊的东西而言的，而且更多地是就本性中共同的东西而言的；因为每一个事物都倾向于不仅保存其个体性，而且还倾向于保存其所属的种相。而且，每一个事物都更加具有趋向于普遍绝对的善的本性倾向。

答异议理据 4：上帝，就他是每一个本性的善都依赖的普遍的善而言，被每一个事物用本性的爱爱着。只要他是那用超自然的幸福使一切事物幸福的善，他就会为一切事物用博爱的爱爱着。

答异议理据 5：因为上帝的实体和普遍的善性是同一的，所有认识上帝的本质的事物都被同样的爱的运动推动着趋向上帝的本质，这本质与其他的事物都不同，它即是普遍的善。而且，由于就上帝是普遍的善而言他被一切事物天生爱着，所以凡在上帝的本质中观看上帝的事物都不可能不爱他。但是，那些藉有时可能与它们的意志相反的特殊效果认识上帝的事物是不可能认识上帝的本质的。它们就因此而被说成是憎恨上帝；但是，尽管如此，就上帝是一切事物的普遍的善而言，每一个事物都天生爱上帝胜过它爱自己。

问题 61

论天使在自然存在秩序里的产生

（共 4 条）

在考察了天使的本性、他们的知识和意志之后，我们还要考察他们的产生，或者用一般的方式说，即他们的起源。

这样的考察有三个方面。首先，我们必须考察他们是如何形 367b
成自然存在的；其次，他们在恩典或荣耀中是如何变得完满的（问题 62）；第三，他们中的一些是如何变成邪恶的（问题 63）。

在第一个题目之下，有 4 个要点需要探究：

（1）天使是否拥有其存在的原因？

（2）天使是否是自永恒以来就已经存在了？

（3）天使是否是在有形的受造物之前被创造出来的？

（4）天使是否是在第九重天里创造出来的？

第 1 条　天使是否有其存在的原因？

现在我们着手讨论第 1 条。

异议：天使似乎并没有其存在的原因（causam sui esse）。

理据 1：因为《创世记》第 1 章考察了上帝所创造的事物。但是，其中并没有提到天使。所以，天使不是由上帝创造出来的。

理据 2：再者，哲学家在《形而上学》第 8 卷第 6 章中说过，如果一个实体“是没有质料的，那就可以说它是自行具有其存在和统一的，而且，其存在和统一也没有任何原因”。[1] 但是，天使是没有质料的形式，这一点已如上述（问题 50 第 2 条）。所以，天使并不具有他们存在的原因。

理据 3：还有，凡由一个活动主体产生的东西，就它们产生出来这一事实而言，都是从这个活动主体接受形式的。但是，由于天使是形式，他们便不是从任何活动主体接受其形式的。所以，天使没有任何能动的原因（causam agentem）。

但是，从另一个方面看，《诗篇》第 148 篇第 2 节却说过：“上主的众使者都要赞美他”；而且，接着又在第 5 节说：“因他一吩咐，便都造成。”

我的回答是：必须予以肯定的是，除了上帝以外，天使和万物都是由上帝创造的。唯有上帝与他自己的存在是相同的，在其他的每一个事物中，本质都与存在不同，这一点已如上述（问题 3 第 4 条；问题 7 第 1 条答异议理据 1；问题 46 第 1 条）。从这一点就
368a 可明白，只有上帝是藉自己的本质而存在，所有其他事物都是藉分有而存在的。但是，凡藉分有而存在的事物都是由本质上存在着的事物引起的；正如燃烧的每一个事物都是由火引起的。所以，天使必然是由上帝创造的。

答异议理据 1：奥古斯丁在《上帝之城》第 11 卷中曾经说过：“在对上帝第一日创造的事物的叙述中天使并没有被忽视，他们

① 亚里士多德：《形而上学》，Ⅷ，6，1045a36。

被称作天或光。”[1]天使要么被忽视，要么被称作形体事物，那是因为摩西是在对未开化的、还不能理解非形体本性的百姓讲话；而且，如果存在有高于形体本性的产生物这一点已经被泄露，那就将向他们提供了一个邪神崇拜的机会，而邪神崇拜正是他们倾向而摩西特别地要禁止他们这样做的。

答异议理据 2：那些是自存形式的实体不具有关于它们的存在和统一的形式因，也不具有用以把质料从潜在状态变为现实的能动的原因；但是，他们却具有一个产生他们整个实体的原因。

这显然已经回答了理据 3。

第 2 条　天使是否是由上帝自永恒中创造出来的？

现在我们着手讨论第 2 条。

异议：天使似乎是由上帝从永恒中(ab aeterno)创造出来的。

理据 1：上帝并不是藉他的存在而成为天使的原因的：因为上帝并不是藉除他的本质之外的某种事物活动的。但是，上帝的存在是永恒的。所以，上帝是自永恒中创造天使的。

理据 2：再者，在一个时期内存在而在另一个时期中不存在的每一件事物都受时间支配。但是，按照《论原因》第 2 节中的说法，天使在时间之上。所以，天使不是在一段时间里存在而在另一段时间里不存在，而是总是存在着。

理据 3：还有，奥古斯丁在《独白》第 2 卷第 19 章中用心智有

[1] 奥古斯丁：《上帝之城》，第 11 卷，第 9 和 33 章。

能力认识真理这一事实来证明灵魂的不朽。但是，因为真理是不
368b 朽的，它也就因此是永恒的。所以，灵魂的和天使的理智的本性不仅是不朽的，而且同样是永恒的。

但是，从另一个方面看，《箴言》第 8 章第 22 节在谈论拥有智慧的人时却说道："在耶和华造化的起头，在太初创造万物之先，就有了我。"但是，正如前面（第 1 条）所说明的，天使是由上帝创造的。所以，在某一段时间中，天使还没有被创造出来。

我的回答是：只有上帝，即圣父、圣子、圣灵，是自永恒就存在的。大公教会的信仰不容置疑地坚持这一点，与之相反的每一种观点都必须被当成异端加以拒绝。因为上帝这样地创造事物，乃至他从虚无中创造出他们，也就是说，他们原本是不存在的。

答异议理据 1：上帝的存在即是他的意志。所以，上帝藉他的存在创造天使和其他产生物这一事实并不排斥他也藉自己的意志创造他们。但是，正如前面（问题 19 第 3 条；问题 46 第 1 条）已经说明的，上帝的意志并不必然地在其创造万物的过程中活动。所以，上帝创造他意欲创造的事物，而且在他意欲创造时创造。

答异议理据 2：天使处在作为天体运动的尺度的那种时间之上，因为他处在形体本性的每一个运动之上。但是，他并不处在那种既是他在非存在之后的存在序列的尺度也是他的运作之中的那一序列的尺度的时间之上。所以，奥古斯丁在《〈创世纪〉文字注》第 8 卷中说："上帝依据时间推动精神的产生物。"

答异议理据 3：天使和理智的灵魂恰恰是因为他们具有一种他们藉之能够认识真理的本性这一事实而是不朽的。但是，他们

并不是自永恒就具有这一本性。当上帝自己愿意他们具有这一本性时，这一本性才被赐予他们。所以，不能由此得出结论说天使自永恒就存在。

第 3 条　天使是否是在形体世界之前被创造出来的？

现在我们着手讨论第 3 条。

异议：天使似乎是在形体世界（mundum corporeum）之前被创造出来的。

理据 1：因为哲罗姆在《〈以弗所书〉和〈提多书〉注》第 1 卷第 2 369a
节中说过："我们的时间的六万年尚未过去；我们如何去度量时间、计数为上帝服务的天使、君王、统治者和其他秩序在其中的那些时代呢？"大马士革的约翰在《论正统信仰》第 2 卷第 3 章中也说："有些人说天使是在所有其他产生物之前被创造出来的；正如神学家格列高利所说：上帝首先设想天使的和天体的力量，而上帝的设想就是创造。"

理据 2：再者，天使的本性处于上帝的本性和形体的本性的中间。但是，上帝的本性是自永恒就存在的，而形体的本性则是自时间开始以来就存在的。所以，天使的本性是在时间的产生之前、在永恒存在之后被创造出来的。

理据 3：还有，天使的本性与形体的本性之间的距离远于一个形体本性与另一个形体本性之间的距离。但是，一个形体本性是在另一个形体本性之前被创造出来的。因此，事物之被创造的六天是在《创世记》的开头被说明的。所以，天使的本性更加是在每一个形体本性之前被创造出来的。

但是,从另一个方面看,《创世记》第 1 章第 1 节却说,"起初上帝创造天地。"然而,如果在此之前已经有什么东西被创造,那么,这句话将是不正确的。所以,天使并不是在形体世界之前被创造出来的。

我的回答是:关于这个问题,在教父的著作里发现有两种观点。其中较为可靠的观点认为天使是与有形产生物同时被创造出来的。因为天使是宇宙的一个部分;他们并不构成一个由他们自己组成的宇宙,而是他们与形体本性这两者在构成一个宇宙的过程中统一在一起的。这从受造物与受造物的关系就可以看出来,因为事物之间的秩序形成了宇宙的善。但是,任何部分若与它所属的整体分离,就都不会是完满的。所以,正如《申命记》第 32 章第 4 节所说,其作品是完满的上帝不大可能在其他产生物之前就创造天使。同时,相反的观点也不能被认为是错误的;特别是由于纳西昂的格列高利(Gregororii Nazianzeni)的意见。按照
369b 哲罗姆的说法,"在基督宗教思想中他的权威是那样的高乃至尚无一个对他的思想提出理据,关于亚大纳西(Athanasii)的思想,情况也是如此。"

答异议理据 1:哲罗姆所谈论的是希腊教父的思想,这些教父们都认为天使的被创造是发生在形体世界的被创造之前的。

答异议理据 2:上帝不是宇宙的一部分而是处在整个宇宙之上的,他以一种更为卓越的方式在其自身之内就拥有宇宙的全部完满性。但是,天使是宇宙的一部分。所以,这一对比并不成立。

答异议理据 3:所有有形的产生物在质料方面都是一样的,但

是,天使在质料方面却与它们不同。因此,有形产生物的质料的被创造以某种方式包括一切事物的被创造;但是,天使的被创造不包括宇宙的被创造。

如果主张那个相反的观点,那么,《创世记》第 1 章的“起初上帝创造天地”中的词语“起初”就必须被解释为“在之中”或“在时间之初”而不能被解释成“在其之前只有虚无”,除非我们说“在有形产生物的本性的虚无存在之前”。

第 4 条　天使是否是在第九重天里被创造出来的?

现在我们着手讨论第 4 条。

异议:天使似乎并不是在第九重天(caelo empyreo)里被创造出来的。

理据 1:因为天使是无形实体。无形实体是无需为了自己的存在而依靠形体的,因而,它也无需为自己的被创造而依赖形体。所以,天使不是在任何有形的场所中创造出来的。

理据 2:再者,奥古斯丁在《〈创世记〉文字注》第 3 卷第 10 章中认为,天使是在上面空间里被创造出来的;所以,天使并不是在 370a
第九重天里被创造出来的。

理据 3:还有,第九重天被说成是最高的天。因此,如果天使是在第九重天里被创造出来的,那么,上升到更高的一重天便不适合于他们。但是,这与《以赛亚书》第 14 章第 13 节在谈论犯罪的天使的位格时所说的“我要升到天上”相矛盾。

但是,从另一个方面看,斯特拉布(Strabus)在注解“起初上帝创造天地”时说,这里所谓的天不是指可见的天空而是指第九重天，也就是说，是指炽热的或理智的天，它不是因为其热而是因为其光辉而被那样称呼，而且它一造出来即被天使直接充满。

我的回答是：正如前面（第 3 条）所说，这个宇宙是由有形的和精神的产生物组成的。因此，精神产生物是这样被创造的乃至他承载着与有形产生物的某些关系而且统治着每一个有形的产生物。因为天使统治所有的有形产生物，天使在最高的有形的场所被造出来是合适的，不管这最高的有形的场所是被称为第九重天还是被称为其他的东西，都是如此。所以，伊西多尔（Isidorus）在解释《申命记》第 10 章第 14 节"看哪！天与天上的天，都属耶和华你的上帝"时说，最高的天就是天使的天。

答异议理据 1：天使是在有形的场所中被创造出来的，但是，不论是就天使的存在而言还是就天使的被创造而言，他们都不依赖于任何一个形体；因为上帝能够在所有有形的产生物之前创造他们，正如许多神圣的博士们所认为的那样。天使在一个有形体的场所中被创造出来，是为了显示他们与形体本性的关系，而且，是为了他们藉他们的能力与形体相接触。

答异议理据 2：最高的天空，奥古斯丁可能指天的最高部分，由于它的玄妙和透明，它具有一种亲和力。否则，他并不是在讲所有的天使，而只是在讲在许多人看来属于较低层次的犯了罪的天使。但是，没有什么能够妨碍我们说：较高级的天使由于具有
370b 高于所有形体事物的普遍能力而在有形产生物的最高场所中被创造出来，而其他天使则由于具有更多地受限制的能力而在较低级的形体中被创造出来。

答异议理据 3：以赛亚在那里不是在讲有形的天，而是在讲至

福三一的天；当犯罪的天使想以某种方式与上帝平起平坐时他希望自己上升到那里。关于这一点，我们后面（问题 63 第 3 条）将加以说明。

问题 62
论天使在恩典和荣耀层次上的完满性

（共 9 条）

依照顺序，我们应当探讨天使在恩典和荣耀层次上的受造问题。

在这个题目下，有 9 个要点需要探究：

(1)天使是在至福中被创造出来的吗？

(2)为了转向上帝，天使需要恩典吗？

(3)天使是在恩典中被创造出来的吗？

(4)天使是藉功绩赢得他们的至福吗？

(5)天使是在有功行为之后即刻进入至福的吗？

(6)天使是依据其本性能力接受恩典和荣耀的吗？

(7)在进入荣耀之后，天使的本性之爱和知识还依然存在吗？

(8)天使此后还犯过罪吗？

(9)在进入荣耀后，天使还能进步吗？

第 1 条　天使是在至福中被创造出来的吗？

现在我们着手讨论第 1 条。

异议：天使似乎是在至福(beati)中被创造出来的。

理据 1：因为杰纳蒂（Gennadius）在《论教会信条》（*De Ecclesiast. Dogm.*）第 29 章中说："天使们虽然持续存在于他们在其中受到创造的至福之中，但是却并不天生拥有他们所具有的这一卓越性。"所以，天使是在至福中被创造出来的。 371a

理据 2：再者，天使的本性比有形受造物尊贵。但是，有形受造物从其被创造起就被造得完满和完全；按照奥古斯丁在《〈创世记〉文字注》第 1 卷第 15 章中的说法，它之缺乏形式不是在时间上居先，而只是在本性上居先。因此，上帝也不会创造不完满的和不完全的天使的本性。但是，天使的形成和完满源出于它的至福，它就是藉着这种至福而享见上帝的（fuitur Deo）。所以，天使是在至福中被创造出来的。

理据 3：还有，依据奥古斯丁在《〈创世记〉文字注》第 4 卷第 34 章和第 5 卷第 5 章中的观点，我们认为在第六天里被创造的一切事物都是同时被一起创造出来的，所以，所有这六天从创造的起初就一直存在。但是，依据他在该书第 4 卷第 22 章中的注释，在这六天里，"早晨"乃天使的知识，他们就是据此来认识上帝之道和在上帝之道中的事物的。所以，从他们被创造时起，他们就认识上帝的道和在上帝之道中的事物了。但是，天使的至福在于看见上帝之道。所以，天使从其被创造的那一刻起就处在幸福之中了。

但是，从另一个方面看，在善中被确立或承认，就是本性方面的至福。但是，天使不是一被创造出来就在善中得到承认的，其中一些天使的堕落表明了这一点。所以，天使不是从起初受创造起就处在至福之中的。

我的回答是：至福这一名称应被理解为理性的或理智的本性的终极完满；因此，它是在本性方面值得到意欲的，因为每一个事物天生都意欲它的终极完满。但是，理性的或理智的本性的终极完满有两种。第一种是能够藉其本性的能力获得的；这种完满在某种意义上被称为至福或幸福。所以，亚里士多德在《形而上学》第 10 卷中说人的最高幸福是由他对他藉之在此生中能够认识的最好的可理解的对象——即上帝——的那种最完满的沉思构成的。① 在这种幸福之上，还存在有我们所渴望的来生的另一种幸福，藉之“我们必得见他的真体”(《约翰一书》3：2)。这是超乎每
371b 一受造的理智之本性的，这一点已如上述。

所以，我们仍然可以说，就天使能够藉其本性的能力获得的这第一种幸福而言，天使总是在幸福中被创造出来的。因为天使不能藉任何理性概念获得这样的幸福；但是，一如前面(问题 58 第 4 条)已经说明的，天使由于其本性的尊严，直接就拥有这种幸福。可是，天使不是从其被创造起就具有那超乎其本性能力的终极幸福的，因为这样的幸福不是他的本性的组成部分，而是他的目的；所以，天使不可能在起初就直接拥有它。

答异议理据 1：在那里，幸福被认为是天使在无罪状态里所拥有的那种本性的完满。

答异议理据 2：有形受造物在其被创造之初是不可能拥有他藉其自己的运作而获得的那种完满性的。因此，依据奥古斯丁在《〈创世记〉文字注》第 5 卷第 4 章和第 8 卷第 3 章中的观点，植物

① 亚里士多德：《伦理学》，Ⅹ，7，1178b23。

从土中的生长并不是在植物的最初工作中即刻发生的，植物的第一件工作仅仅是把它的发芽能力施加到土上。同样，在被创造之初天使这种受造物虽然具有其本性的完满，但是，他却不具有他藉其运作才能获得的那种完满。

答异议理据 3：天使关于上帝之道的知识有两种，一种是他天生具有的，另一种是因为荣耀而具有的。天使具有本性的知识，藉此他通过闪耀在他的本性之中的相像来认识上帝之道；天使还具有荣耀的知识，藉此他通过上帝的本质来认识上帝之道。藉这两种知识，天使认识上帝之道中的事物，藉本性的知识不完满地认识，藉荣耀的知识完满地认识。所以，天使关于上帝之道中的事物的第一种知识是在天使被创造之初就呈现给天使的；但是，天使关于上帝之道中的事物的第二种知识却不是这样，只有当天使藉转向善而受到祝福时才向天使呈现的。而且，这种知识被正确地称为他们的早晨的知识。

第 2 条　为了转向上帝，天使需要恩典吗？ 372a

现在我们着手讨论第 2 条。

异议：为了转向上帝，天使似乎并不需要恩典(gratia)。

理据 1：对于我们能够天生完成的东西我们是无需恩典的。但是，天使是天生转向上帝的，因为他天生爱上帝，这从前面(问题 60 第 5 条)已经讲过的就可明白。所以，为了转向上帝，天使是无需恩典的。

理据 2：再者，我们似乎只是在遇到困难的任务时才需要帮助。但是，对于天使来说，转向上帝像并不是一件困难的任务；因为在天使中不存在妨碍他转向上帝的障碍。所以,为了转向上帝,天使是不需要恩典的。

理据3:还有,使自己转向上帝就是为了恩典而放弃自己;因此,《撒迦利亚书》第1章第3节说:“你们要转向我,我就转向你们。”但是,为了使我们为恩典做好准备,我们不需要恩典;因为那样我们就将走向无限。所以,为了转向上帝,天使不需要恩典。

但是,从另一个方面看,正是藉转向上帝天使才获得至福。因此,如果为了转向上帝天使不需要恩典,那么就会得出下面一个结论,即为了拥有永生,天使不需要恩典。但是,这个结论与使徒的说法“惟有上帝的恩赐,在我们的主耶稣基督里,乃是永生”(《罗马书》6:23)相矛盾的。

我的回答是:天使为了转向作为其至福的目标的上帝是需要恩典的。因为,正如前面(问题60第2条)所说,意志的本性运动是我们意欲的一切事物的原则。但是,意志的本性倾向却指向与其本性一致的事物。因此,如果存在任何高于本性的事物,除非藉某些高于本性的原则的帮助,意志便不可能倾向于它。所以,很显然,火具有给予热的本性倾向,从而有产生火的本性倾向;但
372b 是,产生肉体却是在火的本性能力之外的;因此,除非就火以营养灵魂为工具受到推动,火是不会有趋向于肉体的倾向的。

但是,在前面(问题12第4条和第5条)我们考察上帝的知识时我们却说过:在上帝的本质中看上帝,乃理性受造物的至福之所在,但这是超出每一个理性受造物本性之外的。所以,除非受到超自然的活动主体的推动,没有一个理性受造物能够具有指向这样的幸福的意志运动。我们将这种推动称为恩典的帮助。所

以,我们必须说:除非藉恩典的帮助,天使是不可能天生转向其至福(即上帝)的。

答异议理据 1:就上帝是天使的本性存在的作者而言,天使天生爱上帝。但是,在这里,我们所谈论的是转向上帝,这是就上帝藉显示他的本质而把至福赐予天使而言的。

答异议理据 2:超出能力的事情做起来是困难的;这种情况以两种方式发生。首先,因为它超出了那个能力的本性秩序。因此,如果它藉某种帮助才可能实现,它就被说成是困难的;但是,如果它无论如何都不可能实现,那么,它就是不可能的;所以,一个人飞,那是不可能的。其次,一件事情之超出能力,可能不是就这一能力的本性秩序而言,而是就它遇到某种居间的障碍而言的;如向上攀登与灵魂的动力所属的本性秩序便相矛盾;因为灵魂,倘若只就其自身考虑,是能够在任何方向上受到推动的;但是,由于受到身体的重力的影响却做不到这一步;所以,一个人向上攀登是困难的。对人来说,转向他的至福也是困难的,这既是因为这超出了他的本性,也因为他存在着来自肉体的朽坏和犯罪的感染这样的障碍。但是,转向至福对于天使来说是困难的,这却只是因为这超出了他的本性。

答异议理据 3:意志趋向上帝的每一个运动都可以被称为转向上帝。所以,转向上帝的方式有三种。第一种是藉上帝的完美的爱;这属于享见上帝(Deo fruentis)的领有;而且,为了这样的转向,需要完满的恩典。第二种转向上帝的方式是藉功绩赢得至福;为了这种转向是需要至福的恩典的,而这种恩典乃功绩的原则。第三种转向上帝的方式是一个人藉放弃自己而使自己有望 373a

得到恩典；为了这种转向，所需要的不是习性方面的恩典，而是上帝的运作；上帝藉运作使人的灵魂趋向上帝自己，正如《耶利米哀歌》第 5 章第 21 节所说："耶和华啊，求你使我们向你回转，我们便得回转。"显然，在这里根本无需走向无限。

第 3 条　天使是否是在恩典里受到创造的?

现在我们开始讨论第 3 条。

异议：天使似乎并不是在恩典中创造出来的。

理据 1：因为奥古斯丁在《〈创世记〉文字注》第 2 卷第 8 章中说过，天使的本性起初被创造时没有形式，被称为天；但是，后来它接受了形式，因此而被称为光。但是，这样的形成出自恩典。所以，天使并不是在恩典中创造出来的。

理据 2：再者，恩典使理性的受造物转向上帝。因此，如果天使是在恩典里被创造的，那么，便没有天使会背离上帝了。

理据 3：还有，恩典处在本性和荣耀的中间。但是，天使不是在其被创造中即被赐予至福的。所以，好像天使不是在恩典中被创造的，而是先只是在本性中被创造后来才接受恩典，而且最后所有的天使都被赐予至福。

但是，从另一个方面看，奥古斯丁在《上帝之城》第 12 卷 9 章中却说过："谁使天使的善良意志工作？除了用他自己的意志——也就是说，用他们依赖于他的纯粹的爱——创造了天使，同时建立了他们的本性并赐恩典于他们的上帝，还有谁?"

我的回答是：尽管在这个问题上存在有相互冲突的观点，一
373b 些人认为天使仅仅在一种本性的状态里被创造，其他人则认为天

使在恩典里被创造；但是，好像还有更可靠的，与圣人的说法更一致的看法，这就是：天使是在使之神圣化的恩典里被创造的。因为我们发现，所有的受造物，在时间的过程中，既然都是由上帝的运筹创造出来的，也就是由上帝的运作产生出来的，从而一如奥古斯丁在《〈创世记〉文字注》第 8 卷第 3 章中所说，都是在事物最初成形时创造出来的，就像树、动物和其他东西一样。然而，成圣的恩典与至福之间的关系就像本性里的种子形式与其本性效果之间的关系一样。所以，《若望一书》第 3 章第 9 节里把恩典称为“天主的种子”。因此，依据奥古斯丁的观点，一切自然结果的种子一样的形式都是在其形体方面受到创造时被植入其中的，所以，天使从起初就是在恩典中被创造出来的。

答异议理据 1：天使中这样一种形式的缺乏，要么藉与他们在恩典中的形成相比来理解，若此，其形成的这种缺乏在时间上便先于其形成；要么只能就恩典来理解其形成，若此，它就不能在时间的秩序里在先，而只能在本性的秩序里在先；奥古斯丁在《〈创世记〉文字注》第 1 卷第 15 章中在谈到有形事物的形成时就是这么主张的。

答异议理据 2：每一个形式都是按照其主体的本性的样式倾向于其主体的。但是，理智本性的样式恰恰自由地趋向于它所意欲的目标。所以，恩典的倾向并不是把必然性强加于上；但是，具有恩典的他却不能够利用它，从而犯罪。

答异议理据 3：尽管在本性的秩序里恩典处在本性和荣耀的中间，但是，在时间的秩序里，在被创造的本性里，荣耀却不与本性同时存在，因为荣耀是受恩典帮助的本性的运作的目的。但 374a

是，恩典却不是作为活动的目的而出现的，因为恩典本身并不属于工作，而是正确运作的原则。所以，恩典不适于与本性一起被直接给予。

第 4 条　天使是否是藉功绩赢得他的至福的？

现在我们着手讨论第 4 条。

异议：天使似乎不是藉功绩赢得(meruerit)他的至福的。

理据 1：得到至福的正当性来自值得称道的行为的困难。但是，天使在正确活动时是经验不到任何困难的。所以，一个正确的活动对他来说是算不上功绩的。

理据 2：再者，在纯粹本性的运作中，我们是不应当受到称赞的。但是，对于一个天使来说，转向上帝是非常自然的。因此，他是无需藉功绩赢得至福的。

理据 3：还有，如果一个受祝福的天使应当得到他的至福，那么，他之受到祝福，要么是在其获得至福之前，要么是在其获得至福之后。但是，天使不可能在其获得至福之前得到祝福的，因为依据许多人的看法，天使在其应当得到至福之前是没有任何恩典可言的。天使也不应当在此后获得祝福，因为如是，他现在就可以立功了。这显然是错误的，因为在这种情况下，一个较低级的天使就由于得到祝福而上升到较高级的天使的行列之中；若此，恩典的不同的等级也就不会长久了；而这也是不能予以承认的。所以，天使并不是藉功绩赢得他的至福的。

但是，从另一个方面看，《启示录》第 21 章第 17 节却说，天使在属天的耶路撒冷测量(城墙时)所使用的尺寸是人的尺寸。但是，人只能够藉功绩来得到至福。所以，同样的情况也发生在天使身上。

我的回答是：完满的至福只有对于上帝而言才是自然的，因为只有在上帝中存在和至福才是同一的。然而，至福不是受造物的本性所具有的，而是受造物的本性的目的。因为每一个事物都是藉它自己的运作实现它的最高目的。指向目的这样的运作要么是这目的产物，要么是在藉功绩赢得这目的。在前一种情况下，这样的目的没有超出为此目的而工作的活动主体的能力，正如治病的技术旨在产生健康一样；在后一种情况下，这样的目的 374b
超出了致力于实现目的活动主体的能力，所以它从其他的活动主体的福泽中寻求帮助。这一点从前面（本问题第 1 条和第 2 条；问题 12 第 4 条和第 5 条）已经说过的看来是十分明白的：终极的幸福既超出了天使的本性也超出了人的本性。所以，依然可以说，人和天使都是藉功绩赢得他们的幸福的。

而且，如果天使是在恩典中创造出来的而没有任何功绩，则说天使值得至福就不存在任何困难；而且，如果一个人说在他具有荣耀以前他就已经以某种方式具有了恩典，这也不会有什么困难。

但是，如果他在进入至福之前并不具有恩典，那就不得不说：他是在没有功绩的情况下获得至福的，即使在我们已经有了恩典时，亦复如此。然而，这与"至福"的概念完全无关。因为即使哲学家在《伦理学》第 1 卷第 9 章中也说过："幸福的概念表达着目的概念，它是美德的回报。"[①]否则，那就不得不像其他人主张的那

① 亚里士多德：《伦理学》，Ⅰ，7、9，1097a34，1099b16。

样说：天使在享受至福时乃是藉他们目前的服侍而藉功绩赢得至福。这又与"藉功绩赢得"的概念相矛盾，因为所谓"藉功绩赢得"是一个关于手段与目的之间的关系的一个概念；严格地讲，已经在其目的之中的东西不可能推动着趋向这个目的；因此，没有人藉功绩赢得他已经享受的东西。否则，我们又将不得不说：就出于自由意志而言，转向上帝的这同一个行为是便是在立功的；而且，就其达到目的而言，这也是至福的果实。甚至这种观点也不成立，因为自由意志不是功绩的充足原因。所以，一个行为，除非就其是由恩典所形成的而言，其出于自由意志也不可以说是在立功的；但是，一个行为却不可能同时既由不完满的恩典所形成，不完满的恩典乃立功的原则，又由完满的恩典所形成，完满的恩典乃享用的原则。因此，显然，任何一个人看来是不可能既享受至福而同时又藉功绩赢得至福。

所以，我们最好说：天使在他被赐予至福之前具有恩典，而且，正是藉着这样的恩典，他藉功绩赢得了至福。

答异议理据1：天使正确工作的困难并不是来自自然能力方面的任何矛盾或障碍，而是来自善的工作超出其自然能力这样一个事实。

375a 答异议理据2：天使不是藉转向上帝的自然运动藉功绩赢得至福的，而是藉来自恩典的仁爱的运动藉功绩赢得恩典的。

从我们所说的看来，对理据3的回答也就清楚了。

第5条　天使在一次有功行为后是否能即刻获得至福?

现在我们着手讨论第5条。

异议：天使似乎并不能在一次有功行为后（post unum actum meritorium）即刻拥有至福。

理据 1：人做善事比天使做善事更难。但是，人不是在一次有功行为后即刻就被奖赏的。所以，天使也不会这样。

理据 2：再者，天使从他被创造的那一刻起就能够即刻活动，而且能够在一瞬间活动，因为甚至自然形体从它们被创造的那一刻起就开始被推动；而且，如果一个形体的运动能够像心智和意志的运作一样是瞬间的，那么，它在它被生育的第一瞬间就具有活动。所以，如果天使藉其意志的一次活动建立功绩就能赢得幸福的话，那么，他在其被创造的第一瞬间就藉功绩赢得幸福了；因此，如果他们的幸福不被延迟，那么，天使在其被创造的第一瞬间就处于幸福之中了。

理据 3：还有，在远离的事物之间必然存在有许多中间的事物。但是，天使的幸福状态与天使的本性状态相距甚远，而有功行为就处在它们的中间。所以，为了实现幸福，天使必须经过许多阶段的有功行为。

但是，从另一个方面看，人的灵魂和天使同样是注定要藉功绩赢得至福的；因此，与天使的平等被应许给了圣人。但是，如果灵魂具有与至福相称的有功行为，那么，除非存在着某一种障碍，与肉体分离的灵魂将即刻进入至福。所以，天使也是如此。但是，天使在其第一次的仁爱活动中瞬间即藉功绩赢得至福。所以，既然在天使中不存在障碍，天使就只要藉一次有功行为就能即刻进入至福。

我的回答是：天使是在他有了第一次仁爱活动之后便即刻被

375b 赐予至福的，而他也就是藉这种行为建功而赢得至福的。这样说的原因是：恩典根据本性的特征使本性完满；因为依据主体的样式，每一种完满都被接纳进可能完满的主体中。天使的本性所特有的，不是藉从一个阶段进到另一个状态而接受其本性的完满，而是瞬间天生拥有本性的完满，这一点已如上述（本问题第 1 条；问题 58 第 3 条和第 4 条）。这是他特有的。但是，因为天使具有趋向于本性的完满的本性，所以，他藉着有功行为而倾向于荣耀。因此，在有功行为之后天使便即刻获得至福。然而，在天使和人中，藉功绩赢得至福都同样只需要一次活动；因为人是藉为仁爱所形成的每一个活动建功而赢得至福的。因此，我们仍然可以说，天使在一次仁爱活动之后便直接被赐予了至福。

答异议理据 1：人不像天使那样被允许即刻获得终极的完满。所以，为了获得至福，人注定要比天使走更长的路。

答异议理据 2：天使处在有形事物的时间之上；天使的各个瞬间，除非被认为是对天使活动的连续性的计数，否则是不可能被计数的。但是，天使藉功绩赢得其至福的活动不能与作为其果实的至福的活动同时存在于天使之中；因为前者属于不完满的恩典，后者属于完满的恩典。所以，依然可以设想这样不同的瞬间，在其中一个瞬间里天使藉功绩赢得至福，而在另一个瞬间里天使被赐予至福。

答异议理据 3：天使在瞬间实现他命定的完满性，这是他的本性。所以，只需要一次有功行为就可以了；而且，就通过一次有功行为天使被赐予至福而言，这一活动被称为是居间的活动。

第 6 条　天使是否是依照其自然赠品的等级而接受恩典和荣耀的？

现在我们着手讨论第 6 条。

异议：天使似乎并不是依照其自然赠品(naturalium)的等级接受恩典(gratiam)和荣耀(gloriam)的。 376a

理据 1：因为恩典之被赐，仅仅出于上帝的意志。所以，恩典的等级依赖于上帝的意志，而不依赖于他们自然赠品的等级。

理据 2：再者，一个人的活动似乎与恩典而非他的本性更密切地联系在一起，因为一个人的活动就是为恩典做预备的。但是，恩典并不出于作为，正如《罗马书》第 11 章第 6 节所说。所以，恩典的等级就更其不依赖于他们的自然赠品了。

理据 3：还有，人和天使都同样是为了幸福或恩典而被命定的。但是，人不依据其自然赠品的等级接受更多的恩典。所以，天使也不是这样。

但是，从另一个方面看，著述《箴言四书》的大师在其第二部中却说过："那些被用更精妙的本性创造出来并且在智慧上具有更其敏锐的灵智的天使，也同样被赐予更恩典的更大的赠品。"

我的回答是：设想天使是依据其自然赠品的等级而被赐予恩典的赠品和至福的完满，这是合理的。这样说的理由可以从两个方面加以说明。首先，从上帝方面看，上帝在他的智慧的层次中确立了天使本性的不同等级。但是，因为天使的本性是为了获得恩典和至福而被上帝创造的，所以，天使的本性的等级同样似乎是注定藉功绩赢得不同等级的恩典和荣耀的；比如，正如建筑师在为建一座房子而修理石头时，从他显得比他人欣赏水平更高、更适合于这项工作这一事实看，显然他正在为建造房子的更华丽的部分而把石头切开。因此，似乎上帝也注定他所创造的一些较高级的天使应得到更大的恩典的赠品和更充分的至福。其次，从天使方面看，同样的结论也是显而易见的。天使不是不同本性的混合物，所以，像在人之中一部分本性的倾向妨碍或迟滞另一部分本性的倾向——人的理智部分的运动被他的感性部分的倾向妨碍或迟滞——的情况不会在天使中出现。但是，当没有什么东
376b 西妨碍或迟滞本性时，它就以其全部的精力受到推动。所以，可以合理地设想具有较高本性的天使更加有力地和更有效地转向上帝。这同样的事情也发生在人之中，更大的恩典和荣耀会由于一个人更强烈地转向上帝而被赐予他。所以，看来具有更大的本性能力的天使将获得更多的恩典和荣耀。

答异议理据1：因为恩典仅仅出自上帝的意志，所以，天使的本性也同样仅仅出自上帝的意志；而且，因为上帝的意志是为恩典而规定本性的，所以，他也就把不同等级的本性规定给不同等级的恩典。

答异议理据2：理性受造物的活动出自理性受造物自身，而本性则直接出自上帝。所以，看来恩典是依据本性的等级而不是依据作为被赐予的。

答异议理据3：各种各样的自然赠品以一种方式存在于天使中，天使本身在种相上是各不相同的；而以另外一种完全不同的方式存在于人之中，而人却仅仅在号数上不同。种相上的不同乃是由于目的，而号数上的不同则是因为质料。再者，在人之中存在着可能妨碍或迟滞他的理智本性的活动的某种东西，而在天使

中则不存在有这样的东西。所以，这一证明对于天使和人是不同的。

第 7 条　在获得至福的天使中是否还依然存在有本性的知识和爱？

现在我们着手讨论第 7 条。

异议：本性的知识和爱（cognitio et dilectio naturalis）似乎不再继续存在于获得至福的天使之中。

理据 1：因为《哥林多前书》第 13 章第 10 节说："等那完全的来到，这有限的必归于无有了。"但是，与受到祝福的知识和爱相比，本性的知识和爱则是不完满的。所以，在至福中，本性的知识和爱消逝了。

理据 2：再者，在一个已经充足的地方，另一个就是多余的。但是，对于受到祝福的天使来说，荣耀的知识和爱是充足的。所 377a
以，若他们的本性的知识和爱依然存在，那就是多余的。

理据 3：还有，同一种官能不能同时有两个活动，正如处于同一个端点的同一条线不能在两个点上终止一样。但是，获得至福的天使却总是在运用他们那受到祝福的知识和爱；因为，正如《伦理学》第 1 卷第 8 章中所说，幸福不在于习性而在于活动。[①] 所以，在获得至福的天使中绝不可能存在有本性的知识和爱。

但是，从另一个方面看，只要本性存在，它的运作也就存在。但是，至福不摧毁本性，因为至福是本性的完满。所以，至福并不

① 亚里士多德：《伦理学》，Ⅰ，8，1098b33。

取消本性的知识和爱。

我的回答是：在至福的天使中，本性的知识和爱依然存在。因为正如运作的原则是相互关联的，运作本身也是相互关联的。显而易见的是，本性之于至福的关系就如第一之于第二的关系，因为至福是被附加在本性之上的。但是，第一必然在第二中被保存。所以，本性必然在至福中被保存；而且，类似的是，本性的活动必然被保存在至福的活动中。

答异议理据1：一个完满的到来消除了与之相反的不完满。然而，本性的不完满并不与至福的完满相反，而是后者的基础；正如能力的不完满形成了其形式的完满的基础，而这种能力却并没有被其形式消除掉，而是它缺乏与这一形式相反的东西。同样，本性的知识的不完满并不与荣耀中的知识的完满相反；因为没有东西阻止我们从不同的媒介认识同一个事物，因为一个事物可能在同一时刻通过一个概然的媒介和通过一个推证的媒介得到认识。同样，一个天使能藉上帝的本质认识上帝，这属于他的荣耀的知识；同时，他也能够藉他自己的本质认识上帝，而这属于他的本性的知识。

答异议理据2：构成至福的所有的事物其自身都是充足的。但是，为了使其存在，它们就以本性的赠品为前提条件；因为除了非受造的至福以外，没有一种至福是自身独立存在的。

377b 答异议理据3：一种能力在同一时间不可能有两个运作，除非其中一个运作被另一个运作规定。但是，本性的知识和爱注定要为荣耀的知识和爱服务。因此，没有任何东西妨碍本性的知识和爱在天使中与荣耀的知识和爱共同存在。

第 8 条　获得至福的天使是否能够犯罪?

现在我们着手讨论第 8 条。

异议:获得至福的天使(angelus beatus)似乎能够犯罪(peccare)。

理据 1:因为前面(第 7 条)已经说过,至福并不取消本性。但是,恰恰是受造的本性这一观念说明受造的本性可能失败。所以,受到祝福的天使可能犯罪。

理据 2:再者,按照哲学家在《形而上学》第 9 卷第 2 章中的说法,"理性能力与与之相反的东西相关"。[①] 但是,处在至福中的天使的意志不再是理性的了。所以,它倾向于善和恶。

理据 3:还有,人之能选择善或恶属于自由意志的自由。但是,在受到祝福的天使中,意志的自由并不减少。所以,他们可能犯罪。

但是,从另一个方面看,奥古斯丁在《〈创世记〉文字注》第 11 卷第 7 章中却说过:在"圣洁的天使"里存在有能够不再犯罪的本性。所以,圣洁的天使不可能犯罪。

我的回答是:受到祝福的天使不能再犯罪。之所以这样说,是因为他们的至福在于藉上帝的本质观看上帝。但是,上帝的本质恰恰是善的本质。因此,看见上帝的天使就以其他观看不到上帝的天使趋向于共同的观念或善的方式同样的方式趋向于上帝。但是,除非以善的事物为目的,任何人都不可能意欲任何事物或

---

① 亚里里士多德:《形而上学》,Ⅸ,2,1046b5。

做任何事,也不可能希望远离这样的善。所以,除非以趋向上帝为目标,受到祝福的天使就既不能意欲也不能活动。凡以这种方
378a 式意欲或活动者,皆不可能犯罪。所以,受到祝福的天使不可能犯罪。

答异议理据 1:受造的善本身是可能失败的。但是,从它与非受造的善的完满联合——即至福的联合——的角度看,它就被变得不能犯罪,其理由已如前述。

答异议理据 2:理性能力与事物中相反的东西相关,是就它们并不自然地倾向于这些事物而言的;但是,就它们对之有自然倾向的事物而言,它们与相反的事物并不相关。因为理智不能不上升到自然认识到的原则;同样,意志也不能不趋向形式上为善的善;因为意志注定自然地把善作为其固有的目标。因此,就天使做或不做许多事情而言,天使的意志与相反的事物相关。但是,就上帝本身而言,天使则不与相反的事物相关。尽管他们把上帝看作是善的本性本身;但是,在所有事物中,他们的目标都是趋向上帝,无论选择什么,他们也都是无罪的。

答异议理据 3:自由意志在达到目的手段的选择中,总是具有倾向的,就如理智总是倾向于结论一样。依据给定的原则推出不同的结论,显然属于理智的能力;但是,藉忽视原则的秩序而推出某一结论,却是出于它自己的缺点。所以,自由意志之能够在相反的事物中间进行选择并保持着我们所考察的目的秩序,这属于它的自由的完满性。但是,藉背离目的秩序而选择任何东西,就属于意志的缺点了。而且,这也就是犯罪。所以,在那些不能犯罪的天使中,与可能犯罪的我们自己相比,存在有更大的意志

自由。

第 9 条 受到祝福的天使在至福里还会进步吗?

现在我们着手讨论第 9 条。

异议:受到祝福的天使在至福里似乎还能进步(proficere)。

理据 1:因为仁爱是善功的原则。但是,在天使中存在有完美 378b
的仁爱。所以,至福的天使能够做善功。当善功增加时,至福的奖赏也随着增加。所以,至福的天使能够在至福里进步。

理据 2:再者,奥古斯丁在《基督宗教学说》第 1 卷第 32 章中说过,“上帝为了我们自己的收获和他自己的善性而使用我们。”同样的事情也发生在天使身上,上帝为了精神的服侍而使用他们,因为《希伯来书》第 1 章第 14 节说:“天使岂不都是服役的灵,奉差遣为那将要承受救恩的人效力么?”如果他们不藉此做善事也不在至福中进步,这就不是为了他们得益了。所以,仍然可以说至福的天使不仅能够做善事,而且还能够在至福中进步。

理据 3:还有,任何事物若没有占据最好的位置就不能够进步,那它就是不完满的。但是,天使不在最高等级的至福之中。所以,如果天使不能升得更高,那么,在它们之中显然存在有不完满和缺点。但是,这是不可接受的。

但是,从另一个方面看,做善事和进步属于生命的此世状态。然而,天使不是正在奔向至福的旅途中,因为他们都已经拥有至福了。所以,受到祝福的天使在至福中既不能做善事也不能进步。

我回答是:在每一个运动里,推动者的意向都是以一个确定的目的为中心的，他有意引导被推动的主体趋向于它，因为意向是趋向于目的，而无限的进步与此是相抵触的。然而，显而易见的是：由于理性的受造物不能凭自己的力量获得它的以观看上帝为内容的至福，所以它需要由上帝推动着走向它的至福，这一点从前面（本问题第1条；问题12第4条）已经说过的看来是很清楚的。所以，必然存在有某个确定的事物，每一个理性受造物都将之作为它的最终的目的而趋向于它。

这一确定的事物——即看见上帝——不可能恰恰由被观看到的东西构成，因为最高真理是所有受到祝福的天使以不同等级看到的。但是，这是就看的样式而言的，不同的名称是由指向目的上帝的意向事先固定起来的。正如理性受造物不可能被引导到直接观看那至高的本质的等级，它同样也不可能被引导到观看
379a 的至上样式即领会，因为这只属于上帝，这一点已如上述（问题12第7条，问题14第3条）。但是，因为领会上帝需要无限的能力，但受造物在认识方面的能力却是有限的；而且因为每一个有限的事物以无限的等级远离无限者，这就可以得到出一个结论：理性受造物明确地依据其不同的等级或多或少地理解上帝。而且，因为至福就在于看见（上帝）本身，所以看见的等级取决于观看的样式。

因此，每一理性受造物都受到上帝的引导而趋向于获得至福这个目的，从上帝的前定的角度看，它必然会被带到至福的一个确定的等级。从而，那个等级的至福一旦获得，它也就不可能到达更高的等级了。

答异议理据1：善功总是属于向其目的运动的主体。然而，理

性受造物之受到推动而趋向其目的，不仅是被动的，而且还凭借其善功成为能动的。如果目的是在理性受造物的目的之内，那么，它的活动就可以被说成是旨在获得其目的，正如人藉反思而获得知识一样；但是，如果这目的超乎理性受造物的能力，而且是从另外一个那里寻找出来的，那么，它的活动对于这样的目的就是值得称道的。但是，已经臻于最高领域的东西便不能再被说成是受到推动了，而只能说是曾经受到过推动。所以，做善功属于此生的不完满的仁爱，而完满的仁爱便不再藉功绩赢得奖赏而只享受奖赏。正如在获得的习性中，先于这一习性的运作是有助于这习性的形成的；但是，出于一个获得的习性的运作便既是完满的也是可享受的。同样，完满的仁爱的活动也不具有藉功绩赢得的特征，它只属于奖赏的完满性。

答异议理据 2：一件事物可以用两种方式被称作是有用的。首先，是处于正在走向目的途中；就此而言，至福的善功就是有用的。其次，是就其作为部分对整体是有用的而言的；例如，墙对房屋是有用的。在这个方面，天使的服务，就它们是天使的至福的一部分而言，对于受到祝福的天使是有用的；因为把已经获得的完满倾倒在他者之上，就其作为完满的而言，是属于完满者的本性的。

答异议理据 3：尽管一个至福的天使不是绝对地处在最高等级的至福中，但是，依据上帝的前定，从他自己一方而言，他是处在最高等级的至福之中的。然而，就那些由于天使的服侍而被拯救的人的得救来说，天使的欢喜是能够增加的，因为《路加福音》 379b
第 15 章第 10 节说："一个罪人悔改，在上帝的使者面前，也是这样为他欢喜。”这样的欢喜属于他们的偶然的奖赏，这种奖赏到最后审判之日是能够增加上去的。所以，有些作者说，就天使的偶然奖赏而言天使是能够做善功的。但是，最好说：受到祝福的天使若不同时是一个旅行者和领悟者就绝不可能做善功；就像基督那样，只有基督才同时是一个旅行者和领悟者。因为那受到祝福的天使是从他们的至福获得这样的欢喜的，而不是在藉功绩赢得这种欢喜。

问题 63
就罪论天使的恶行

（共 9 条）

接下来我们必须考察天使是如何变成邪恶的：首先考察犯罪之恶，其次考察惩罚之恶（问题 64）。

在第一个题目下，有 9 个要点需要探究：

（1）在天使中能够存在有犯罪之恶吗？

（2）在天使中能够存在有什么类型的罪？

（3）天使在犯罪中追求什么？

（4）假使其中一些天使是由于出于他们自己选择的罪而变成邪恶的，那么，他们中的任何一个都是本性上邪恶的吗？

（5）假使事情不是这样的话，他们中的任何一个在受造的一瞬间藉他自己意志的活动都能变成邪恶的吗？

（6）假使事情不是这样的话，那么，在他的受造和堕落之间存在有任何时间上的间隔吗？

（7）堕落的天使在天使中绝对地是最高等级的天使吗？

（8）最早的天使的犯罪是其他天使犯罪的原因吗？

（9）犯罪的天使是否与保持坚定的天使一样多？

380a **第1条 在天使中是否能够有犯罪之恶?**

现在我们着手讨论第1条。

异议:在天使中似乎不可能存在有任何犯罪之恶(malum culpae)。

理据1:因为一如哲学家在《形而上学》第9卷第9章中所说,除非是在处于潜在状态的事物,在事物中是不会存在犯罪之恶的。① 因为存在有负性质(privationis)的主体是一种潜在的存在。但是,天使是没有潜在的存在的,因为他们是自存的形式。所以,在天使中不可能存在有出于犯罪的邪恶。

理据2:再者,天使比天体高级。但是,哲学家在《形而上学》第9卷第9章中却说过,在天体中不可能存在有邪恶。② 所以,在天使中也不可能存在有邪恶。

理据3:还有,对于一个事物来说是本性的东西总是存在于该事物之中。但是,对于天使来说,被爱的运动推动而趋向于上帝,是属于他的本性的。因此,这样的爱不可能从他身上剥夺掉。但是,在爱上帝中天使却不会犯罪。所以,天使是不可能犯罪的。

理据4:还有,意欲只是关于善的东西或显然是善的东西。但是,对天使而言,不可能存在一个显然是善的但却不是真正善的东西;因为在天使中要么根本不存在错误要么至少在犯罪前不存在有错误。因此,天使只能够意欲真正善的东西。所以,天使不会意欲犯罪。

---

① 亚里士多德:《形而上学》,Ⅸ,9,1051a18。

② 同上书,Ⅸ,9,1051a19。

但是,从另一个方面看,《约伯传》第 4 章第 18 节却说:“他的使者,他还归罪。”

我的回答是:天使或其他的理性受造物,就他们自己的本性而言,都可能犯罪;而且,对于任何受造物来说,如果它属于不可能犯罪的,那么,它之不可能犯罪,是由于恩典的恩赐,而不是由于本性的状况。这样说的理由是:因为犯罪无非是偏离一个活动应当具有的正确,不论我们谈论的是本性中的罪还是技术方面的 380b
罪或道德中的罪,都是如此。只有这种行为,其规则是活动主体的能力本身,才绝不可能缺乏正确性。如果那位工匠的手就是雕刻的规则自身,那么,他就不可能以异于正确的方式来雕刻木头;但是,如果雕刻的正确性应藉另一个规则来判断,那么,他的雕刻就可能或是正确的或是错误的了。众所周知,上帝的意志是上帝的活动的唯一规则;因为它不求助于任何更高的目的。但是,每一个受造的意志,只是就其根据上帝的意志进行调节,以之为最后的目的而言,才具有活动的正确性;正如一个从属者的意志应当受到他的上司的意志的调节和控制那样;比如,士兵的意志就应当服从他的指挥官的意志。所以,只有在上帝的意志之中才能够没有任何罪;相反,就每一受造物的本性而言,在每一个受造物的意志中都可能存在有罪。

答异议理据 1:在天使中不存在有本性存在的任何潜在性。但是,就天使倾向于这个事物或那个事物而言,在天使的理智部分中也存在有潜在性。从这个方面看,在天使中是能够存在有恶的。

答异议理据 2:诸天体没有别的,只有本性的运作。因此,正如在天体的本性中不存在有朽坏之恶，在天体的本性活动中也不存在有无序之恶。但是，除了本性的活动外，在天使中还存在着自由意志的活动，由于自由意志的活动，恶便可能存在于天使之中。

答异议理据3：就上帝是天使的本性存在的原则而言，藉爱的运动转向上帝，对于天使是合乎本性的。但是，天使之转向作为高于其本性的至福的上帝，出于白白地被赐予的爱，而这样的爱则可能因为他犯罪而被剥夺掉。

答异议理据4：致死的罪以两种方式发生在自由意志的活动中。第一，当某种邪恶的东西被选择时，比如人选择其本身就是
381a 邪恶的通奸。这样的罪总是出于无知或错误。否则，邪恶的东西就绝不会被当成善的东西而被选择了。通奸者在特殊判断方面罪过，即使他在普遍的判断中没有罪过，甚至在这方面还坚持一种正确的看法，但是，他出于激情或习性的倾向还是选择通奸这种无序行为的快乐作为现在应当去做的某种善事。在这个方面，在天使中是不可能存在有罪的，因为在天使中不存在有束缚理性或理智的激情，这一点从前面（问题59第4条）已经说过的看来是很显然的。而且，没有任何倾向于犯罪的习性在天使第一次犯罪之前便能够存在。从另一个方面看，罪是出于自由意志的，它虽然选择了自身是善的某些事物但却不服从应有的尺度或规则；所以，导致犯罪的犯罪仅仅在于其选择没有得到坚决的贯彻，而不在于所选择的事物；就像一个人要祈祷但却不遵从由教会确定的秩序一样。这样的罪并不以无知为先决条件，仅仅是对应当考虑的事物缺乏考虑。这样，天使之犯罪，就是由于其从他自己的

自由意志出发追求他自己的善但是却没有遵从上帝意志的规则所造成的。

第 2 条 在天使中是否只可能存在有骄傲之罪和嫉妒之罪?

现在我们着手讨论第 2 条。

异议:除了骄傲之罪(peccatum superbiae)和嫉妒之罪(peccatum invidiae),在天使中似乎还存在有其他的罪。

理据 1:因为凡是能够以任何一种罪为乐的人都可能陷入那种罪本身。但是,按照奥古斯丁在《上帝之城》第 2 卷第 4 章和第 6 章中的说法,魔鬼甚至在淫乱之罪中取乐。所以,在魔鬼中能够存在有淫乱之罪。

理据 2:再者,因为骄傲和嫉妒是精神的罪,懒惰、贪婪和愤怒也是精神之罪。但是,精神的罪与精神有关,正如淫乱的罪与肉 381b
体有关一样。所以,在天使中不仅可能存在有骄傲和嫉妒之罪,也同样可能存在有懒惰和贪婪之罪。

理据 3:还有,依据格列高利在《道德论》第 30 卷第 45 章中的看法,"许多恶出自骄傲,同样,许多恶出自嫉妒。"但是,如果原因被承认,结果也就接踵而至。所以,如果在天使中存在着骄傲和嫉妒,那么,由于同样的原因,在他们之中也就同样能够存在有其他的罪。

但是,从另一个方面看,奥古斯丁在《上帝之城》第 14 卷第 3 章中却说过:"魔鬼既不是一个私通者,不是一个酗酒者,也不是一个诸如此类的东西;然而,他是骄傲的和嫉妒的。"

我的回答是:罪可能以两种方式存在于一个主体中,首先,藉实际的罪行;其次,藉倾向。就罪行而言,所有的罪都存在于魔鬼中,因为藉引人犯罪魔鬼招致所有罪的罪行。但是,就倾向而言,只有那些属于精神本性的罪才可能存在于魔鬼中。但是,精神的本性不受那些专属于形体的善的影响,它只受那些与精神的事物一致的东西的影响,因为除了那些在某些方面适合于其本性的事物,没有什么东西能够受到影响。但是,当任何一个人被激动着趋向属于精神层次的善时那就不可能存在有罪,除非在这样的倾向中没有遵守上司的规则。一个主体不服从他应当服从的上司,这也就是骄傲之罪。所以,天使的第一个罪不可能是别的,而只能是骄傲。

但是,嫉妒也可能作为一个结果存在于其他的罪中;因为倾向于意欲某一个事物的欲望在其自身中包含着对任何与之相反的事物的抵抗。然而,嫉妒的人因为他认为他的邻人的善是对他自己的善的妨碍而抱怨他人拥有善。但是,他者的善是不可能构成一个邪恶的天使所觊觎的善的一种障碍的,除非就他觊觎一种独一无二的卓越而言才会如此,因为他者若具有这一卓越,这一
382a 卓越也就不再是独一无二的了。所以,在骄傲之罪之后,在那些犯罪的天使中也必然存在有嫉妒之恶,因此他因为人的善而悲伤,也因为上帝的卓越而悲伤,这是就上帝利用人来达到神圣的荣耀违背魔鬼的意志而言的。

答异议理据1:魔鬼并不在作为肉体之罪的淫乱中取乐,仿佛他们自己放纵于肉体快乐似的。他们在所有类型的人类之罪中取乐完全是出于嫉妒,因为这些罪构成人的善的障碍。

答异议理据2:贪婪,作为一种特殊类型的罪,是对服务于人

的生活的可用金钱来衡量的暂时财物的一种无节制的贪欲；魔鬼之倾向于这些财物一点也不比他们倾向于肉体快乐为甚。所以，严格地讲，贪婪并不存在于魔鬼之中。但是，倘若每一个事物之无节制地贪求拥有任何一种受造的善也被称为贪婪，那么，从这个方面看，贪婪就被包含在存在于魔鬼之中的骄傲之下了。愤怒意味着激情，情欲也是如此；因此，只能比喻地说这些罪存在于天使之中。因之一个人因为他身体疲劳而在灵性操练上懒惰，这种懒惰也是一种悲哀；但是，这不能应用到魔鬼身上。所以，显而易见的是：骄傲和嫉妒是可以在魔鬼中发现的仅有的精神之罪，因此，嫉妒不能被认为是一种激情，而应当被认为是抵制他者之善的一种意志。

答异议理据 3：正如在魔鬼中所发现的那样，所有其他的罪都出于嫉妒和骄傲，从而也都包含在它们之中了。

第 3 条　魔鬼是否想成为与上帝一样的？

现在我们着手讨论第 3 条。

异议：魔鬼（diabolus）似乎并不想成为与上帝一样的。

理据 1：因为凡不能被理解的，便都不会被欲求；因为被理解 382b
的善推动着欲望，无论是感性的、理性的还是理智的欲望，都是如此；而且，罪也仅仅在于这样的意欲。但是，任何想与上帝平等的受造物都不可能理解上帝，因为那意味着一种矛盾：如果有限等同于无限，那么，有限自身也就将是无限了。所以，天使不可能想成为与上帝一样的。

理据 2：再者，本性的目的始终能够在无罪的情况下被意欲。

但是，与上帝相像是每一受造物都天生趋向的目的。所以，如果天使意欲与上帝一样，不是相等，而是相像，他似乎也不会因此而犯罪。

理据3：还有，天使被创造得比人更其充满智慧。但是，除了傻瓜以外，没有一个人决意与天使平等，而比上帝略低；因为选择所关涉的只是可能的事物，对此一个人是深思熟虑的。所以，天使更其不会因为意欲成为与上帝一样的而犯罪。

但是，从另一个方面看，《以赛亚书》第14章第13、14节在论及魔鬼的品格时却说过："我要升到高云之上……我要与至上者同等。"而且，奥古斯丁在《论旧约新约问题》第1部第113题中也说过，由于骄傲而头脑发胀，他想被称为上帝。

我的回答是：毫无疑问，天使是由于其试图成为与上帝一样的而犯罪的。但是，这可以用两种方式来理解：第一，把"一样"理解为"同等"；第二，把"一样"理解为"相像"。天使不能够追求与上帝在第一种方式下的一样，因为天使藉本性的知识即知道这是不可能的；而且，在第一个犯罪活动之前，在天使中像在我们人类中发生的那可能引导他在某些特殊的方面失败而选择那不可能之事的习性和束缚他心智的任何激情都不存在。即使假设这是可能的，它也与天使的本性欲望相反；因为在每一个事物中都存在有以保存它自己的本性为目的本性欲望；如果它的本性被变成另一种本性，它自己的本性就得不到保存了。所以，没有一个低
383a 层次的受造物能够觊觎更高等级的本性；正如驴不会想变成马，因为如果它被那样提升，它也就不再是它自己了。但是，在这里，想象使我们罪过；因为一个人易于认为：一个人试图在可能增加

而不会毁灭主体的偶性方面占据更高的等级，所以他也能够在他若不停止存在就不可能实现的本性方面发现更高的等级。显而易见的是，上帝不仅在偶性方面而且在本性的等级方面都超越天使；一个天使不仅在偶性方面而且在本性的等级方面也能够超过另一个天使。所以，低等级的天使不可能想与高等级的天使平等，更不用说觊觎与上帝平等了。

就相像方面而言，欲望与上帝一样，也可以用两种方式发生。第一种方式是就每一事物都藉之而造得可以与上帝相似的那种想象而言的。所以，如果任何人想要这样与上帝一样，他就没有犯任何罪。但是，假若他想凭他自己的力量而不是凭上帝的力量使自己变得到与上帝相像，他就将犯罪，即使是以正确的方式欲求，亦复如此。按照另一种方式，一个受造物可以欲望在对它不是本性的某个方面变得与上帝相像；比如，一个受造者想创造天和地，因为创造天和地是专属于上帝的，所以，在一个受造物的这样的欲望中也存在有罪。魔鬼正是想在这个方面变得与上帝一样。不是说魔鬼想藉不绝对地服从其他任何一个受造物的方式而与上帝相像；若此他将是在希望自己的非存在，因为除非藉使自己在上帝之下存在是没有一个受造物能够存在的。但是，魔鬼想在这方面——即把他能够藉自己的本性实现的某种东西当成自己幸福的最高目的来追求，使他的欲望偏离只能藉上帝的恩典实现的、高于他本性的至福——变得与上帝相像。或者，假如他由恩典赐予他的与上帝的相像作为他的最高目的来追求，但是，却想藉他自己的本性的力量来实现它，而不是依照上帝的命令依靠上帝的帮助来实现它，事情也是如此。这与安瑟尔谟的观点一致;他说:“魔鬼在追求他想得到的东西时绝不退让。”这两种观点在某种意义上是一致的;因为依据这两种观点,魔鬼试图藉他自己的力量拥有至福,但是,只有上帝才能够藉自己的力量拥有至福。

383b 所以,既然因其自身而存在的事物是因他者而得以存在的事物的原因,那么,由此便可以得到这样一个更进一步的结论,即他试图主宰他者;在这里,魔鬼也邪恶地想变得与上帝相像。

我们上面所说,已经回答了所有的理据。

第4条 是否任何魔鬼都是天生邪恶的?

现在我们着手讨论第4条。

异议:有些魔鬼似乎是天生邪恶的(naturaliter mali)。

理据1:因为波菲利一如奥古斯丁在《上帝之城》第10卷第2章中所引用的说道:“存在有这样一类具有狡诈骗人的本性的魔鬼,他们声称他们是死人的神灵和灵魂。”但是,欺骗是邪恶。所以,有些魔鬼是天生邪恶的。

理据2:再者,正如天使是由上帝创造出来的一样,人也是由上帝创造出来的。但是,有些人是天性地邪恶的,关于他们,《智慧篇》第12章第10节说,“他们生来邪恶。”所以,有些天使也可能是天生邪恶的。

理据3:还有,有些无理性的动物由于本性而具有邪恶的性情;因此,狐狸天生狡猾,狼天生残暴,但它们也都是上帝的创造物。所以,尽管魔鬼是上帝的创造物,但他们也可能是天生邪恶的。

但是,从另一个方面看,狄奥尼修斯在《论神的名称》第 4 章第 23 节中却说过:“魔鬼不是天生邪恶的。”

我的回答是:每一个存在的事物,就其存在而且具有一个特殊的本性而言,都是天生倾向于某个善的;因为它来自一个善的原则,而结果也总是要复归它的原则的。然而,一个特殊的善可能碰巧具有与之相联的某种邪恶;例如,火便具有与之相联的点燃其他事物这样一种邪恶;但是,却没有任何一种邪恶能够与普遍的善联系在一起。因此,如果存在有其本性倾向于某一特殊善 384a
的事物,它就可能天生倾向于某种邪恶;但是,它不应当被视为邪恶的,只应当被认为是与某种善联系在一起而偶然地是邪恶的。但是,如果具有这样本性的事物倾向于一般的善,那么,它之倾向于邪恶就不可能是出于它自己的本性。显而易见的是,每一个理智本性都倾向于他能够理解而且作为其意志的目标的普遍的善。因此,既然魔鬼是理智实体,他们就绝不可能具有趋向不论何种恶的本性倾向;所以,他们不可能是天生邪恶的。

答异议理据 1:奥古斯丁在同一个地方因为波菲利说魔鬼天生骗人而指责波菲利;他说,魔鬼并不天生骗人,魔鬼骗人是出于他们的自由意志。波菲利之所以认为魔鬼天生骗人,原因在于他认为魔鬼是具有感性本性的动物。然而,感性本性倾向于某种特殊的善,邪恶是可能与这种特殊的善联系在一起的。就此而言,魔鬼是能够具有一种趋向于邪恶的本性倾向的;但是,就邪恶是与善联系在一起的而言,这种倾向也只能是偶然的。

答异议理据 2:一些人的恶行能够被称为本性的,要么是因为其本身是第二本性的习性,要么是因为在他的感性本性方面具有趋向某些过度的激情的本性倾向，比如有人被说成是本性上易怒的或好色的；但是，这并不是就其理智本性方面而言的。

答异议理据3：残忍的野兽在它们的感性本性方面具有趋向与某种邪恶联系在一起的某种特殊的善的本性倾向；因此，正在觅食的狐狸具有用相当熟练的、伴有欺骗的技巧觅食的倾向。所以，在狐狸中狡猾不是邪恶，因为这对它来说是本性的；正如狄奥尼修斯在《论神的名称》第4章第25节中所注意到的那样，狗的凶猛并不是邪恶。

384b 第5条　魔鬼是否是因为在其受造的第一瞬间他自己的意志的罪过而成为邪恶的？

现在我们着手讨论第5条。

异议：魔鬼似乎是因其在受造的第一瞬间(in primo instanti)他自己的意志(voluntatis)的罪过而成为邪恶的。

理据1：因为《约翰福音》第8章第44节说："他从起初是杀人的。"

理据2：再者，因为奥古斯丁在《〈创世记〉文字注》第1卷第15章中说过："在受造物中形式的缺乏并不是在时间的顺序上而是在本性的顺序上先于其形成的。"但是，奥古斯丁在同一部著作的第2卷第8章中却又说，被说成是在起初已经被创造的天，所意指的是尚未充分形成的天使的本性；而且，当说到"天主说'要有光'，就有了光"时，我们就是在藉转向上帝之道认识天使的完全形成的。因此，天使的本性是在一瞬间被创造出来的，光是在一瞬间被造成的。但是，在光被造成的那一瞬间里，光是与用来区别于黑暗的，而天使的犯罪就是用黑暗予以表示的。所以，在天使受造的第一个瞬间里，有些天使被赐予至福，有些天使却犯了罪。

理据 3：还有，犯罪与做善功相反。但是，一些理智本性在其受造的第一瞬间里就能够做善事，比如基督的灵魂，又如善良的天使。所以，魔鬼同样能够在他们受造的第一瞬间里犯罪。

理据 4：还有，天使的本性比形体的本性更有力。但是，一个形体的事物在其受造的第一个瞬间里就开始有它自己的运作；比如，火在它产生的第一瞬间里就开始向上运动。因此，天使也能够在他受造的第一瞬间里具有自己的运作。但是，天使的这一运作要么是有序的合宜的要么是过度的。如果它是合宜的，那么，由于他拥有恩典，他因此而追求幸福。但是，对于这样的天使，奖赏立即跟着善事而来，这一点已如上述（问题 62 第 5 条）。所以，385a
他们即刻便受到祝福；因此，他们绝不会犯罪即出错。但是，我们仍然可以说，有些天使却因为在受造的第一瞬间里运作不合宜而犯罪。

但是，从另一个方面看，《创世记》第 1 章第 31 节却写道："上帝看着一切所造的都甚好。"但是，魔鬼就在上帝的创造物中。所以，魔鬼在一段时间里是善的。

我的回答是：有人认为魔鬼从受造的第一瞬间起就直接地是邪恶的，但不是因为他们的本性，而是因为他们的意志犯了罪，因为"魔鬼一被创造就拒绝正义"。对于这种看法，正如奥古斯丁在《上帝之城》第 11 卷第 13 章中所说："如果任何人赞成它，他就不会赞成那些摩尼教徒的观点了，他们说魔鬼的本性本身就是邪恶的。"但是，由于这种观点与《圣经》的权威相矛盾，因为《以赛亚书》第14章第12节说以巴比伦王的外形出现的魔鬼"明亮之星，早晨之子啊！你何竟从天坠落?"而且，《以西结书》第28章第13节也以推罗王的身份出现的魔鬼说"你曾在伊甸上帝的园中"，所以，这种观点被大师们作为错误的观点予以合理的拒绝。

因此，其他一些人说天使在受造的那一瞬间虽然已经可能犯罪，但是却没有犯罪。然而，这个观点也被一些人拒绝了，因为当这两个运作前后相续时，似乎这两个运作里的任何一个都不可能在同一个"现在"停止。然而，显然，天使之犯罪是发生在他被创造之后的一个活动。但是，创造活动的结果正是天使的存在，犯罪活动的结果则是天使之成为邪恶的。因此，说天使在其开始存在的第一个瞬间里他就已经变成邪恶的了，这似乎是不可能的。

但是，这个理由似乎并不充分。因为它只有在这样的运动受时间量度且连续发生的情况下才成立；所以，如果位置运动发生了变化，那么，这种变化和位置运动就不可能在同一个瞬间停止。
385b 但是，如果那个变化是瞬时的，突然之间而且在同一时刻便可能存在有第一个变化和第二个变化同时发生的时间点；比如，在同一瞬间，太阳照亮月亮而月亮又照亮天空。显而易见，创造是瞬时的，天使里的自由意志的活动也是瞬时的；因为，如上所述(问题58第3条)，天使是没有机会进行比较或类比推理的。所以，不存在任何东西妨碍天使的被创造活动和自由意志的活动存在于同一个瞬间。

因此，我们必须另外回答为什么天使不可能在他受造的第一瞬间里因为自由选择的不合宜活动而犯罪。因为，尽管一个事物在其开始存在的第一瞬间就能开始活动，但是，自这一事物存在就立即开始的这一运作是在它因为源出于其中而方始拥有它的存在的那个活动主体之中的；正如火的向上运动是在火的产生者之中的。因此，如果存在有这样一个事物，它的存在出于一个本身能够成为有犯罪的活动的原因的一个有犯罪的活动主体，那么，它就能够在其开始存在的第一瞬间就具有一个有犯罪的运作；正如由于生育的原则中存在的一个犯罪而自出生起就有缺陷的一条腿一开始走动时便跛脚一样。但是，使天使存在的那个活动主体，即上帝，不可能是罪的原因。所以，不可能说魔鬼在受造的第一瞬间就是邪恶的。

答异议理据 1：正如奥古斯丁在《上帝之城》第 11 卷第 15 章中所说：当人们说"魔鬼从起初就犯罪时"，"他不是被认为从他受造开始时他就在犯罪，而应当被认为从他开始犯罪起他就在犯罪"。也就是说，因为他从来就没有从犯罪中撤回。

答异议理据 2：光明与黑暗的区分，正是藉着这样一种区分，魔鬼才被理解为黑暗，必须依据上帝的先见予以解释。所以，奥古斯丁在《上帝之城》第 11 卷第 19 章中说："只有上帝能够辨别光明和黑暗，也只有上帝才能在他们堕落前预知哪些将堕落。"

答异议理据 3：善事中的所有东西都出自上帝；所以，天使在受造的第一瞬间就能够做善事。若就罪而言，同样的理由就不成 386a
立了，这一点已如上述。

答异议理据 4：一如奥古斯丁在《上帝之城》第 11 卷第 11 章中所说，在一些天使背离上帝而另一些天使转向上帝之前，上帝并不在天使之间作出区别。因此，因为所有天使都是在恩典中被创造的，所以，所有的天使在他们的第一瞬间都做善事。但是，有些天使立刻设置了妨碍他们的至福的障碍，因而摧毁了他们此前的善事；所以，他们被剥夺了他们曾经得到的幸福。

第6条　在天使的受造和堕落之间是否存在有时间间隔？

现在我们着手讨论第6条。

异议：在天使的受造（creationem）和堕落（lapsum）之间似乎存在有时间的间隔（mora）。

理据1：因为《以西结书》第28章第15节中说过，“你从你受造之日起所行的都完全，后来在你中间又察出不义。”但是，因为行为是连续的运动，它要求时间间隔。所以，在魔鬼的受造和他的堕落之间是存在有某种时间间隔的。

理据2：再者，奥利金在《〈以西结书〉注》第1卷中说过，古老的蛇“起初不用胸腹走路”；所谓用胸腹走路，就是指他犯了罪。所以，魔鬼不可能在受造的第一瞬间犯罪。

理据3：还有，犯罪能力对于人和天使是相同的。但是，在人的形成和人的犯罪之间存在有时间间隔。所以，由于同样的原因，在天使的形成和他的犯罪之间也存在有时间间隔。

理据4：还有，魔鬼在犯罪的那一瞬间不同于他被创造的那一瞬间。但是，在每两个瞬间之间总存在有一个居间的时间。所以，在魔鬼的受造和他的犯罪之间存在有时间间隔。

但是，从另一个方面看，《约翰福音》第8章第44节在谈到魔
386b 鬼时却说“他不守真理”；而且，正如奥古斯丁在《上帝之城》第11卷第15章中所说：“我们必须在这样的意义上来理解那句话，即

魔鬼曾经在真理中，但是，他没有留在真理中。”

我的回答是：在这个问题上存在着两种观点。但是，其中比较可靠的、与圣人的教导也更为一致的观点是：魔鬼在他受造的第一瞬间后即刻犯罪。如果我们认为魔鬼在受造的第一瞬间就做了一个自由意志的行为，而且他是在恩典里被创造出来的，一如我们前面（本问题第 5 条，问题 62 第 3 条）所说，那么，我们就必须坚持这一观点。因为既然如上所说（问题 62 第 5 条），天使藉一个值得称道的行为即能获得至福，那么，如果在恩典里被创造出来的魔鬼在第一瞬间做善事而没有因为犯罪而设置障碍，则他在第一瞬间后便即刻获得至福。

然而，如果主张天使不是在恩典里被创造出来的，或者天使在第一瞬间不可能做自由意志的活动，那就没有任何东西阻止人们在天使的受造和他的堕落之间嵌入时间间隔了。

答异议理据 1：在《圣经》中有时精神的瞬时运动是由受时间测度的形体运动来标示的。从这个意义上，我们以“走路”这个词来理解趋向于善的自由意志的运动。

答异议理据 2：奥利金说，“古老的蛇起初不用胸腹走路”，乃是因为起初它不是邪恶的。

答异议理据 3：天使一旦作出选择，便具有一个不可更改的自由意志；所以，天使在第一瞬间，是天生具有趋向善的运动的，但是如果在其后，他若没有立刻设置妨碍通向至福的障碍，他就肯定会依然坚定在善中。但是人却不是这样。所以，这种观点不能成立。

答异议理据 4：就“时间是连续的”而言，说“在每两个瞬间之间存在有居间的时间”确实是正确的，一如《物理学》第6卷第1章中所证明的那样。[①] 但是，在不服从受连续的时间量度的天体
387a 运动的天使中，时间所指称的是他们的心智活动或情感活动的连续性。所以，天使中的第一瞬间应当被认为对应于天使心智的运作，正是藉着心智的运作，天使用“晚上的知识”来反省自己，因为在第一天提到了晚上而没有提到早晨。在所有的天使中，这样的运作都是善的。从这样的运作出发，一些天使被改变方向而藉他们的早晨的知识赞美上帝之道；其他的天使则由于太沉迷于他们自己而变成黑夜，一如奥古斯丁在《〈创世记〉文字注》第4卷第24章中所说，“因骄傲而头脑发胀”。因此，第一个活动对所有天使都是相同的，但是，在第二个活动中，他们就被区分开来了。所以，在第一个瞬间，所有的天使都是善的；但是，在第二个瞬间，善良的天使就与邪恶的天使分开了。

第7条 在犯罪的天使中最高等级的天使是否在所有天使中也是最高等级的？

现在我们着手讨论第7条。

异议：在犯罪的天使(ille angelus)中最高等级的天使似乎在所有天使中并不是最高等级(supremus)的。

理据1：因为《厄则克耳》第28章第14节说：“你是那受膏遮掩约柜的基路伯，我将你安置在上帝的圣上山。”但是，按照狄奥尼修斯在《天国等级论》第7章第1节中所说，基路伯的地位处在

---

① 亚里士多德：《物理学》，Ⅵ，1，231b9；Ⅵ，11，219a13。

色拉芬之下。所以，在犯罪的天使中最高等级的天使在所有的天使中并不是最高等级的。

理据 2：再者，上帝创造理智本性乃是为了让他们能够获得至福。但是，如果在所有天使中最高等级的天使犯罪，那就可以得出这样一个结论，即上帝的命令在最高贵的受造物中受到挫折；但是，这是不正确的。

理据 3：还有，一个主体越多地倾向于某个事物，它就越少地背离那个事物。但是，天使的地位越高，他就越多地倾向于上帝。
因此，他就能够越少地因为犯罪而背离上帝。所以，犯罪的天使 387b
在所有的天使中不可能也是最高等级的天使，而只能是一个地位较低的天使。

但是，从另一个方面看，格列高利在《福音书注》第 2 卷第 34 篇中却说道："在犯罪的天使中最高等级的天使是凌驾于所有天使之上的，在智慧上超过他们，而且相比之下也是他们中最杰出的。"

我的回答是：在犯罪方面有两件事必须受到考察，即犯罪的倾向和犯罪的动机。如果我们考察天使犯罪的倾向，则地位较高的天使便似乎比地位较低的天使较少地倾向于犯罪。由于这个原因，大马士革的约翰在《论正统信仰》第 2 卷第 4 章中说，在犯罪的天使中最高等级的天使"被放置在地上"。这一观点似乎与奥古斯丁在《上帝之城》第 8 卷第 6 章和第 7 章以及第 10 卷第 11 章中所引用的柏拉图主义者的观点相一致。因为这些柏拉图主义者说，所有的神灵是善的，而一些魔鬼是善的，一些魔鬼却是恶的；他们把处在月球之上的理智实体称为神灵，把处在月球之下但是在本性的秩序上高于人的理智实体称为魔鬼。这种观点并没有被当成与信仰相反的东西遭到拒绝。因为整个形体的创造，按照奥古斯丁在《论三位一体》第3卷第4、5章中的观点，都是经由天使受上帝管理的。所以，没有东西能够阻止我们说：地位较低的天使遵照神的命令管辖地位较低的形体，地位较高的天使遵照神的命令管辖地位较高的形体，居于最高地位的天使遵照神的命令站在上帝面前。正是在这个意义上大马士革的约翰在《论正统信仰》第2卷第4章中说，堕落的天使属于较低等级的天使；然而，在他们所属的那个等级上，他们中的一些仍然是善的。

但是，如果考察犯罪的动机，我们就会发现它更多地存在于较高级的天使中而不是存在于较低级的天使中。因为正如前面（问题63第2条）已经说过的，魔鬼的罪是骄傲，而骄傲的动机在于卓越，这种卓越在较高级的神灵中更多些。因此，格列高利在《福音书》第2卷第34篇中说，犯罪的天使在所有天使中是最高
388a 等级的。这似乎是最可靠的观点，因为天使的犯罪不是出于任何倾向，而仅仅是出于自由选择。因此，从犯罪的动机推出来的那个观点似乎更有力量。然而，这对另外一种观点却绝对没有什么害处；因为在作为地位低级的天使的首领的天使身上，也可能存在有某种犯罪的动机。

答异议理据1："基路伯"（Cherubim）的意思是"知识的完满"，"色拉芬"（Seraphim）的意思是"那些处在火上的"或"那些坐在火上的"。因此，"基路伯"源出于知识，它可与有死的罪相容；但"色拉芬"源于仁爱的热情，它与有死的罪不相容。所以，第一个犯罪的天使没有被称为"色拉芬"，而是被称为"基路伯"。

答异议理据 2：上帝的意旨既没有在犯罪的天使中受到挫败，也没有在被拯救的天使中受到挫败；因为上帝预先知道两者的结果，上帝是出于他的善而拯救那些天使，出于他的正义而惩罚那些天使的，而且上帝从这些行为中都能够获得荣耀。但是，理智的受造物在犯罪时就背离了它应有的目的。在任何尊贵的受造物里这都不是正确的，因为理智受造物之所以被上帝这样地创造，就是要让他在自己的选择范围内为他自己的目的而活动。

答异议理据 3：不管在居于最高地位的天使中趋向善的倾向有多大，都不存在任何加之于他的必然性。所以，他有能力通过自由选择趋向善，而不是服从必然性。

第 8 条　最高等级的天使犯罪是否是其他天使犯罪的原因?

现在我们着手讨论第 8 条。

异议：最高等级的天使犯罪似乎并不是其他天使犯罪的原因(causa)。

理据 1：因为原因先于结果。但是，一如大马士革的约翰在《论正统信仰》第 2 卷第 4 章中所说，他们都在同一个时间犯罪。所以，一个天使犯罪并不是其他天使犯罪的原因。

理据 2：再者，天使的第一个罪只能是骄傲，这点已如上述(第 388b
2 条)。但是，骄傲追求卓越。任何一个存在者服从低于自己的存在者而不服从高于自己的存在者，这显然是与卓越相反的；所以，犯罪的天使显然不会服从一个较高的天使而不服从上帝。但是，如果一个天使引诱其他的天使使他们做自己的下属，那么，他的犯罪就是这些天使犯罪的原因了。所以，最高等级的天使的犯罪显然不是其他天使犯罪的原因。

理据3：还有，一个天使希望服从另一个天使而反对上帝，与他支配另一个天使而反对上帝相比，是更大的罪；因为其中存在有较少的犯罪动机。因此，如果在最高等级的天使引诱其他的天使使他们做自己的下属这种情况中他的犯罪是其他天使犯罪的原因，那么，地位低的天使就比那个最高等级的天使更深地犯罪了；但是，这与对《诗篇》第104篇第26节"还有你所造的龙"的一条注释"在本性上比其他都卓越的他在恶行方面也变得到更大"相矛盾。所以，最高等级的天使的犯罪不是其他天使犯罪的原因。

但是，从另一个方面看，《启示录》第12章第4节却说："它（那条龙）的尾巴拖拉着天上星辰的三分之一。"

我的回答是：最高等级的天使的犯罪是其他天使犯罪的原因，但是，他没有迫使其他的天使犯罪，而是引诱其他的天使犯罪。这方面的一个显著标志是所有的魔鬼都服从居于最高地位的那个魔鬼，正如从我们的主的话"你们这咒诅的人，离开我，进入那为魔鬼和他的使者所预备的永火里去"（《马太福音》25：41）就可明白。因为上帝的命令准确地说明，凡他听从他者的邪恶建议的，都将在他的惩罚方面隶属于他者；因为《彼得后书》第2章第19节说："人被谁制服就是谁的奴隶。"

答异议理据1：尽管所有魔鬼都在同一个瞬间犯罪，但是，其中一个魔鬼的犯罪仍然可以是其他魔鬼犯罪的原因。因为天使之选择、劝告或同意都不需要时间的延迟；而人为了选择或同意
389a 则需要深思熟悉，为了劝说需要语言，它们都是发生在时间里的

作为。显然，即便是人也能够在他开始思想的那一瞬间里开始说话，而在他在讲话的最后一瞬间里，领会了他的话的含义的另一个人能够同意他所说的；这在每个人都能一听到就直接接受的原初观念方面特别明显。所以，天使根本不需要我们说话和思虑所需要的时间，居于最高地位的天使可藉可理解的话语在一瞬间表达他的倾向，其他的天使也能够在这同一个瞬间同意这一倾向。

答异议理据 2：因为其他事物是对手，所以，骄傲者宁可服从高于己者而不愿服从低于己者。但是，如果他服从低于己者能够获得他若服从高于己者不可能获得的好处，他就会选择服从低于己者而不是服从高于己者。因此，魔鬼希望藉放弃他自己的准则而为低于他自己的天使服务，这与魔鬼的骄傲并不矛盾。因为他们想使他成为他们的君王和领导以便他们可能凭他们的本性力量获得他们的最高幸福，尤其是因为即使在这时在本性的秩序上他们也服从那个居于最高地位的天使。

答异议理据 3：正如前面（问题 62 第 6 条）所说，一个天使在他自身之中并不存在有能够迟滞他的活动的任何东西，他被推动着全力趋向他受到推动的无论什么样的东西，不论这东西是善的还是恶的。所以，既然最高等级的天使比较低级的天使具有更多的本性能力，那么，他就能够以更大的能量堕落于罪中，从而具有更大的恶行。

第 9 条　犯罪的天使是否与依然坚定的天使一样多？

现在我们着手讨论第 9 条。

异议：犯罪的天使（peccaverunt de angelis）似乎多于依然坚

定(permanserunt)的天使。

理据1:因为哲学家在《范畴篇》第2卷第6章中说过:"恶在许多人中,但是,善只在很少的人中。"[1]

理据2:再者,正义和罪都被发现以同样的方式存在于人和天
389b 使之中。但是,我们发现恶人比善人多,因为《训道篇》第1章第15节说:"亏缺的,实在不可胜数。"所以,由于同样的理由,天使的情况也是这样。

理据3:还有,天使是依据位格和等级而区分开的。因此,如果更多的天使的位格依然坚定,那么,显然犯罪的天使并不是来自所有等级的。

但是,从另一个方面看,《列王纪下》第6章第16节却说:"与我们同在的,比与他们同在的更多。"这被解释为:与我们同在的善良天使帮助我们,邪恶的天使则是我们的敌人。

我的回答是:依然坚定的天使多于犯罪的天使。因为罪与本性的倾向相反,而与本性秩序相反的东西以较小的频率发生;因为本性要么总是实现其结果,要么更经常地实现其结果,很少不实现其结果。

答异议理据1:哲学家所谈论的是人,在人中间,恶是因为追求感官快乐和放弃理性所命令的善而发生的,其中,感官快乐是多数人认识得到的,而理性所命令的善则只为很少的人所认识。然而,在天使中只存在有理智本性。所以,这一观点并不成立。

这也同样回答了理据2。

---

① 亚里士多德:《范畴篇》,Ⅱ,6,112b11。

答异议理据 3：依据那些认为最大的魔鬼属于被上帝指派管理地上事务的低层次天使的人的观点，显然不是每个层次的天使中都有一些堕落，而只有那些属于最低层次的天使堕落。依据那些认为最大的魔鬼属于最高层次的天使的人的观点，那些堕落的天使来自每个层次。依照这种观点，自由意志的自由能够得到更多的确认；从而，每个等级的受造物都有可能转向邪恶。但是，在《圣经》里，像色拉芬（Seraphim）和上座者（Thronorum）这些层次的名称都没有被给予魔鬼，因为它们出于与有死的罪不一致的爱的激情和上帝的永存。但是，“基路伯”、“掌权者”、“权天使”这样的名称却给予了魔鬼，因为这些名称来源于知识和能力，是能够为善的和恶的天使所共有的。

问题 64

390a

论魔鬼的受罚

（共 4 条）

现在我们接着考察魔鬼的受罚。

在这一题目下，有 4 个要点需要探究：

(1)他们理智的黑暗。

(2)他们意志的顽固。

(3)他们的悲哀。

(4)他们受罚的处所。

第 1 条　魔鬼的理智是否是由于其缺乏关于所有真理的知识而变得黑暗的？

现在我们着手讨论第 1 条。

异议：魔鬼的理智似乎是由于被剥夺了关于所有真理的知识而变得黑暗的。

理据 1：因为如果他们认识任何真理的话，那最重要的就是认识他们自己，就是说，认识独立实体。但是，这与他们的不幸没有任何关系。因为这样的知识属于大幸福，乃至许多作者都把关于独立实体的知识当成是人的最高幸福（问题 88 第 1 条）。所以，魔鬼被剥夺了关于真理的所有知识。

理据 2：再者，在魔鬼的本性里最明白的东西似乎对天使特别明白，不论是好的天使还是坏的天使，都是如此。在我们自己本性中最明白的东西不是对所有人都最明白的，之所以这样，原因在于我们的那从心像里抽象出知识的理智有缺点；正如猫头鹰看不到太阳的光线乃是由于眼睛的缺点使然。但是，上帝自身是最显然的，魔鬼之所以不能认识上帝，乃是因为上帝是至高无上的真理；而且还因为魔鬼的心不清净，但他们却是只有藉心才能看到上帝的。所以，魔鬼也不能认识其他的事物。

理据 3：还有，依据奥古斯丁在《〈创世记〉文字注》第 4 卷第 22 390b
章的观点，天使专有的知识有两种，即早晨的知识和傍晚的知识。但是，魔鬼却没有早晨的知识，因为他们根本看不到存在于上帝之道中的事物；而且，魔鬼也没有傍晚的知识，因为这种傍晚的知识把被认识的事物归于造物主的称赞；因为在傍晚过了之后早晨就到了，正如《创世记》第 1 章所说。所以，魔鬼没有关于事物的任何知识。

理据 4：还有，按照奥古斯丁在《〈创世记〉文字注》第 5 卷第 19 章中的观点，天使在他们的受造中就认识了上帝之国的奥秘。但是，魔鬼却被剥夺了这样的知识，因为一如《哥林多前书》第 2 章第 8 节所说，“他们若知道，就绝不把荣耀的主钉在十字架上了”。所以，由于同样的原因，他们便被剥夺了所有其他的关于真理的知识。

理据 5：还有，凡一个人认识的真理，要么是藉本性认识的，如我们认识第一原则；要么是从其他东西得到的，如我们是通过学习认识的；要么是通过长期的经验获得的，如我们藉发现认识事物。但是，魔鬼不可能藉他们自己的本性认识真理，因为一如奥古斯丁在《上帝之城》第11卷第19章和第33章中所说，善的天使与魔鬼分开正如光与黑暗分开一样；而且一如《以弗所书》第5章第13节所说，每一种显现都是由光造成的。同样，魔鬼既不能藉启示也不能藉从善的天使学习来认识，因为《哥林多后书》第6章第14节说："光明和黑暗，有甚么相通呢？"他们也不能藉长期的经验认识，因为经验来自感觉。所以，在魔鬼中不存在关于真理的任何知识。

但是，从另一个方面看，狄奥尼修斯在《论神的名称》第4章第23节中却说过："我们所说的一些赐给恶魔的赠品，完全没有改变，而依然是完整的和最光辉灿烂的。"然而，关于真理的知识就存在于这些本性的赠品之中。所以，在魔鬼中是存在有一些关于真理的知识的。

我的回答是：关于真理的知识有两种，一种出自本性，另一种出自恩典。出自恩典的知识也同样有两种，第一种是纯粹思辨的，例如，当上帝的秘密被灌输给了某个个体的时候，情况就是如此；另外一种是实际的，并且产生对上帝的爱；这种知识专门属于智慧的赠品。

391a 在这三种知识中，第一种知识在天使中既不可能被剥夺也不可能被减少。因为它出自天使的本性，依据天使的本性，天使是一种理智或心智。由于天使的实体的单纯性，没有东西能够从他的本性剥离出来，乃至不可能像一个人被砍掉手足或剥夺掉这人的其他东西来惩罚人那样，藉减少他的本性力量来惩罚他。所以，狄奥尼修斯在《论神的名称》第 4 章第 23 节中说，本性的赠品在魔鬼中依然是完整的。所以，魔鬼的本性知识没有被消灭。但是，出于恩典而且由思辨构成的那第二种知识只是被减少了而没有被完全从他们那里剥夺掉；因为，这些神圣的奥秘只是把那些必要的东西启示给了他们，而且这要么是通过天使进行的，要么如奥古斯丁在《上帝之城》第 9 卷第 21 章所说，是通过"上帝能力的某些尘世的作品"进行的；但是，魔鬼并没有像圣洁的天使那样得到同等程度的启示，上帝在他自己的道中把更多的东西、更清楚地启示给了圣洁的天使。但是，第三种知识，比如关于仁爱的知识，则被完全剥夺掉了。

答异议理据 1：幸福在于自身专注于某些较高级的东西。独立实体在本性的层次上高于我们；所以，人是能够藉认识独立实体获得一种幸福的，尽管他的完满的幸福即在于认识第一实体即上帝。但是，一个独立实体认识另一个则是完全合乎本性的；正如我们认识感性事物是合乎本性的一样。所以，正如人的幸福不在于认识感觉事物的本性一样，天使的幸福也不在于认识独立的实体。

答异议理据 2：在天使的本性中最明显的东西是被隐藏着而为我们所不知的，因为它超出了我们的理智的范围，而不仅仅是因为我们是从心像抽象出知识的。然而，上帝的实体不仅超出了人的理智的能力，而且甚至超出了天使的理智的能力。因此，甚至天使也不可能凭他自己的能力认识上帝的实体。但是，由于天使的本性的完满，他就能够凭他自己的能力比人更高程度地认识上帝。关于上帝的这样的知识当然也存在于魔鬼之中。虽然魔鬼不拥有与恩典同在的纯洁，但是，他们却拥有本性的纯洁；而 391b

且，这足以使他们获得从他们的本性而言属于他们的那些关于上帝的知识。

答异议理据3：与卓越的上帝之光相比，受造物乃是黑暗；因此，受造物在它自己的本性之中的知识被称为傍晚的知识。因为傍晚与黑暗相似，可是傍晚还拥有一些光；但是，当光完全消失时，那就是夜晚了。因此，受造物本性中的关于事物的知识，当被用来赞美上帝时，因为它存在于善的天使之中，具有上帝之光的某些东西，因此不能够被称为傍晚的知识，而只能被称为“夜晚”的知识了。所以，我们在《创世记》第1章第5节读到，上帝把光暗分开，“称暗为夜。”

答异议理据4：所有的天使起初都具有一些关于上帝之国的奥秘的知识，这种知识在基督里臻于完满；大部分天使从他们观看上帝之道那一时刻起就受到祝福，但是，魔鬼却没有看见上帝之道。然而，并非所有天使都同样完全地领会到了上帝之道；所以，当基督来到世界时，魔鬼也不那么充分地认识到道成肉身的奥秘。因为，正如奥古斯丁在《上帝之城》第9卷第21章中所说：“这样的奥秘并没有像显示给享受分有上帝之道的永恒的圣洁天使那样显示给魔鬼；但是，就魔鬼通过恐怖袭击圣洁天使而言，这些奥秘还是被魔鬼藉一些尘世的后果而知晓了。”因为如果魔鬼完全而且确定地认识到基督是上帝之子以及基督受难的结果，他们就绝对不会把光荣的主钉上十字架了。

答异议理据5：魔鬼以三种方式认识真理。第一，通过他们本性的智慧。尽管他们因为缺乏恩典之光而变得黑暗，但是，他们却为他们的理智本性的光所照亮。第二，通过来自圣洁天使的启示。因为虽然魔鬼与圣洁天使在遵从意志上不合，但是，由于他们理智本性相同，就他们能够接受为对方所彰显的东西而言，他们还是一致的。第三，他们通过长期的经验认识真理，但却不是通过出自感觉的长期经验；当他们的内在的可理解的种相所具有的相像在个体事物中成全时，他们就马上认识了一些事物，他们以前不认识的东西就消失不见了，一如我们在前面（问题 57 第 3 条答异议理据 3）讨论天使的知识时所说的那样。

第 2 条　魔鬼的意志是否顽固地居于邪恶中？ 392a

现在我们着手讨论第 2 条。

异议：魔鬼的意志似乎并不是顽固地（obstinata）居于邪恶之中。

理据 1：因为意志自由属于理智存在的本性，这种本性，如我们前面（第 1 条）所说，也依然存在于魔鬼中。但是，意志的自由直接地并且首先地是用于行善而非用于作恶。所以，魔鬼的意志并非顽固地存在于邪恶之中乃至他不能够回到善的东西。

理据 2：再者，上帝的仁慈是无限的，它比魔鬼的恶要大，因为后者是有限的。但是，除非通过上帝的仁慈，没有一个存在者能够从属于罪的邪恶回到属于正义的善。所以，魔鬼同样能够从恶的状态回到正义的状态。

理据 3：还有，如果魔鬼具有一个顽固地居于邪恶中的意志，那么，他们的意志将特别顽固地居于他们因之而堕落的那桩罪中。但是，那桩罪即骄傲不再存在于他们中，因为犯那桩罪的动机——即卓越——不再存在。所以，魔鬼不会顽固地居于邪恶之中。

理据4：还有，格列高利在《道德论》第4卷第3章中说过：“一个人能够被他人复原，因为他是通过他人而堕落的。”但是，正如前面（问题63第8条）已经说过的，地位较低的天使是通过居于最高地位的天使而堕落的。因此，他们的堕落能够被另一个天使复原。所以，魔鬼不会顽固地居于邪恶中。

理据5：还有，凡顽固地居于邪恶中者，绝对不会做任何善工。但是，魔鬼也做一些善工，因为按照《马可福音》第1章第24节的说法，他也承认真理，他对基督说：“我知道你是谁，乃是上帝的圣者。”《雅各书》第2章第19节说：“鬼魔也信，却是战兢。”而且，狄奥尼修斯在《论神的名称》第4章第23节中也说过：“魔鬼意欲善的和最好的东西，即活着和认识。”所以，魔鬼并不是顽固地居于邪恶中。

392b 但是，从另一个方面看，《诗篇》第74篇第23节却说：“那起来敌你之人的喧哗时常上升。”这被认为是在谈论魔鬼。所以，魔鬼永远顽固地居于邪恶中。

我的回答是：这是奥利金的观点。因为他在《第一原则》第1章第6节中认为：由于自由意志的缘故，每一个受造物的意志都可能倾向于善和恶；基督的灵魂由于与上帝之道结合在一起是种例外。这样一种观点剥夺了天使和人的真正幸福，因为永恒的稳定性是真正幸福的本性（因此，它被称为“永生”）。它与圣经的权威也相矛盾，因为圣经宣布魔鬼和邪恶的人都将被送到永恒的惩罚中，而善良的天使和人将得到永生。因此，这样一种观点必须被认为是错误的；而且，根据大公教会的信仰，必须坚决地主张：

善良的天使会坚守在善中，魔鬼的意志会顽固地居于邪恶中。

我们一定不要在罪的严重性里而是要在魔鬼的本性或状态中来寻找这种顽固性的原因。因为大马士革的约翰在《论正统信仰》第 2 卷第 4 章中说过："死属于人而堕落属于天使。"显然，人的一切有死的罪，不论严重还是不大严重，在死之前都是可原谅的；但是，在死后，它们就是不可免除的，而且会永远存在。

因此，为了找到魔鬼顽固地居于邪恶中的原因，我们必须牢记：在所有事物中欲望能力都是与认识能力成正比的，它是为认识能力所推动的，就像被推动的事物为它的推动者所推动一样。因为感性欲望追求特殊的善，意志追求普遍的善，这在前面（问题 59 第 1 条）就已经讲过；而且，这也与感觉认识特殊的对象，理智认识普遍的对象一样。在这方面，天使的认识不同于人的认识：天使藉他的理智固定不变地认识，正如我们固定不变地认识作为理智习性对象的第一原则。但是，人是藉他的理性动态地进行认识，从一个思虑进展到另一个思虑；而且其思路是开放的，他可以前进到两个相反的结论中的任何一个。因此，人的意志是动态地持守一个事物，具有追求一个事物而又依恋与之相反的事物的能 393a
力；但是，天使的意志却固定不变地持守一个事物。所以，如果魔鬼的意志在其持守之前受到考察，它就能够自由地或是坚持这个事物，或是坚持与之相反的东西（也就是说，对这样一些事物，他并不是在天生意欲它们）。但是，一旦他的意志决定之后，他就确定不移地持守了。所以，人们习惯地说人的自由意志在选择前后都能转变到相反的方面；但是，天使的自由意志却只能够在选择之前在两个相反的东西间变动，到选择之后就不再能够变动了。

所以,总是坚守正义的善的天使坚守在那里,而犯罪的邪恶天使则顽固地居于邪恶之中。后面(附录,问题48第1条和第3条)我们还要考察受到诅咒的人的顽固性。

答异议理据1:善良的天使和邪恶的天使都有自由意志,但是,如上所述,这是就他们的本性的样式和条件而言的。

答异议理据2:上帝的仁慈赦免了那些忏悔者的罪。但是,那些没有能力忏悔因而确定地坚持罪的人,是不会被上帝的仁慈赦免其罪的。

答异议理据3:魔鬼的第一个罪按照他的意愿依然存在于他之中;尽管这还不至于使他相信他能够获得他所意欲的东西。虽然如此,如果一个人相信他会犯谋杀之罪而且他也意欲犯谋杀之罪,此后他犯谋杀之罪的能力被剥夺了,但是,谋杀的意欲却依然存在于他之中,所以,他还是希望他能够做,或者说如果他能够的话,他依然会去做。

答异议理据4:一个人听从另一个人的建议而犯罪这样一个事实并不是一个人所犯的罪可被宽恕的全部原因。所以,这个观点不成立。

答异议理据5:魔鬼的活动有两种。一种出于深思熟虑的意志,这被正确地称作他自己的活动。出于魔鬼自己一方的这样的活动总是邪恶的,因为虽然魔鬼有时做善事,但是他却做不好;例如,当他为了骗人而讲出了真理的时候,以及当他相信和认罪但却不是自愿地而是被事实的证据所强迫的时候,情况就是如此。另一种活动对于魔鬼来说是本性的;这种活动能够是善的,而且也证明了本性的善。但是,他甚至为了邪恶的目的而滥用这样的善的活动。

第 3 条　在魔鬼中是否存在有悲伤? 393b

现在我们着手讨论第 3 条。

异议:在魔鬼中似乎没有什么悲伤(dolor)。

理据 1:因为悲伤和欢乐是相反的,它们不可能同时出现在同一个主体身上。但是,在魔鬼身上存在有欢乐,因为奥古斯丁在《论创世,兼驳摩尼教徒》第 2 卷第 27 章中在驳摩尼教徒时,写道:“魔鬼拥有超过那些无视上帝命令的存在者的能力,而且他为自己拥有这些邪恶的能力而高兴。”所以,在魔鬼中没有什么悲伤。

理据 2:再者,悲伤是恐惧的原因;那些还未出现的事物导致恐惧,那些现在的事情导致悲伤。但是,根据《约伯传》第 41 章第 24 节“他生性一无所惧”,在魔鬼中不存在恐惧。所以,在魔鬼中也不存在悲伤。

理据 3:还有,为恶事而悲伤是一件好事。但是,魔鬼不会做任何好事。所以,魔鬼不可能悲伤,至少不会为犯罪这种恶事悲伤;因为那意味着良心的折磨。

但是,从另一个方面看,魔鬼的罪比人的罪大。但是,根据《启示录》第 18 章第 7 节“他怎样荣耀自己,怎样奢华,也当叫他照样痛苦悲哀”,人因为包含在罪中的快乐而用悲伤惩罚。所以,魔鬼更加会用悲伤予以惩罚,因为他特别地荣耀他自己。

我的回答是:恐惧、悲伤、欢乐以及类似的东西,就它们是情感而言,不可能存在于魔鬼之中;因为它们专属于作为肉体器官的一种能力的感性欲望。但是，就它们指意志的简单活动而言，它们却可能存在于魔鬼之中。必须说在魔鬼中存在有悲伤。因为悲伤，就其意指意志的一种简单活动而言，只不过是意志对所存在的东西或者说对不存在的东西的抵抗。然而，魔鬼希望许多东西不是其所是，希望其他的东西是其所不是；因为出于嫉妒，他
394a 们希望其他的东西、得救者被诅咒。所以，悲伤必须被说成是存在于魔鬼之中，特别是因为它与意志相矛盾而属于惩罚这一概念本身。再者，魔鬼被剥夺了幸福，而幸福是他们天生意欲的；而且，他们的邪恶的意志在许多方面都得到了抑制。

答异议理据 1：关于同一件事物的快乐和悲伤是相反的，但是，关于不同事物的快乐和悲伤却不是相反的。因此，没有什么东西能够阻止一个人为一件事感到悲伤而为另一件事感到高兴，特别是在悲伤和快乐均指称意志的简单活动时；因为不仅对不同的事物，甚至在同一件事物中，也存在有某些我们愿意要的东西，还存在另一些我们不愿意要的东西。

答异议理据 2：正如在魔鬼中存在有对现在的邪恶的悲伤那样，在魔鬼中也同样存在有对未来的邪恶的害怕。当《圣经》说"他生性一无所惧"时，那应当被认为是在谈论他对约束他犯罪的上帝的害怕。因为《圣经》在其他地方(《雅各书》2：19)还写道："鬼魔也信，却是战兢。"

答异议理据 3：因为犯罪而为罪所具有的邪恶而悲伤，见证着意志所具有的善，而罪所具有的邪恶正是其反面。为惩罚的恶而悲伤，或由于惩罚而为罪所具有的邪恶而悲伤，见证着本性的善，而惩罚的恶则是与之相反的。因此，奥古斯丁在《上帝之城》第 19

卷第 13 节说:"为由于惩罚而丧失的善而悲伤,证明他尚有一个善的本性。"所以,由于魔鬼具有一个邪恶的、顽固的意志,他不会为罪所具有的邪恶而悲伤。

第 4 条 我们的天空是否是魔鬼受罚的场所?

现在我们着手讨论第 4 条。

异议:这天空(aer)似乎并不是魔鬼受罚的场所(locus)。

理据 1:因为魔鬼是一个精神的本性。但是,一个精神本性是不受场所影响的。所以,对于魔鬼来说,不存在任何受罚的场所。

理据 2:再者,人的罪不比魔鬼的罪严重。但是,人的受罚的场所是地狱。因此,魔鬼受罚的场所更加应当是地狱,而不是阴 394b
暗的天空。

理据 3:还有,魔鬼是藉火烧之苦来受罚的。但是,在阴暗的天空里不存在有火。所以,阴暗的天空不是魔鬼受罚的场所。

但是,从另一个方面看,奥古斯丁在《〈创世记〉文字注》第 3 卷第 10 章中却说:"阴暗的天空作为魔鬼的监狱,直到审判之日。"

我的回答是:就天使自己的本性而言他们居于上帝和人之间。神圣天道的秩序是这样安排的,它使属于较低层次者的福利通过属于较高层次者实现出来。在本性上天使处在人和上帝之间。但是,人的福利被神圣天道以两种方式安排。首先,当一个人被带到善而远离恶时直接地给予;这宜于通过善的天使来做。在另一种方式中,在一个受到攻击的人藉反对对手的战斗而受到锻炼的情况下,则是间接地给予的。人这样获得其福利,宜于通过邪恶的天使而给予，以免这些魔鬼不再在本性的层次上为上帝服务。因此，两个受罚的场所安排给了魔鬼，其中一个场所是因为他们犯罪而安排给他们的，这就是地狱；另外一个场所是为了让他们引诱人而安排给他们的，所以，阴暗的天空是魔鬼受罚的合适的场所。

人的得救的实现甚至被延迟到审判之日；所以，天使对人的服务和人与魔鬼的纠缠会持续到那个时候。因此，善良的天使会被派遣到我们这里，直到那个时候；而且，为了试探我们，魔鬼也就居住在这阴暗的天空中：为了折磨那些走入歧途的人，其中一些魔鬼现在已经在地狱里，正如其中一些善良的天使现在正与那些圣洁的灵魂一起住在天堂里一样。但是，在审判之日过后，所有邪恶的，包括人和天使，都将在地狱中；善良者都将在天堂里。

答异议理据1：对于天使或灵魂来说，一个场所之成为天使或灵魂受罚的地方，并不是仿佛藉改变它来影响本性，而只是藉使意志悲哀来影响意志；因为天使或灵魂知道处于一个场所是不适合于他们的意志的。

答异议理据2：在本性的秩序中一个灵魂不受另一个灵魂管
395a 理，不像在本性的层次上魔鬼管理人那样。所以，这里不存在任何可比性。

答异议理据3：有些人认为，对于魔鬼和灵魂来说，感觉的痛苦被延迟到审判之日，圣人的至福同样被延迟到审判之日。但是，这是错误的，而且，它与使徒在《哥林多后书》第5章第1节的教导“我们这地上的帐棚若拆毁了，必得上帝所造在天上永存的房屋”相矛盾。再者，另外一些人尽管不承认灵魂的一样，但却承认魔鬼的一样。但是，最好还是说：同样的审判用来判断邪恶的灵魂和邪恶的天使，正如同样的审判用来判断善的灵魂和善的天使。

所以，必须说：尽管天上的场所属于天使的光荣，但是，他们的光荣并没有因为他们来到我们面前而减少，因为他们认为这场所是他们自己的；正如我们说主教的荣誉并不会因为他没有实际地坐在他的宝座上而被减少一样。同样，我们也必须说：尽管魔鬼在他们处在阴暗的天空时没有实际地被捆绑在地狱之火中，但是，他们的惩罚也没有因为他们知道这样的禁闭是他们应得的而有丝毫的减少。所以，《雅各书》第 3 章第 6 节的一个注释中说，不论魔鬼走到哪里，他们都带着地狱之火。而且，这与《路加福音》第 8 章第 31 节"鬼就央求耶稣，不要吩咐他们到无底坑里去"也不矛盾；因为他们之所以这样请求，乃是因为他们相信他们被逐出那个他们在其中能够伤害人的场所对他们来说也是一种惩罚。所以，《马可福音》第 5 章第 10 节说："他再三的求耶稣，不要叫他们离开那地方。"

第 5 卷

论六天工作

问题 65

论有形受造物的创造工作

（共 4 条）

现在，我们从对精神受造物的考察进展到对有形受造物的考察。在有形受造物的产生中，一如《圣经》所说，可以发现三项工 395b
作，这就是：创造工作，这是以“起初上帝创造天地”（《创世记》1:1）这句话表达出来的；区分工作，是以下述两句话表达出来的：“他把光暗分开”，“将空气以下的水、空气以上的水分开”（《创世记》1:4、7）；以及装饰工作，对此是这样表达的：“天上要有光体”（《创世记》1:14）。

因此，首先，我们必须考察创造工作；其次是区分工作（问题66）；第三，是装饰工作（问题70）。

在第一个项目下，有 4 个要点需要探究：

(1)有形受造物是否来自上帝？

(2)它们是否是由于上帝的善而造出来的？

(3)它们是否是上帝以天使为中介造出来的？

(4)物体的形式究竟是来自天使还是直接来自上帝？

第1条　有形受造物是否来自上帝?

现在我们着手讨论第1条。

异议:有形受造物(creatura corporalis)似乎并不是来自上帝的。

理据1:因为《传道书》第3章第14节中说:“我知道上帝一切所作的,都必永存。”但是,有形可见的物体并不能够永远存在下去,因为《哥林多后书》第4章第18节中说道:“所见的是暂时的,所不见的是永远的。”由此可见,上帝并不造有形可见的物体。

理据2:再者,《创世记》第1章第31节中说道:“上帝看着一切所造的都甚好。”但是,有形的受造物却是恶的,因为我们发现它们在许多方面都是有害的,这一点可以从蛇的身上、从太阳的炎热以及其他一些事物看出来。而一件事物正是就它是有害的而言方被称作恶的。所以,有形的受造物并不是来自上帝的。

理据3:还有,凡来自上帝的都不会使我们离开上帝,而只会
396a 把我们引向上帝。但是,有形的受造物却使我们离开上帝。因此,使徒在《哥林多后书》第4章第18节中说道:“我们不是顾念所见的。”所以,有形的受造物并不是来自上帝的。

但是,从另一个方面看,《诗篇》第146篇第6节中说道:“耶和华造天、地、海,和其中的万物。”

我的回答是:一些异教徒主张可见的事物并不是由善的上帝造出来的,而是由恶的原则造出来的,并且宣称:使徒在《哥林多后书》第4章第4节所说“此等不信之人,被这世界的神弄瞎了心眼”,恰恰印证了他们的错误。但是,这种主张是完全站不住脚

的。如果不同的事物在某一点上是一致的话，那这种一致也就必定有其原因，因为本性不同的事物是不可能自行结合在一起的。因此，在不同的事物中只要找到了一件对所有这些事物是共同的事物，那就必定是这些不同的事物由于某个相同的原因而获得这一事物的，例如，不同的热的物体都是从火那里获得它们的热的。但是，存在被认为对于所有的事物都是共同的，不管这些事物在其他方面是如何的不同。所以，必定有一种存在的原则，所有的事物，不论它们以什么样的方式存在，都是由此而具有它们的存在的，无论是不可见的和精神的事物还是可见的和有形的事物，都是如此。但是，恶魔之被称作"今世的神"(deus huius saeculi)，并非是因为他创造了它，而是因为俗人都侍奉他的缘故。使徒在《腓立比书》第 3 章第 19 节中当谈到恶魔时，也在同样的意义上说道："他们的神就是他们的肚腹(Quorum Deus venter est)。"

答异议理据 1：上帝的所有的受造物都是可以在某些方面永远持续存在下去的，至少就质料方面而言是如此，因为凡是受造的都是永远不会消失的，即使是可朽坏的事物也是如此。而且，一个受造物离永恒不变的上帝越近，它也就越是永恒不变的。因为可朽坏的受造物之永远持续下去是就它们的质料而言的，虽然就其实体形式而言也是变化着的。但是，不可朽坏的受造物之持续存在却是就其实体方面而言的，尽管它们在其他方面也是可以变化的，例如在位置方面，如天体，或在属性方面，如精神受造物。然而，使徒的话"所见的是暂时的"，虽然就这些事物本身加以考察的话也是真的，因为每一件可见的受造物无论是从存在方面看还是从运动方面看都隶属于时间的。但是，使徒这样来说可见事

396b 物却是就把可见事物用作人的奖赏而言的。因为这些赏品，既然由可见事物构成，那也就是暂时的；而那些不可见的事物则是可以永远存在下去的。因此，他在《哥林多后书》第4章第17节中说道："这为我们成就极重无比永远的荣耀。"

答异议理据2：有形的受造物，就其本性而言都是善的，尽管这种善并非普遍的，而是特殊的和有限的。善的这样一种特殊性和有限性便造成相反性质的某种对立，尽管每一个性质就其本身而言也是善的。然而，对于那些不是就事物的本性，而是就他们本身能够从它们获得的善来评价事物的人们来说，每一件对他们本身是有害的事物似乎就绝对地是恶的了。因为他们并没有注意到：凡是在某个方面对一个人是有害的事物对另一个人就可能是有利的了。而且，即使对他们自身，同一件事物虽然在某个方面是恶的，但是在其他方面则有可能是善的。要是物体本身即是恶的和有害的话，事情就不可能如此了。

答异议理据3：受造物并不能够自行地使我们离开上帝，而只能把我们引向上帝。因为一如《罗马书》第1章第20节中所说："上帝的神性，虽然眼不能见，但藉着所造之物，就可以晓得。"因此，如果它们使人们离开上帝的话，则也是那些愚蠢地使用它们的人们的错误使然。所以，《智慧篇》第14章第11节说："受造物成了愚人脚前的陷阱。"而且，它们因此而能够使我们离开上帝这个事实就证明了它们是来自上帝的。因为除非藉存在于它们之内的某种善(boni in eis existens)，它们是不可能引导愚人离开上帝的，然而存在于受造之物之中的这种善却是来自上帝的。

第 2 条　有形的事物是否是由于上帝的善而造出来的?

现在我们着手讨论第 2 条。

异议:有形的事物似乎并不是由于上帝的善(Dei bonitatem)而造出来的。

理据 1:因为《智慧篇》第 1 章第 14 节中说道:上帝"造了万物,它们方可存在"。由此可见,万物之被造出来,乃是为了它们自己的存在的缘故,而不是由于上帝的善。

理据 2:再者,善具有目的本性。所以,事物中,具有较大的善的事物乃具有较小的善的事物的目的。但是,精神的受造物之相关于有形的受造物,一如具有较大的善的事物之相关于具有较小的善的事物。由此可见,有形的受造物是为了精神的受造物而造 397a
出来的,而不是由于上帝的善而造出来的。

理据 3:还有,正义即在于除非事物本身不相等,否则就不会给予其不相等的东西。但是,上帝是正义的。所以,未被上帝造出来的不相等性必定是先于他所创造出来的全部不相等性。不过,上帝没有创造出来的不相等性只能够来自自由意志(libero arbitrio),从而,整个不相等性也就是由自由意志的不同运动造成的。有形的受造物因此也就不等同于精神的受造物。所以,前者是由于自由意志的运动造成的,而不是由于上帝的善造成的。

但是,从另一个方面看,《箴言》第 16 章第 4 节中却说道:"上帝所造的,各适其用。"

我的回答是:奥利金曾经在《第一原则》第 3 卷第 5 章中写道:有形的受造物并不是按照上帝的原初目的造出来的,而是为了惩罚精神受造物的犯罪造出来的。因为他主张:上帝虽然最初只造了精神的受造物，而且一切都具有同样的本性。但是，由于它们具有自由意志，这些事物中有些就转向了上帝，并且按照它们转变的程度，而获得一种或高或低的等级，保持着它们的单纯性，而另外一些则背离了上帝，并且按照它们背离的程度而变成不同种类的物体。[①]

但是，这种意见是错误的。首先，这是因为它是同《圣经》相抵触的。《创世记》第1章在说过每一种有形受造物的产生之后，又补充说："上帝看着一切所造的都甚好"，这仿佛在说：每一件事物都是由于它之存在是好的这个理由才得以存在的。但是，按照奥利金的意见，有形的受造物之被造出来，并不是因为它之存在是善的，而是因为另一件事物的恶应当受到惩罚的缘故。其次，这是因为如是便可以得出结论说：现存的有形世界的这种安排纯粹出于偶然。因为如果太阳形体之被造成现在这个样子，乃是为了使它适合于惩罚一个精神受造物的某种罪过，那就可以得出结论说：如果别的精神受造物也同这个精神受造物一样犯有罪过，也同样用造出来一个太阳加以惩罚的方式来惩罚他，那世界上也就会存在有许多太阳了。而且，其他的事物也同样会如此。但是，这样一种结果是全然不能承认的。因此，在把这种理论作为错误的加以驳斥的过程中，我们必须看到：整个宇宙，作为一个由其各个部分构成的整体，是由所有的受造物组成的。

因此，如果我们打算把一个目的指定给任何一个整体及其各个部分，我们首先就应当看到这些部分中的每一个都是为着它的

---

① 奥利金：《第一原则》，Ⅰ，6；Ⅰ，8；Ⅱ，9；Ⅲ，5。

特有的活动而存在的，例如，眼睛就是为着视觉活动而存在的。 397b
其次，不够尊贵的部分是为着较为尊贵的部分而存在的，例如，感觉是为着理智而存在的，肺是为着心而存在的。第三，所有的部分都是为着这个整体的完满性而存在的，就像质料是为着形式而存在的那样。因为一个整体的各个部分似乎可以说就是这个整体的质料。再者，整个的人就是为了一个外在的目的而存在的，而这个目的便是享用上帝的果实（fruatur Deo）。所以，在宇宙的各个部分中，每一个受造物也都是为着它自己所固有的活动和完满性而存在的，而且，较不尊贵的事物也都是为着比较尊贵的事物而存在的，一如那些没有人高贵的受造物就是为了人的缘故而存在的，而个体的受造物就是为了整个宇宙的完满性而存在的一样。还有，整个宇宙，连同其每个部分，都是安排达到作为其目的上帝的，这是就它可以说是类似并且彰显上帝的善，从而荣耀上帝而言的。然而，理性受造物，则以一种特殊的和更高的方式以上帝为他们的目的，因为他们能够通过他们自己的运作，通过认识和爱上帝，达到上帝。因此，上帝的善显然就是所有有形事物的目的。

答异议理据 1：任何受造物都具有存在，这样一个事实所象征的是上帝的存在和上帝的善。而且，上帝创造万物这个事实也表明：万物之可能具有存在并不排除上帝是为了他自己的善而创造它们的。

答异议理据 2：最近的目的并不排除终极的目的。所以，有形的受造物在一定程度上是为了精神受造物造出来的，但这也并不妨碍它们是由于上帝的善而造出来的。

答异议理据3:正义所体现的平等在惩罚中是有一定的重要性的,因为同等的奖惩乃是由于同等的功过。但是,这并不适用于那些最初创造的事物。因为正如一个建筑师不无公正地把同一种类的石块放到一个建筑物中的不同部分,并不是由于石块方面有什么先在的区别,而是为了确保整个建筑物的完满性,这种完满性除非通过把这些石块置放到不同的位置是不可能获得的;虽然如此,上帝从一开始,为了确保宇宙的完满性,还是在宇宙中
398a 按照他的智慧安置了种种本性不相等的受造物,既然上帝的这项工作并不以功过的大小为前提,那其中便没有任何不公正可言。

第3条　有形的受造物是否是上帝以天使为中介创造出来的?

现在我们着手讨论第3条。

异议:有形的受造物似乎是上帝以天使为中介(mediantibus angelis)造出来的。

理据1:因为正如万物都是由上帝的智慧所管理的一样,按照《诗篇》第104篇第24节中"上帝啊,万物都是你用智慧造成"的说法,万物也同样是藉智慧造出来的。但是,"安排是属于智慧的事情",《形而上学》曾开门见山地说到过这一点。① 因此,在事物的管理中,一如奥古斯丁在《论三位一体》第3卷第4章中所说,"低级的事物按照一定的适当的秩序接受高级事物的统治。"所以,在事物的产生中,有形的事物注定由精神的事物产生出来,正如低级的事物由高级的事物产生出来一样。

---

① 亚里士多德:《形而上学》,Ⅰ,2,982a18。

理据 2：再者，结果的多样性显示出原因的多样性，因为同类始终产生同类。因此，如果所有的受造物，不仅精神的受造物，而且有形的受造物，都是直接由上帝产生出来的，那受造物中就不会有什么多样性了，因为一件事物不可能比另一件事物离开上帝更远一些。但是，这显然是错误的。因为哲学家说过：一些事物，由于它们离上帝比较远，便是可朽坏的。[①]

理据 3：还有，无限的能力并非产生有限的结果所需要的。但是，每一件有形的事物都是有限的。所以，它能够并且确实是精神受造物的有限能力产生出来的。因为，在这样的存在物中，在“实际所是”(esse)与“可能所是”(posse)之间是没有什么分别的，尤其是没有什么适合于一个本性的尊严会否认这一本性的，除非它由于犯错而遭到了惩罚。

但是，从另一个方面看，《创世记》第 1 章第 1 节中却说道：
“起初上帝创造天地”，而天地是可以理解为有形的受造物的。由 398b
此可见，这些都是上帝直接产生出来的。

我的回答是：有人曾经主张，各种受造物是依照等级按照下述方式出自上帝的，这就是：最初的受造物是直接出自上帝的，这样的受造物又进而产生出别的受造物，如此进行下去，直到有形受造物产生出来。[②] 但是，这种观点是站不住脚的。有形受造物的最初产生是通过创造的，而质料本身是藉创造产生出来的。因为在生成活动中，不完满的是先于完满的造出来的，而除非经由

① 亚里士多德：《论产生和消灭》，Ⅱ，10，336b30。

② 参阅阿维斯布朗：《生命的源泉》，Ⅱ，34；Ⅲ，2；Ⅲ，6。

上帝，任何事物都是不可能创造出来的。

为了证明这一点，我们必须牢牢记住：原因越是高级，它所产生的结果所及的对象也就越多。这样，事物的基本原则就始终比赋予其以形式并对它作出限制的东西具有更大的普遍性。如是，存在就比生存更普遍些，生存就比理解更普遍些，质料就比形式更普遍些。因此，一件事物越是更其广泛地构成另一件事物的基础，这件事物也就越是直接地出自较高的原因。这样，那种原初地构成万物基础的事物也就特别地属于至上原因的结果了。所以，没有什么次级原因能够产生任何事物，除非在所产生的事物中预设了某种由更高级原因所产生的事物。但是，创造乃一件事物在其整个实体方面的产生，是不可能预设任何事物的，无论是非创造的还是受造的都是如此。因此，事情就只能是这样：除上帝外，任何事物都不可能进行创造活动。所以，为了表明所有的物体都是直接由上帝造出来的，摩西说道："起初上帝创造天地。"

答异议理据1：在事物的产生过程中，虽然存在有秩序，但却不是那种一个受造物为另一个受造物创造出来的秩序，因为这是不可能的，而毋宁是一种藉上帝的智慧在受造物中形成的不同的等级。

答异议理据2：上帝他自身，虽说只有一个，但是却在无损于他的本性的单纯性的情况下对许多不同的事物具有知识，这一点
399a 已如上述(问题15第2条)。同样，由于上帝的智慧，他便成了各种各样事物的原因，这些事物是按照如他所认识的事物的多样性产生出来的，恰如一个技师，由于认识不同的形式，而能产生出不同的工艺品。

答异议理据 3：一个活动主体能力的总量不仅可以由所造的事物得到测度，而且还可以由制造它的方式加以测度。因为同一件事物是可以由比较高级的能力以一种方式造成，也可以由低级能力以另一种方式造成。但是，有限事物的产生，在没有什么事物预设存在的地方，正是无限能力的工作，而这项工作本身是任何受造物都不可能胜任的。

第 4 条　物体的形式是否来自天使？

现在我们着手讨论第 4 条。

异议：物体的形式(formae corporum)似乎来自天使。

理据 1：因为波爱修斯在《论三位一体》第 2 章中说过："那种处于质料之中的形式是来自那种没有质料的形式的。"但是，没有质料的形式乃精神实体(substantiae spirituales)，而处于质料之中的形式则是物体的形式。所以，物体的形式是来自精神实体的。

理据 2：再者，所有藉分有而存在的事物都是可以还原为那种藉本质而存在的事物的。但是，精神实体是藉它们的本质而存在的形式，而有形受造物则是由于分有而具有形式的。所以，有形事物的形式是来源于精神实体的。

理据 3：还有，精神实体比天体具有更大的产生事物的能力。但是，天体却把形式赋予了尘世上的事物，由于这个理由，它们也就被说成是引起了产生和朽坏的原因。所以，物质形式就更其来源于精神实体了。

但是，从另一个方面看，奥古斯丁在《论三位一体》第 3 卷第 8 399b

章中说过:“我们绝对不能假定有形物质是奉天使的旨意而行事的,而毋宁说它是奉上帝的旨意而行事的。”但是,有形物质也可以说是这样奉行上帝的旨意行事的,因为它是从他那里获得其形式的。因此,形体的形式并非来自天使,而是来自上帝的。

我的回答是:所有形体的形式(formae corporales)都来源于我们称之为天使的精神实体,这只是一些人的意见。而这种意见又有两种言说方式。

因为柏拉图认为,有形物质的形式是通过一种分有的方式,来源于那些非物质的独立存在的形式的,并且是由后者形成的。[①]因此,他坚持认为存在有一种非物质的人、非物质的马等等,我们所看到的单个的感性事物就是通过一种模仿(assimilationis),抑或如他自己所说,通过一种分有(participationem),由它们形成的,这是就在有形物质中有领受来自这些独立形式的印记而言的。[②] 而且,按照柏拉图派的观点,形式的秩序是对应于那些独立实体的秩序的。[③] 例如,存在有一种单个的独立的实体,它既是一匹马又是所有的马的原因,而高于马这一单个独立实体的是独立的生命,或如他们所称呼的,是生命本身,构成所有生命的原因,而又高于这生命本身的则是他们称之为存在本身的东西,存在本身乃万物的原因。

---

① 亚里士多德:《形而上学》,Ⅰ,9,991b3;Ⅰ,6,987b9;柏拉图:《斐多篇》,100B—D。

② 亚里士多德:《形而上学》,Ⅲ,2,997b8。

③ 亚里士多德:《论原因》,第1节;普罗克鲁斯:《神学要义》,命题101;狄奥尼修斯:《论神的名称》,Ⅴ,1。

然而,阿维森纳以及另外一些人却主张:有形事物的形式本身并不独立存在于质料之中,而是仅仅存在于理智之中。[①] 因此,他们说:从存在于精神受造物(他们称之为灵智,而我们则称之为天使)的理智之中的形式产生出所有有形质料的形式,正如一个工匠的手工制品的形式来自存在于这个工匠心灵之中的形式一样。[②] 这种理论似乎同现代一些异教徒的理论没有什么两样。因为这些异教徒也说:虽然实际上是上帝创造了所有的事物,但却是恶魔形成了有形的质料,并将其区分为各种种相的。

但是,所有这些意见似乎都有一个共同的根源。它们实际上 400a
全都寻求一种形式因,仿佛形式能够自行存在似的。可是,正相反,一如亚里士多德在《形而上学》第 7 卷中所证明的,严格说来,凡是造出来的都是组合的。[③] 可朽坏的事物的形式就是这样一种情况:它们本身是没有产生或朽坏的,但是却由于"组合物"的产生和朽坏,它们在一个时间里存在,而在另一个时间里便不存在。因为即使形式不具有存在,但组合物却还是可以通过形式而具有存在的;因为就一件事物的存在样式而言,所谓形式也就是该事物借以存在的样式。因此,既然同类是由同类产生出来的,我们就绝对不可能在任何非物质的形式中寻找有形形式的原因,而必须在某种组合的事物中寻找,就像这火是由那火产生出来的一样。所以,有形形式并不是由某一非物质的形式流溢出来的,而是通过某个复合的活动主体由潜能到现实的质料产生出来的,但

① 阿维森纳:《形而上学》,Ⅲ,2;阿维斯布朗:《生命的源泉》,Ⅲ,23。

② 阿维森纳:《形而上学》,Ⅸ,3;《论灵魂》,Ⅳ,4。

③ 亚里士多德:《形而上学》,Ⅶ,8,1033b17;9,1034b10。

是,既然这个作为物体的组合的活动主体,如奥古斯丁在《论三位一体》第3卷第4章中所说,是由受造的精神实体所推动的,那就可以进一步得出结论说:甚至物体的形式之来源于精神实体,也不是就它们的流溢活动而言的,而只就它们运动的形态(formas)而言的。还有,天使理智的种相,虽然似乎可以说是有形形式的种子理型(seminales rationes),但也必定要诉诸上帝以为第一因。

但是,在有形受造物的最初产生中,从潜能到现实的演进是不可能发生的,从而,物体在其最初产生时所具有的有形形式,是直接来自上帝的,质料唯独服从的便是作为它的固有原因的上帝的命令。为了显示这一问题的重要性,摩西在描述上帝的创造工作时,在上帝每做一件工作之前都要先说:"上帝说,要有这件事物或那件事物"等等,以表明万物都是由于上帝的"道"(话)形成的,按照奥古斯丁在《〈约翰福音〉注》第1讲第1章第3节中的说法,"所有的形式以及各个部分的适宜和和谐"都是来自上帝之道的。

答异议理据1:波爱修把非物质的形式理解为存在于上帝心灵中的事物的原型。因此,使徒在《希伯来书》第11章第3节中说:"我们因着信,就知道诸世界是藉上帝的话造成的。这样,所看见的并不是从显然之物造出来的。"但是,如果他是借非物质的
400b 形式理解天使的,那我们就可以说,物质的形式之来自它们,并非藉流溢(influxum)的方式,而是藉运动的方式。

答异议理据2:接纳进物质之中的形式,并不能像柏拉图派所主张的那样,归诸属于同一个类型(rationis)的自身独立存在的形式,而是或者归诸天使理智中的可理解的形式,如是,它们就是由

此出发而向前运动的，或者更高一点，归诸上帝理智中的理型（rationes），形式的种子（formarum semina）就是据此而被置放进受造的事物之中，以便它们能够经由运动而成为现实。

答异议理据 3：天体是藉运动，而不是藉流溢，把形式赋予尘世上的物体的。

问题 66
论创造到区分的秩序
（共 4 条）

我们接着必须考察区分工作。首先，是创造到区分的秩序；其次，是区分本身。

在第一个项目下，有 4 个要点需要探究：

（1）受造的无形式的质料在时间上是否先于它的区分本身？

（2）所有有形事物的质料是否都是一样的？

（3）最高天是否同无形式的质料是同时造出来的？

（4）时间与它是否是同时造出来的？

第 1 条　受造的无形式的质料在时间上是否先于它的成形？

现在我们着手讨论第 1 条。

异议：无形式的质料（informitas materiae）在时间上似乎先于它的成形（formationem）。

401a 理据 1：因为按照《圣经》的另一个译本，《创世记》第 1 章第 2 节中所说的是："地是空虚混沌（inanis et vacua），什么都看不见，什么都是未加组合的（invisibilis et incomposita）"；一如奥古斯丁在《忏悔录》第 12 卷第 12 章中所说，这些也被理解成"无形式的质料(informitas materiae)”。由此可见,质料在其接受其形式前一直是无形式的。

理据 2:再者,自然在其工作中是模仿上帝的工作的,正如第二因模仿第一因一样。但是,在自然的工作中,无形式在时间上是先于形式的。所以,在上帝的工作中情况亦复如此。

理据 3:还有,质料高于偶性,因为质料乃实体的一部分。但是,上帝能够使偶性在没有主体的情况下存在,就像祭坛上的祭品一样。所以,他也能够使质料没有形式而存在。

但是,从另一个方面看,不完满的结果说明了活动主体的不完满性。但是,上帝是一个绝对完满的活动主体。所以,《申命记》第 32 章第 4 节在谈到上帝时说道:“上帝的作为完全。”所以,他所创造的作品在任何时候都不是没有形式的。

而且,有形受造物的形成是藉区分工作实现出来的。但是,混杂(confusio)是同区分相对立的,正如无形式是同形式相对立的一样。所以,如果无形式在时间上先于质料的成形,那就会得出结论说:开初,为古人称作混沌(Chaos)的混杂,[①]是存在于物质事物的创造之中的。

我的回答是:在这一点上,圣人们(Sanctorum)的看法是不同的。例如,奥古斯丁在《忏悔录》第 12 卷第 12 章中认为无形式的质料在时间上并不先于它的成形,而只是在起源上或在自然秩序上才是如此。反之,另外一些人,如巴西尔,安布罗斯和金口约翰,则认为无形式的质料在时间上是先于它的成形的。而且,虽

---

① 参阅亚里士多德:《物理学》,Ⅰ,4,187a23;《形而上学》,Ⅻ,2,1069b22。

然这些意见似乎矛盾,但是,实际上,它们之间的差别却是微乎其微的。因为奥古斯丁是在区别于别人的不同的意义上使用“无形式的质料”这个术语的。

在奥古斯丁的意义上,“无形式的质料”意指的是所有形式的匮乏,而且,如果我们这样来理解这个术语的话,那我们就不能够说无形式的质料是时间上在先的,无论对于它的成形还是对于它
401b 的区分都是如此。就形成来说,这个论证是很清楚的,因为如果无形式的质料在持续时间方面是在先的话,那它就已经处于现实之中了。因为既然创造的目的是现实的存在,而现实的东西其本身即为一个形式,则这也就为持续时间所蕴涵了。因此,说质料在先但却没有形式,也就是在说存在于现实之中却没有现实。这在概念上是相矛盾的。我们也不能够说它具有某种区别它的公共形式,而各种不同的形式是后来随着产生出来的。因为这将会支持古代自然哲学家的意见。这些人曾主张:原初质料(materia prima)是某种现实的物体,如火、气、水或一些中间形态的实体。因此,我们可以得出结论说:“生成只不过是一种变化而已”。[①] 因为既然在先的形式提供了现实的实体的存在,并且使某个特殊的事物存在,从而,随后出现的形式所造成的就不会单纯地只是一个现实的存在,而会是“这个”现实的存在。这是偶性形式所特有的结果。因此,随后出现的形式就会只是一些偶性,所造成的就不会是产生,而只有改变。因此,我们必须认为原初质料被造出来并不是全然无形式的,也不是存在于任何公共形式之下,而是

① 亚里士多德:《物理学》,Ⅰ,4,187a12。

存在于不同的形式之下的。所以，如果无形式的质料被认为相关的是其本身是无形式的原初质料的状态的话，这种无形式在时间上便不会先于它的成形或区分，而是如奥古斯丁所说，只是在起源和本性方面是如此。这和潜能先于现实，部分先于整体是一样的。但是，其他一些宗教著作家并不是把无形式理解为排除所有形式的，而是理解为对物质创造中现在显而易见的美丽和美观的缺乏。因此，他们说：无形式的质料在时间持续方面是先于它的形式的。所以，当关注这一点的时候，奥古斯丁看来在一些方面同他们是一致的，而在另外一些方面则是不一致的。我们在后面将对此作出说明(问题 69 第 1 条；问题 74 第 2 条)。

就从《创世记》文本中可以获得的而言，有三种美在物质受造 402a
物中是缺乏的。由于这个理由，它们便被说成是没有形式的。因为光的美对于我们称之为诸天的整个透明的形体来说是缺乏的，所以，经文上说"渊面黑暗"。大地以两种方式缺乏美：首先缺乏的是当它的水的帷幕被拉开的时候所获得的那种美，所以，我们读到"大地混沌空虚，或看不见"，因为水覆盖着它，遮蔽着它，使人看不到。其次缺乏的是由芳草和植物装饰而获得的那种美，由于这个理由，它被称作"空虚"，或者按照另一个读本，被称作"无定形"，也就是说，是未被装饰的。这样，在提到两种受造的自然景象，即天与地之后，天的无形式性便被以"渊面黑暗"这样的措辞表达了出来，因为气是囊括在天空下面的；而地的无形式性便被说成"大地混沌空虚"。

答异议理据 1：对这段话中的"地"这个词的意义，奥古斯丁和别的作家做了不同的理解。奥古斯丁认为：在这段话中，所谓

“地”和“水”，所表示的也就是原初质料本身。因为摩西不可能使这种质料的观念对一个未开化的民族成为可理解的，除非藉同非常熟悉的对象的类比。因此，他使用了各种各样的象征来言说它，不仅称它为水，也不仅称它为地，以免他们认为它真的就是水或地。同时，就此范围说来，就其可以具有形式而言，它有了同地的一种类比，而就其能够适应各种形式而言，它又有了同水的一种类比。因此，在这方面，地被说成是“空虚混沌”，或“看不见的和无形状的”，但质料却是藉形式才认识得到的。因此，就其本身来说，它是被称作“看不见的”或“空虚的”，它的潜在则需要由形式来成全；柏拉图因此就把质料说成是“场所或空地(esse locum)”。[①] 但是，其他一些圣人(Sancti)则把地理解为“土”这个元素，而且，我们已经说过，在这个意义上，按照他们的观点，地也可以是没有形式的。

答异议理据2：自然是从潜在的存在物产生出现实的结果的。

402b 因此，在自然的运作中，潜在必定在时间上先于现实，无形式也必定在时间上先于成形。但是，上帝是从无中产生出现实的存在的，所以，由于他的力量的伟大，便能够在一瞬间产生出完满的事物。

答异议理据3：偶性，既然是一种形式，也就是一种现实，但是，质料却本质上是一种潜在的存在。因此，质料之处于现实状态之下而没有形式要比偶性没有主体而存在更为矛盾。

在从相反的意义上答复第一个论证时，我们说：如果按照一

---

① 参阅亚里士多德：《物理学》，Ⅳ，2，209b11；柏拉图：《蒂迈欧篇》，52。

些宗教作家的观点，无形式性之在时间上先于物质的成形（formationem materiae），这并不是由上帝方面能力的缺乏引起的，而是由上帝的智慧以及藉从不完满性向完满性的发展在受造物的安排中保持合适的秩序的设计引起的。

在答复第二个理据时，我们说：一些古代自然哲学家主张一种缺乏区分的“混杂”。阿那克萨哥拉是个例外，他教导说：只有理智是截然不同的和没有混杂的。但是，在区分工作之前，《圣经》列举了若干种区别：首先是天地的区别，在这种区别中，甚至物质的区别也表达出来了，对此，我们到后面将加以说明（问题 66 第 3 条；问题 68 第 1 条）。这种区别由“起初上帝创造天地”这句话表达了出来。提到的第二种区别是各种元素的形式方面的区别，因为“地”和“水”这两种元素都起了名字。“气”和“火”之所以没有被点名提到，乃是由于这些东西的物质本性对于作为摩西讲话对象的那个原始民族来说不像土和水那样明显。然而，柏拉图却以“造物主的灵（spiritus Domini）”这些措辞来表示气，因为“灵”是气的另一个名称，并且认为“天”这个词所意指的就是火，因为如奥古斯丁所提到的，柏拉图认为天是由火组成的。[①] 但是，拉比摩西，虽然在别的方面与柏拉图相一致，但是却说火是由“黑暗”这个词所表示的，因为，他说，火在它自己的范围内是不发光的。[②] 然而，我们前面的说法似乎更合理些。因为《圣经》中“上帝的灵”这个措辞通常意指的是圣灵，而圣灵之被说成是“在水面上运行”，实际 403a

① 亚里士多德：《物理学》，Ⅷ，5，256b25；《形而上学》，Ⅰ，8，989b15；奥古斯丁：《上帝之城》，Ⅷ，11；柏拉图：《蒂迈欧篇》，31，32。

② 迈蒙尼德：《迷途指津》，Ⅱ，30。

上，不是就物体的形状而言的，而是就其像工匠的意志可以说是运行在他打算赋予其形式的材料上的意义上而言的。第三种区别是位置的区别。因为地被说成是在使它成为不可见的水的下面的，而气作为黑暗的主体，却被以“渊面黑暗”这个措辞描述成是处于水的上面的。至于其余的区别，我们将在后面予以说明（问题71）。

第2条　所有有形事物的无形式的质料是否都是一样的？

现在我们着手讨论第2条。

异议：所有有形事物（omnium corporalium）的无形式的质料似乎都是一样的。

理据1：因为奥古斯丁在《忏悔录》第12卷第12章中说过：“我发现你造出来的事物有两种，一种是赋予形式的，另一种是无形式的。”他还说：后者是“不可见的或无形的土”，所有有形事物的质料都是藉土标示出来的。所以，所有有形事物的质料都是一样的。

理据2：再者，哲学家说过：“那些属于同一个属相的事物在质料方面也是一样的。”[①]但是，所有物质事物都存在于物体这同一个属相中。所以，所有物体的质料都是一样的。

理据3：再者，不同的现实适合于不同的潜在，而同样的现实也就适合于同样的潜在。但是，所有的物体都具有同样的形式，即形体形式（corporeitas）。所以，所有的物体都具有同样的质料。

① 亚里士多德：《形而上学》，V，6，1016a24。

理据 4：还有，质料，就其自身来看，只能潜在地存在。但是，区别则是由于形式的缘故。所以，质料，就其自身来看，在所有有形事物中都是一样的。

但是，从另一个方面看，质料相同的事物是可以互换的，而且是相互能动的或被动的；哲学家就曾经这么说过。[①] 但是，天上的物体和地上的物体相互之间并不相互作用。所以，它们的质料是 403b
不同的。

我的回答是：对这个问题，哲学家们的意见不同。柏拉图和所有那些前亚里士多德的哲学家们认为：所有的物体本性上都具有四种元素。[②] 因此，既然这四种元素具有一种共同的质料，这一点为它们相互之间产生和消灭所证明，那就可以得出结论说：所有物体的质料都是一样的。但是，对一些物体不可朽坏这样的事实，柏拉图却不是归因于质料的状态，而是归因于那位巨匠（artificis），即上帝的意志。他把这位巨匠，即上帝，描述成在对天体讲话，说："藉着你自己的本性你遭受解体，但是，藉着我的意志你将成为不可解体的。因为我的意志比把你们结合在一起的纽带还要有力量。"[③]

但是，亚里士多德用物体的自然运动批驳了这种理论。[④] 他说，既然天体所具有的自然运动不同于元素的运动，那就可以得出结论说：它们具有区别于元素的不同的本性。因为天体所固有

① 亚里士多德：《论产生和消灭》，Ⅰ，6，322b18。

② 参阅亚里士多德：《物理学》，Ⅰ，4，187a12；柏拉图：《蒂迈欧篇》，31B。

③ 柏拉图：《蒂迈欧篇》，41A；参阅奥古斯丁：《上帝之城》，XⅢ，16。

④ 亚里士多德：《论天》，Ⅰ，2，269a30；3，270a12。

的圆周的运动并不是逆向的，但各种元素的运动却是相互逆向的，一种向上运动，另一种则向下运动。所以，天体是没有对立性的，而由元素构成的物体就其本性而言是蕴涵有对立性的。而且，既然产生和消灭来自对立的事物，那就可以得出结论说：这些元素是可朽坏的，而天体则是不可朽坏的。

但是，尽管自然的产生和消灭有这样的不同，阿维斯布朗在《生命的源泉》第1卷第17章中还是教导所有物体中的质料的统一性，并以形式的统一性来提供理由。其实，如果形体形式其本身是一种形式的话，则那些使物体之间相互区别的其他形式便是随后出现的。这种论证必定是真的，因为形体形式这样一种形式将无可改变地内在质料之中，从而所有的物体便都会是不可朽坏的了。但是，消灭因此就会由于随后而来的形式的消失而仅仅成
404a 为偶然的了；也就是说，它不会绝对的消灭，而只会相对的消灭，因为现实的存在作为匮乏的主体将会继续存在下去。因此，古代自然哲学家便教导说（问题66第1条）：物体的基质是一些现实的存在物，如气或火以及诸如此类之物。

但是，如果假定在可朽坏的物体中根本不存在任何作为一种基质（substrata）始终独立存在于产生和消灭的状态之下的形式，那就必定可以得出结论说：可朽坏和不可朽坏的物体的质料并不是一样的。因为质料，就其本身而言，对于形式来说，总是处于潜在状态之中的。因此，质料，就其自身来看，就其相关于所有那些对之是公共的形式而言，总是处于潜在状态之中的，而只有在其接受了任何一种形式的情况下相关于这一形式而言，它才处于现实状态。因此，它对于其他所有形式来说是依旧是处于潜在状态

的。而且,甚至在一些形式比一些形式更加完满,并且实际上其本身包含着这些别的形式的情况下,事情也是如此。因为潜在性本身同完满性和不完满性是不相干的,以至于在一种不完满的形式下,它也处于臻于一种完满形式的潜在状态,反之亦然。所以,质料,当存在于一个不可朽坏的物体的形式之下的时候,就将处于达到可朽坏物体的形式的潜在状态之中;而当它并非现实地具有后者的时候,它就既具有形式也具有形式的匮乏。因为在那些处于潜在状态中的事物中对于一种形式的缺少即是匮乏。但是,这正是可朽坏物体的命运。所以,就本性而言可朽坏的物体同那些就本性而言是不可朽坏的物体具有同样的质料是不可能的。

我们也不能像阿维洛伊所想象的那样,说天体本身是天的质料,就位置而言是处于潜在状态的,虽然就存在而言并非如此,而它的形式作为其动力则是一个同它结合在一起的独立实体。因为假定任何存在都处于现实之中是不可能的,除非就它的整体看它为现实和形式,或者是某种具有现实或形式的东西。因此,权且在思想上把说成是推动者的独立实体撇在一边,如果天体不是某种具有形式的东西,即某种由形式和作为那形式的主体组成的东西,那就会得出结论说:就它的整体看,它即是形式和现实。每一件这样的事物都是现实可理解的,但天体则不是这样,而是可感觉的。因此,我们便可以得出结论说:天体的质料,就其本身看 404b
来,相对于唯独它现实具有的形式来说,总是处于潜在状态之中的。探究这究竟是一个灵魂还是任何一件别的事物同我们现在讨论的问题都是毫不相干的(参阅问题 70)。因此,这种形式使这种质料完满化是以下述的方式实现出来的,这就是:一如亚里士多德所说，就存在来说，其中是根本没有任何潜在性的，而仅仅对位置而言才是如此。[①] 所以，天体的质料和元素的质料并不是一样的，除非通过类比，就其在潜在性理据(ratione)方面相一致而言才是如此。

答异议理据1：奥古斯丁在这个问题上遵循的是柏拉图的意见，而柏拉图是不承认第五本质的。否则，我们便可以说：无形式的质料同秩序的统一性是同一的，就像所有的形体在有形受造物的秩序中是同一的一样。

答异议理据2：如果属相是从物理学的意义上加以理解的话，“朽坏的和不可朽坏的事物”，便由于它们潜在存在的样式不同，“而不存在于同一个属相中”，《形而上学》第5卷中就是这么说的。[②] 然而，如果从逻辑上加以考察的话，所有的物体中也就只存在有一个属相，因为它们全都包括在形体存在这一个概念中了。

答异议理据3：形体的形式(forma corporeitatis)在所有的物体中并不是同一的，因为如上所述，它无非是各种物体藉以区别的各种不同的形式。

答异议理据4：既然潜在是针对现实而言的，则各种潜在的存在者也就由于它们的现实的不而区别，就像视觉为颜色所区别，听觉为声响所区别一样。所以，天体的质料不同于元素的质料。因为天体的质料并不是相对于元素形式处于潜在状态之中的。

---

① 亚里士多德：《形而上学》，Ⅻ，2，1069b26。

② 同上书，Ⅹ，10，1058b28。

第 3 条　最高天是否是与无形式的质料同时造出来的?

现在我们着手讨论第 3 条。

异议:最高天(caelum empyreum)似乎并不是与无形式的质料同时造出来的。

理据 1:因为最高天,如果它是件事物的话,那就必定是一个感性物体。但是,所有感性物体都是可以运动的,而最高天却是 405a 不可以运动的。因为如果它可以运动的话,则它的运动就会藉某个可见物体的运动而被查明,但情况却并非如此。因此,最高天与无形式的质料并不是同时造出来的。

理据 2:再者,奥古斯丁在《论三位一体》第 3 卷第 4 章中说过:"在一定的秩序中,低级物体受高级物体支配。"所以,如果最高天在所有物体中是最高的,它就必定对低于它的物体产生某种影响。但是,情况似乎并不是这样,当它被假定为处于运动之外的时候,事情就更其如此了。因为一个物体,除非它自身受到推动,是不可能推动另一个物体的。所以,最高天并不是与无形式的质料同时造出来的。

理据 3:再者,如果人们坚持认为:最高天是一种默观的场所(locus contemplationis),而不是安排达到自然结果的;奥古斯丁在《论三位一体》第 4 卷第 20 章中则相反地说:"就我们在思想上领会永恒事物的范围而言,我们是不可能属于这个世界的。"由此看来,默观显然能够提升心灵超出这个世界的事物。所以,有形的地方是不可能成为默观的场所的。

理据 4:还有,天体之间存在有一种物体,部分透明部分发光,我们称之为恒星天(caelum sidereum)。还存在有一种完全透明的天，一些人称之为水成天或水晶天(caelum aqueum vel crystallinum)(问题68第2、4条)。因此，如果还存在有更高的天的话，那就必定是完全发光的了。但是，事情不可能如此，因为果真如此的话，大气就会被始终如一地受到照射了，从而也就不再会有夜晚。所以，最高天并不是与无形式的质料一起造出来的。

但是，从另一个方面看，斯特拉布(Strabus)在《圣经通行本注》说：在"上帝创造天地"这句话中，"天所表示的并不是可见的天空，而是最高层的或燃烧的天。"

我的回答是：最高天所依靠的仅仅是斯特拉布、伯德(Bedae)以及巴西尔的权威，他们这三个人在一个方面全都是一致的，这就是他们全都坚持认为最高天乃有福的人的住所。斯特拉布和比德说过："它一被创造出来，就住满了天使。"巴西尔在《六天创世注(Hexaëm)》第2卷中也说过："正如堕落的人被驱赶进了最底层的黑暗之中一样，因值得敬重的行为而得到奖赏的人也就被置放进了超乎尘世的光中，在那儿，正义的人将获得休息的住所。"但是，他们所给出的作为他们的说法的基础的理由却不同。斯特拉布和伯德教导说：存在有一个最高天。因为他们用来意指恒星天的天空被说成不是在一开始造出来的而是在第二天造出来的。但是，巴西尔在《六天创世注》中提供的理由却在于：否则，上帝似乎就会在他的最初工作中就造出了黑暗，一如摩尼教徒当其把《旧约》中的上帝称作黑暗的上帝时所错误地断言的那样。

然而，这些理由都不那么令人信服。因为对被说成是在第二天造出来的天空的问题，奥古斯丁以一种方式做了解释，而别的宗教作家则以另外一种方式做了解释。但是,黑暗问题,奥古斯丁是通过假定由黑暗所表示的无形式性不是由绵延而是由起源而先于形式予以解释的。然而,按照别的作家的观点,既然黑暗不是任何受造物,而只是光的一种缺乏,则上帝从无中创造的事物,最初产生的处于不完满的状态,尔后才使它们臻于完满的状态,便正是上帝智慧的一个明证。

但是,更好的理由却能够从荣耀本身的状态演绎出来。因为在未来的奖赏中,可以找到两种荣耀:即精神的和形体的,不仅人的应受到荣耀的身体有荣耀,而且得到更新的整个世界也有荣耀。这样,精神的荣光就开始于世界的开端,存在于天使的幸福中,而天使是与允诺成圣的人地位相等的。因此,甚至从一开始就在一些形体事物中就开始造出了某种身体的荣光,从一开始就免于朽坏和变化的奴役状态,并且是完全光辉灿烂的,甚至整个身体的创造,在复活之后,也是可望存在的。所以,天之所以被称 406a
作最高天即净火天,并非由于它的热度,而是由于它的光明。

然而,值得注意的是,奥古斯丁在《上帝之城》第 10 卷第 9 章中说过:"波菲利由于假定恶魔居住在大气中,而天使则居住在太空中或最高天中,从而把恶魔同天使分隔开来了。"但是,波菲利,作为一个柏拉图主义者,却坚持把被认为是"恒星天"的天说成是净火天,从而称之为最高天或以太天,其中所谓"以太"所表示的是火焰的燃烧,而不是像亚里士多德所理解的那样,是快速的运动。[①] 这在很大程度上被说成是防止了任何人假定奥古斯丁在为

① 亚里士多德:《论天》,Ⅰ,3,270b20;《气象学》,Ⅰ,3,339b21。

现代作家(追随伯德和斯特拉布的权威,参阅问题68第4条)所理解的意义上曾经主张过一种最高天。

答异议理据1:可感觉的有形事物在世界的现存状态下都是可以运动的,因为通过有形受造物的运动,元素的增多就得到了保证。但是,当荣光最终实现的时候,物体的运动也就终止了。而最高天的状态则必定从一开始即是如此。

答异议理据2:完全可能如一些人所断言的:最高天既然具有作为其注定目的荣光状态,也就不会影响处于另一种秩序中的低级形体,即那些仅仅指向自然目的物体了。然而,似乎更其可能的是:它却是在影响着被推动的物体,虽然它自身并不被推动,正如位于上帝宝座旁边的最高等级的天使影响着那些作为信使而活动的低等的天使一样,虽然他们自己并不受到差遣,狄奥尼修斯在《天国等级论》第13章第3节中就是这么教导的。由于这个理由,我们便可以说:最高天对那被称作第一重天且受到推动的事物的影响在那里所产生的便不是那些作为运动结果的瞬息即逝的事物,而是那些具有固定不变本性的事物,如保存或产生事物的能力,或与其尊严相称的东西。

答异议理据3:有形的场所被用来默观,并不是必然的,而是合宜的,以便外部的辉煌能够匹配于内在的辉煌。因此,巴西尔
406b 在《六天创世注》中说:"襄助的灵(ministrator spiritus)是不可能生活在黑暗之中的,而是使他的居住场所处于光明和欢悦之中。"

答异议理据4:虽然巴西尔在《六天创世注》中说过:"天确实是被造成球形的,一种密度特别大、能力特别强的形体,它强大得足以把外面的东西同它所囊括的东西分开。因此,它能够使外在

于它的整个地区变得黑暗，把使其他本身得以点燃的光完全挡在那个地区的外面。”但是，既然天体虽然是坚实的，但却是透明的，既然它并不排斥光(这一点从外面那个透过介入其间的诸天看到星辰这样的事实看是非常清楚的)，我们也就可以说：最高天具有光，不是像太阳那样密实而发射光线，而是具有一种更其精妙的本性。或者说，它具有一种区别于自然之光的荣耀之光。

第 4 条　时间是否是与无形式的质料同时造出来的？

现在我们着手讨论第 4 条。

异议：时间(tempus)似乎并不是与无形式的质料同时造出来的。

理据 1：因为奥古斯丁在《忏悔录》第 12 卷第 12 章中说过：“我发现有两样东西是你在时间存在之前创造出来的”，这就是原初的形体质料和天使的本性。所以，时间并不是与无形式的质料同时造出来的。

理据 2：再者，时间被区分成白天和黑夜。但是，起初是既没有白天也没有黑夜的。因为这些都是在“上帝把光暗分开”的时候才开始存在的。所以，时间也就不是在一开始就造出来的。

理据 3：再者，时间乃天体运动的尺度。但天体却被说成是在第二天造出来的。所以，时间也就不是在一开始就造出来的。

理据 4：再者，运动是先于时间的。所以，应当被看作最初被创造的事物的是运动，而不是时间。

理据 5：还有，正如时间是受造事物的外在的尺度一样，场所 407a
也是如此。因此，场所也就必定像时间那样被正确地看作属于最初被创造的事物。

但是,从另一个方面看,奥古斯丁在《〈创世记〉文字注》中说过:精神的和有形的受造物都是在"时间开始"时造出来的。

我的回答是:人们通常所说的最初创造的事物有四种:天使的本性,最高天,无形式的形体质料,以及时间。然而,必须看到这并非奥古斯丁的意见。因为他仅仅详细说明了最初创造的两样东西,这就是天使的本性和形体质料,而没有提到最高天。但是,这两种事物,即天使的本性和形体质料,却仅仅是在本性上,而不是在绵延上,先于成形的。所以,正如它们先于成形一样,它们也先于运动和时间。因此,时间是不可能包括在它们之间的。但是,前面所提供的枚举也正是别的宗教作家的枚举(问题 66 第 1 条),这些人是主张无形式的质料是藉绵延先于它的形式的。这种观点是预设了作为绵延尺度的时间的存在的。因为否则,就会不存在这样的尺度。

答异议理据 1:奥古斯丁的学说依赖于这样一种意见,这就是:天使的本性和无形式的质料就起源或本性来说是先于时间的。

答异议理据 2:正如在一些宗教作家的意见中,质料在它获得其充分的形式之前在一定程度上是无形式的一样,时间在其充分地形成并且区分成白天和黑夜之前也同样在一定程度上是无形式的。

答异议理据 3:如果天的运动并不是从初始就立即开始的,则在先的时间就不会是天运动的尺度,而是无论什么种类的最初运动的尺度。因为时间之成为天运动的尺度是偶然的,是就这为最初的运动而言的。但是，如果最初运动是另一种运动，而不是这种运动，则时间就会是它的尺度了，因为每一件事物都为其种类中的最初的东西所测度。而且，必须承认的是：从一开始即刻就存在有某一种类的运动，至少在天使心灵中的概念和情感（affectionum）的系列中是如此。但是，没有时间的运动是不可设想的，407b
因为时间不是别的，无非是运动的先后的尺度。

答异议理据 4：那些同事物具有普遍关系的东西是可以看作属于最初创造的事物的。所以，时间，既然具有公共尺度的本性，便必定是包括在这些东西之中的。但是，仅仅相关于运动主体的运动却不可能包括在这些东西之中。

答异议理据 5：在这里，场所（locus）是被理解为存在于作为宇宙的边界的最高天之中的。而且，既然场所同永久的事物相关，它就是从它的总体上即刻创造出来的。但是，时间由于不是永久的，便是在它的开端创造出来的；这就好像除现在外我们不可能现实地把握时间的任何一部分一样。

问题 67

论区分工作本身

（共 4 条）

我们必须接着考察区分工作本身。首先，是第一天的工作；其次，是第二天的工作（问题 68）；第三，是第三天的工作（问题 69）。

在第一个项目下，有 4 个要点需要探究：

（1）"光"这个词在言说精神事物时是否是照它的本义使用的？

（2）光，在有形事物中，其本身是否是有形的？

（3）光是否是一种性质？

（4）说光是在第一天造出来的是否合适？

第 1 条 "光"这个词在言说精神事物时是否是照它的本义使用的？

现在我们着手讨论第 1 条。

异议：光（lux）似乎是照它的本义（proprie）用在精神事物上的。

408a 理据 1：因为奥古斯丁在《〈创世记〉文字注》第 4 卷第 28 章中

说道:在精神事物中,"光是比较好的和比较确实的;耶稣基督并不是在他被称作那块磐石的意义上被称作光的;前者应当照本义理解,而后者则应当按照象征义(figurative)来理解。"

理据 2:再者,狄奥尼修斯在《论神的名称》第 4 章第 5 节中曾经把光包括在上帝的可理解的名称之中。但是,这样的名称是按照它们的本义应用到精神事物(spiritualibus)上的。由此可见,光是照它的本义应用到精神事物上的。

理据 3:还有,使徒在《以弗所书》第 5 章第 13 节中说道:"一切能显明的就是光。"但是,"能显明的"之特别适合于精神事物甚于物质事物。由此可见,光也是如此。

但是,从另一个方面看,安布罗斯在《论信仰》第 2 卷的"序"中说过:光辉存在于那些隐喻地言说上帝的事物之中。

我的回答是:任何一个词都可以用两种方式加以运用,也就是说,或者按照它的原初意义,或者按照它的一般的意义。"视觉"(visionis)这个词的运用就可以清楚地表明这一点。"视觉"这个词原本是用来表示感觉活动的,但后来当视觉成为感觉中最高贵和最有价值的时候,在日常语言中也就扩展到通过其他感觉获得的所有的知识上了。于是,我们说:"看看味道如何?看看气味如何?看看燃烧得如何?"再者,视觉也被运用到通过理智获得的知识上面,一如《马太福音》第 5 章第 8 节中所说:"清心的人有福了,因为他们必得见上帝。"从而,它也就和光一致起来了。而"光",在其原初意义上,所表示的是那些使视觉明晰的东西,此后它才扩展到那些使任何种类的认识明晰的东西上面。因此,如果"光"这个词在它的严格的和原初的意义上加以理解的话,当运用到精神事物上面时，它便应当，像安布罗斯所说的那样，被隐喻地加以理解的。但是，如果按照日常语言中的用法加以使用，当运用到每一种现象上面的时候，它就可以恰当地运用到精神事物上了。

对上述各条反对意见的理据的答复在我们刚刚说过的这些话中已经充分地显示出来了。

408b **第2条　光是否是一种物体？**

现在我们着手讨论第2条。

异议：光似乎是一种物体(corpus)。

理据1：因为奥古斯丁在《论自由意志》第3卷第5章中说过："光在物体中占据首要位置。"由此可见，光是一种物体。

理据2：再者，哲学家说过：光是火的一个种相。① 但是，火是一种物体，所以，光也是一种物体。

理据3：还有，运动、分割和反射能力都是特别适合于物体的。然而，所有这一切也都适合于光及其射线。再者，光的不同的射线，如狄奥尼修斯在《论神的名称》第2章第4节中所说，是联合在一起的又是分隔开来的，然而这是不可能的，除非它们是物体。所以，光是一种物体。

但是，从另一个方面看，两个物体是不可能同时占据同一个位置的。但是，光和气却是这样一种情况。所以，光不是一种物体。

---

① 亚里士多德：《论题篇》，Ⅴ，5，134b29。

我的回答是:光不可能是一种物体,其理由有下述三条。首先,是就位置而言的。因为任何一个物体的位置都不同于任何一个别的物体的位置,从自然哲学的角度看,具有无论什么本性的任何两个物体同时存在于一个位置上是不可能的,因为接触是需要位置的区分的。

第二条理由出自运动的本性。因为如果光是一种物体的话,它的扩散就会是一个物体的位置的移动。这样,一个物体的任何位置的移动便都不可能是瞬间的,因为每一个从一个场所到另一个场所的运动在其达到目的之前都必定通过介于中间的位置,但照亮则是瞬间完成的。说由于所需要的时间太短而知觉不到也是没有什么理据的。因为虽然由于距离短情况可能如此,但是,如果距离大到能够把东方国家同西方国家隔开,情况就不可能如此了。然而,只要太阳在地平线上,整个半球就会从东到西受到 409a
照耀。就运动方面而言,我们必须牢记在心的是:鉴于所有的物体都有其自然的确定的运动,光的运动就方向而论则是没有什么差别的,无论做圆周运动还是做直线运动都是一样的。因此,光的传播并不就是物体的位置移动。

第三条理由出自产生和消灭。因为如果光是一件物体的话,那就会得出结论说:当天空是由于光体没有临在而变暗的时候,光体就是可朽坏的,从而它的质料就会接受一种新的形式。但是,除非我们说黑暗也是一种物体,事情就不会成为这样。这显然也不是由于一件物体在白天产生的质料能够大到足以充满介乎其中的半球的缘故。倘若说一件体积如此大的物体将仅仅由于光体没有临在而朽坏,看来也是荒谬的。如果有什么人答复说它并非朽坏掉了，而是在接近太阳，并且是在围绕着太阳运转，那我们就可以追问当一支点燃的蜡烛为介乎中间的物体弄得朦胧的时候整个房间变暗的理由。这并不是由于当这种情况发生的时候，光被浓缩到蜡烛的四周了；因为这时它并不比此前燃烧得更其明亮些。所以，既然这些说法既有违理性也有违感觉，我们就必须得出结论说：光是不可能成为一种物体的。

答异议理据1：奥古斯丁视光为一种现实发光的物体，换言之，是四种元素中最为高贵的火。

答异议理据2：亚里士多德谈到光时，认为它是存在于它所特有的质料之中的火，正如存在于空气质料中的火被称作火焰，而存在于土的质料中的火则被称作煤一样。但对于亚里士多德在其讨论逻辑的著作中所提及的例证也不必太在意。在这些逻辑著作中，他是把这些例证说成是其他一些作家的可能的意见而提到的。

答异议理据3：所有这些特性都是隐喻地归于光的，而且也是可以以同样的方式归因于热的。因为如《物理学》第8卷中所证明的，“从一个场所到另一个场所的运动自然地为各种运动中的第一种运动”，[1]则我们在言说所有种类的变化和运动时，所使用
409b 的也就是那些适合于位置运动的术语。因为甚至“距离”这个词也是从位置观念扩展到所有相反事物的观念的。这一点《形而上学》中就已经说到了。[2]

---

① 亚里士多德：《物理学》，Ⅷ，7，260a28。

② 亚里士多德：《形而上学》，Ⅹ，4，1055a9。

第 3 条　光是否为一种性质?

现在我们着手讨论第 3 条。

异议:光似乎并不是一种性质(qualitas)。

理据 1:因为每一种性质都持续存在于它的主体之中,即使这种性质的能动的原因被撤走了情况也是如此,就像热虽然火撤走了但却能够持续存在于水中一样。但是,光当光源撤走之后并不持续存在于大气之中。由此可见,光并不是一种性质。

理据 2:再者,每一种感觉性质都有其对立的方面,例如冷就是同热相对照、黑就是同白相对照而存在的。但是,既然黑暗只是光的一种匮乏,则光就不会是这样一种情况。由此可见,光并不是一种性质。

理据 3:还有,一个原因比它的结果更有力量。但是,天体的光乃尘世物体的实体形式的原因,并且也赋予颜色以精神的存在(esse spirituale),这是就天体的光使它们成为现实可见的而言的。因此,光并非一种感觉得到的性质,而毋宁是一种实体的或精神的形式。

但是,从另一个方面看,大马士革的约翰在《论正统信仰》第 1 卷第 8 章中却说:光是一种性质。

我的回答是:一些作家曾经说过,大气中的光并不具有墙上的颜色所具有的那样一种自然存在,而只具有一种意向性的存在,类似于大气中的颜色。① 但是,由于下述两条理由,事情是不

① 波那文都:《〈箴言四书〉注》,Ⅱ,d. XⅢ,问题 2 第 3 条;参阅阿维洛伊:《〈论灵魂〉注》,Ⅱ,70;大阿尔伯特:《〈论灵魂〉注》,Ⅱ,3,12。

可能这样的。首先，这是因为既然正是通过光大气才成为现实明亮的，故而是光把名称赋予大气的。但是，颜色却做不到这一步，因为我们不能够说大气是着了颜色的。其次，是因为是光产生了自然的结果，因为正是由于太阳的光线，物体才变暖和了，而自然的变化是意向造不出来的。

410a 另外一些人则说：光是太阳的实体的形式。[①] 但是，由于下述两条理由，这似乎也是不可能的。首先，这是因为实体形式自身是感觉不到的。这又是因为“一件事物之所是”，按照《论灵魂》第 3 卷中的说法，“正是理智的对象”；而光本身则是自行可见的。[②] 其次，是因为一件事物的实体的形式是不可能成为另一件事物的偶性形式的；这又是因为正是作为这些事物本性本身的实体形式构成了种相。因此，实体形式始终并且处处伴随着该种相。但是，光却并非气的实体形式，因为倘若如此的话，当光撤走的时候，气就会遭到破坏了。因此，它是不可能成为太阳的实体形式的。

因此，我们必须说：正如热乃一种由火的实体形式产生的能动的性质一样，光也同样是一种由太阳或另一种自身明亮的物体（如果确实有这样一种物体的话）的实体形式所产生的能动的性质。其证据在于：不同星辰的光线按照物体的不同的本性而产生出不同的结果。

答异议理据 1：既然性质是随着实体的形式而来的，则实体接

---

① 波那文都：《〈箴言四书〉注》，Ⅱ，d. ⅩⅢ，问题 2 第 2 条；也请参阅阿维斯布朗：《生命的源泉》，Ⅸ，14。

② 亚里士多德：《论灵魂》，Ⅲ，6，430b28。

受性质的样式也就随着主体接受实体形式的样式的不同而不同。因为当质料完满地接受形式的时候,由形式所产生的性质也就是稳定的和持久的。例如,当水变成火的时候,即是如此。然而,当实体的形式被不完满接受,以至于似乎可以说处于接受的过程中而未留下充分印记的时候,则所产生的性质也就只持续存在一段时间,而不可能持久存在下去。当加过热的水经过一段时间回到它的自然状态的时候,就会看到这样一种情况。但是,照明却不是由质料的嬗变产生出来的,仿佛质料接受了一种实体的形式,照明是实体形式的开端(inchoatio)似的。由于这个理由光便随着它的能动原因的消失而消失。

答异议理据 2:光之不具有相反的方面是偶然的。因为光是变化的第一物质原因的自然的性质,因而其本身是没有对立性的。

答异议理据 3:正如热作为一种工具因,是藉着实体的形式在促成火的形式完满化方面发挥作用一样,光也是作为一种工具 410b
因,藉着天体在产生实体形式方面发挥作用;而且也使颜色成为现实可见的,但这是就它是一种第一感性物体的性质而言的。

第 4 条　光的产生被指派在第一天是否合适?

现在我们着手讨论第 4 条。

异议:光的产生(lucis productio)被指派在第一天似乎是不合适的。

理据 1:因为光,如上所述(问题 67 第 3 条),是一种性质。但是,性质既然为偶性,也就不占首要地位,而只处于从属的地位。

因此,光的产生就不应当被指派在第一天。

理据2:再者,把昼夜区分开来的是光,而且这也受到太阳的影响,但太阳被记录为是在第四天造出来的。所以,光的产生是不可能在第一天的。

理据3:再者,黑夜和白天是由光体的圆周运动造成的。但是,这种运动是天所特有的,然而我们却读到天是在第二天造出来的。由此可见,区分黑夜和白天的光的产生是不应当指派给第一天的。

理据4:还有,如果人们说这里所讲的是精神的光,那就可以答复说:第一天造出来的光是驱除黑暗的。但是,在一开始,精神的黑暗是不存在的,因为如上所述(问题63第5条),甚至魔鬼在一开始也是善的。所以,光的产生是不应当指派给第一天的。

但是,从另一个方面看,那种舍之便不可能有白天的东西必定是在第一天造出来的。但是,倘若没有光是不可能有白天的。所以,光必定是在第一天造出来的。

我的回答是:关于光的产生存在有两种意见。奥古斯丁在《〈创世记〉文字注》第1卷中似乎说过:摩西是不可能合适地忽略
411a 掉精神受造物的产生的,从而当我们读到"起初上帝创造天地"的时候,一种精神的尚无形式的本性是可以藉"天"这个词得到理解的,而物质受造物的无形式的质料也是可以藉"地"这个词得到理解的。精神的本性是首先形成的,因为它比物质本性的尊严要高。所以,这种精神本性的形成是藉光的产生表示出来的,也就是说,是藉精神的光的产生表示出来的。因为精神本性的形成是藉它借以引向依附上帝之道(话)的光照获得的。

其他一些作家认为：精神受造物的产生为摩西有意识地忽略了，并且还提供了各种各样的理由。巴西尔在《六天创世布道集》中说道：摩西虽然是从适合于感性事物的时间的开端开始其陈述的，但是，作为事先创造出来的东西的精神的或天使的创造却为他忽略了。

金口约翰在《〈创世记〉布道集》中为这种疏忽提供的理由是：摩西是对一个原始民族讲话的，他们只对感性事物感兴趣，而他极力要做的是使他们从服侍偶像的活动中撤离出来。如果他对他们讲的本性是存在于实体中的精神的，并且比所有物质受造物都高贵，那这在他们看来就是偶像崇拜的一个托辞。因为既然他们如《申命记》第 4 章第 19 节所说，倾向于对那些禁止崇拜的太阳、月亮和星辰都作为神加以崇拜，则他们就会因此而把他们当作上帝来崇拜。

但是，关于物质受造物，《创世记》第 1 章中也曾提到若干种无形式性。一种是在我们读到"地是空虚混沌"的地方，另一处是在说到"渊面黑暗"的地方。由于下述两个理由，这就要求：黑暗的无形式性首先为光的产生所消除。这首先是因为，如上所述（问题 67 第 3 条），光是最初物体的性质，从而说世界首先是藉光获得它的形式的就是一种合适的说法了。第二条理由在于：光是一种公共性质。因为光是所有地上物体和天上物体所共有的。但是，正如在知识方面我们是一般原则出发的一样，我们在每一种工作中也都同样如此。因为有生命的事物是在动物之前产生 411b
出来的，而动物是在人之前产生出来的，《论动物的产生》这本书中就已经对此做了说明。[①] 因此,作为上帝智慧的一个明证,说在区分工作中光的产生是首先发生的是合适的,这不仅是因为光是原初物体的一种形式,而且还因为它是一种更为公共的性质。巴西尔在《六天创世注》中实际上还添加上了第三条理由:所有别的事物都是由于光而显现出来的。然而,还有第四条理由,这在上述反对意见中就已经谈到了:除非光存在白天是不会存在的,因此光是在第一天产生出来的。

答异议理据1:按照那些主张质料的无形式性先于它在持续时间中的成形的人的观点(问题66第1条),质料必定被认为是一开始同实体的形式一起造出来,尔后接受那些光在其中占据首位的偶性的东西。

答异议理据2:按照一些人的意见,这里所讲的光是一种发光的云,在制造太阳的时候,又回到了它得以形成的那种质料上面。[②] 但是,我们并没有充分的理由主张这种观点,因为《创世记》一开始就记载了此后绵延下去的自然秩序的制定过程。因此,我们不能够说那时造成的东西此后不再存在了。所以,另外一些人坚持认为:这种发光的云虽然持续存在下去,但是同太阳却贴得太近以至于同太阳分别不开了。[③] 但是,这其实也就是在说它是不必要的,然而,上帝的工作却没有什么是白白做的。按照这种解释,一些人也就主张(参阅本条的主体部分):太阳的形体是由

① 亚里士多德:《论动物的产生》,Ⅱ,3,736b2。

② 参阅波那文都:《〈箴言四书〉注》,Ⅱ,d. ⅩⅢ,dub. 2;彼得·隆巴迪:《箴言四书》,Ⅱ,d. ⅩⅢ,第2条。

③ 参阅彼得·隆巴迪:《箴言四书》,Ⅱ,dist. ⅩⅢ,第2条。

这种云造出来的。然而,至少对于那些主张太阳的形体在其本性方面是有别于四种元素,从而是自然地不可朽坏的人来说,这也是不可能的。因为,在这种情况下,它的质料就不可能接受另外一种形式。

因此,我支持狄奥尼修斯在《论神的名称》第 4 章第 4 节中所说的观点,对此回答说:这种光即是太阳的光,尚不具形式,却已经是太阳的实体,它虽然以一般的方式具有照亮的能力,但是为 412a
产生确定的结果所需要的那种特殊的确定的能力则是此后添加上去的。因此,在这种光的产生问题上,对光与黑暗需要作出三种区别。首先,是就原因而言的,如果就太阳的实体言,我们有光的原因,而如果就地的不透明的本性论,我们则有黑暗的原因。其次,是就场所而言的,因为在一个半球上存在有光,而在另一个半球上,则存在有黑暗。第三,是就时间而言的。因为即使在同一个半球上,在一个时间里有光,而在另一个时间里则有黑暗。而且这是通过"上帝称光为'昼',称暗为'夜'"这句话表述出来的。

答异议理据 3:巴西尔在《六天创世布道集》中说过:昼夜因此是由光的扩张和收缩,而不是由运动引起的。但是,奥古斯丁在《〈创世记〉文字注》第 1 卷第 16 章中却反对这种意见,认为说光有扩张和收缩这样一种变化是没有任何理由的,因为那时在地球上是既没有人也没有动物的,但正是为了服务他们才需要这种变化的。只要光体现实地存在,光体的本性似乎也是不容许光撤出的,虽然借助奇迹也可能出现这种情况。然而,奥古斯丁对此在该书第 2 卷第 1 章中却评论说:我们绝对不要到自然秩序的第一基础中去寻找任何奇迹，而只能去寻找符合本性的东西。

因此，我们坚持认为：诸天的运动有两种。在这些运动中，有一种是整个天所共有的，并且是昼夜的原因。这一种运动似乎在第一天就有了它的开始的。另一种则随着它影响各种不同的物体而相应变化，并且藉着这些变化而成为各天、各月和各年连续的原因。因此，正是在对第一天的说明中只提到了昼夜之间的区分，这种区分是由天体的公共运动产生出来的。而进入到连续的各天、各季节以及各年的更进一步的区分则被记录为是从第四天开始的，在这些话中，“要它们成为定节令、日子、年岁的记号”是应当归因于特定运动的。

答异议理据4：正如奥古斯丁在《忏悔录》第12卷中所教导的，无形式性并不先于持续时间中的形式；所以，我们必须把光的产生理解为标志着精神受造物的成形。然而，这并不是说精神受造物是由于荣光才具有完满性的，因为它们并不是在荣光中造出来的，而是由于恩典才具有完满性的，如上所说（问题62第3条），它们是由于其受造才具有这种完满性的。因此，光同黑暗的区分所表示的将是精神受造物同那些别的尚没有形式的受造的
412b 事物的区分。但是，如果所有受造的事物是在同一时间里接受它们的形式的话，那黑暗就必定被认为是用来意指恶魔的精神的黑暗，但是，恶魔并不是从一开始就存在的，因为魔鬼并不是被造成邪恶的，而是由于上帝事先看到而存在的。

问题 68

论第二天的工作

（共 4 条）

我们必须接着考察第二天的工作。

在这个项目下，有 4 个要点需要探究：

(1)苍穹是否是在第二天造出来的？

(2)苍穹上面是否有水？

(3)苍穹是否把水分开了？

(4)是否不止存在一个天？

第 1 条　苍穹是否是在第二天造出来的？

现在我们着手讨论第 1 条。

异议：苍穹(firmamentum)似乎并不是在第二天造出来的。

理据 1：因为《创世记》第 1 章第 8 节中说道："上帝称苍穹为'天'。"但是，天是在任何一天之前就存在的，这从"起初上帝创造天地"这句话看来是很清楚的。所以，苍穹并不是在第二天造出来的。

理据 2：再者，六天的工作是按照上帝智慧的秩序安排的。因此，使本性在先的东西成为后面来到的这一点是几乎不可能成为上帝的智慧的。苍穹虽然在本性上先于地和水，然而这却是在第 413a

一天光成形之前说到的。由此可见,苍穹并不是在第二天造出来的。

理据3:还有,凡在六天之内造出来的事物都是由在这六天开始之前创造出来的质料构成的。但是,苍穹却不是由先在的质料构成的,因为果真如此的话,那它就会遭受产生和消灭了。由此可见,苍穹并不是在第二天造出来的。

但是,从另一个方面看,《创世记》第1章第6节中却写道:"上帝说:'要有苍穹'",而且还接着在第8节说:"过了晚上,过了早晨,这是第二天。"

我的回答是:在讨论这类问题时,按照奥古斯丁在《〈创世记〉文字注》第1卷第18章中所教导的,有两条规则需要注意。第一条规则是毫不动摇地坚持《圣经》的真理。第二条规则在于:既然对《圣经》能够予以多义的解释,我们也就只有在这样的尺度上坚持一种特殊的解释,一旦它被确切地证明是错误的,就随时准备抛弃之,以免《圣经》受到不信者的嘲笑,并为他们的信设置障碍。

所以,我们说:说苍穹是在第二天造出来的那些话能够在两种意义上加以理解。首先,它们可以理解为是意指布满星辰的苍穹,从这个意义上看,阐述一下哲学家们的不同意见是必要的。[①] 这些人中有人认为苍穹是由诸多元素组合而成的;而这也就是恩培多克勒的意见。[②] 然而,他却进一步认为苍穹的形体是不容易解体的,因为在其各个部分之间没有什么不一致之处,而只有和

① 参阅巴西尔:《六天创世布道集》,Ⅰ;大马士革的约翰:《论正统信仰》,Ⅱ,6。

② 参阅亚里士多德:《论产生和消灭》,Ⅰ,2,315a3;安布罗斯:《〈六天创世注〉注》,Ⅰ,6;圣维克多的雨果:《圣事论》,Ⅰ,1、6。

谐。另外一些人则认为：苍穹之具有这四种元素的本性，其实并不是由它们混合而成的，而似乎可以说是一种单纯的元素。这也就是柏拉图的意见。[①] 柏拉图认为：这种元素为火。其他一些人则认为：天并不具有这四种元素的本性，而是其本身为第五形体，存在于这些元素之上。这就是亚里士多德的意见。[②]

按照第一种意见，我们是能够绝对认同苍穹，甚至就其实体 413b
而言，是在第二天造出来的这样一种观点的。因为产生各元素的实体属于创造工作之一部分，而把形式赋予先在的元素则属于区分和装饰的工作。但是，相信苍穹，就它的实体而言，是在第二天造出来的同柏拉图的意见是不相容的。因为按照柏拉图的意见，苍穹的制造蕴涵有火的元素的产生。然而，这种产生属于创造工作，至少按照那些认为无形质料在时间上先于它的成形的人的意见是如此。因为质料所接受的最初的形式是那些元素的形式。同苍穹的实体是第二天产生出来的信念更不一致的是亚里士多德的意见。[③] 既然提到六天所表示的是时间的连续，而苍穹则由于是本性上不可朽坏的，从而具有一种不容许形式变化的质料，则它便不可能由先于时间而存在的质料构成。所以，产生苍穹的实体属于创造工作。但是，它的成形，按照这两种意见，在一定程度上，是第二天的事情。因为如狄奥尼修斯在《论神的名称》第 4 章第 4 节中所说，太阳的光在头三天是没有形式的，只是到了后

---

① 柏拉图：《蒂迈欧篇》，§ 15。参阅奥古斯丁：《上帝之城》，Ⅷ，15；《〈创世记〉文字注》，Ⅱ，3；彼得·隆巴迪：《箴言四书》，Ⅱ，d. XIV，4。

② 亚里士多德：《论天》，Ⅰ，2，269b13。

③ 同上书，Ⅰ，3，270a12。

来，到第四天，才接受了它的形式。然而，如果我们像奥古斯丁在《〈创世记〉文字注》第4卷第34章中所主张的，用这些天仅仅表示本性秩序方面的关联，而非时间上的连续，那就没有什么东西能够妨碍我们说：在主张上述诸多意见中任何一种的情况下，苍穹的实体的成形都是属于第二天的。

另一种可能的解释在于：把苍穹理解为是在第二天造出来的，这并不是由于星辰被安置在苍穹之上的缘故，而是因为大气
414a 的这个部分是云浓缩的地方，并且它是由于气的坚实和浓密而获得苍穹这个名称的。因为一如巴西尔在《六天创世布道集》中所说，只有"一个"浓密的结实的、"有别于数学物体"的"物体""才能被称作坚实的"。因此，如果这种解释被采纳的话，则这些意见中就没有一个会被发现是反乎理性的了。其实，奥古斯丁在《〈创世记〉文字注》第2卷中极力推荐的就是这样一种解释："我认为对这个问题的这种看法是完全值得称道的，因为它既不反乎信仰，也不难证明和相信。"

答异议理据1：按照金口约翰《〈创世记〉注》第3卷中的观点，摩西以"起初上帝创造天地"这句话，通过集中讲上帝的工作来开始他的记录，然后进而一部分一部分地解释它们。这差不多像一个人说："这栋房子是那个建筑师建筑起来的"，然后又补充说："他首先打好了地基，然后建好了墙，最后，盖好了房顶。"在接受这种解释的时候以及当我们读到苍穹是在第二天造出来的时候，我们并不一定认为在"起初上帝创造天地"这句话中讲到的是一个不同的天。

我们也可以说：记录为在开初创造出来的那个天与第二天创造

出来的那个天并不是一回事。而且,对此也可以以不同的意义加以理解。奥古斯丁在《〈创世记〉文字注》第 1 卷第 9 章中说:记录下来的作为第一天造出来的天是那无形式的精神的本性,而第二天造出来的天则是有形的天。按照伯德与斯特拉布的观点,第一天造出来的天是“最高天”,第二天造出来的苍穹则是星辰天(caelum sidereum)。按照大马士革的约翰《论正统信仰》第 2 卷第 6 章中的观点,“在形式上是球体的但是却没有星辰的天”是第一天造出来的。其实,哲学家们也说过同样的话(问题 68 第 2 条答异议理据 3;第 3 条),他们称之为第九重天和以周日(diurno)运动的形式运动着的原初运动形体,而把第二天造出来的苍穹理解为星辰天。

按照奥古斯丁在《〈创世记〉文字注》第 2 卷第 1 章中所涉及到的另一种理论,第一天造出来的天是星辰天,而第二天造出来 414b
的苍穹则是作为云块浓缩之处的大气地带,这虽然也被称作天,但却是具有多义的。为了表明在这里“天”这个词是在多义的意义上使用的,经文上明确地说道“上帝称苍穹为‘天’”,正如在前面的句子中,经文上说道“上帝称光为‘天’”一样(因为“天”这个词也被用来表示二十四小时的时间)。正如拉比摩西在《迷途指津》第 2 卷第 30 章中所指出的那样(问题 69 第 1 条答异议理据 5),还有一些类似用法的别的例证。

由我们已经说过的这些话,也就充分地回答了第 2 条和第 3 条反对意见。

第 2 条　在苍穹之上是否有水?

现在我们着手讨论第 2 条。

异议:苍穹之上似乎并没有水。

理据1:因为水就其本性而言是重的,而重的事物是自然趋向于向下,而不是向上。所以,苍穹之上是没有水的。

理据2:再者,水就其本性而言是液体,而各种液体,如经验所显示的,是不可能在一个球体上静止不动的。所以,既然苍穹是一个球体,也就不可能有水在它的上面。

理据3:还有,水是一种元素,是用来产生复合物体的,是按照不完满的事物达到完满的事物的那种关系产生复合事物的。但是,具有组合本性的形体是被安排在地上的,而不是被安排在苍穹之上的,所以,水在那儿是无用的。但是,上帝的工作没有什么是白白地干的。由此可见,在苍穹之上是没有水的。

但是,从另一个方面看,《创世记》第1章第7节中却写道:"天主分开了苍穹以下的水和苍穹以上的水。"

我的回答是:赞同奥古斯丁在《〈创世记〉文字注》第2卷第5
415a 章中所说的观点,"《圣经》中的这些话比最崇高的人的理智还更有权威。因此,不管这些水是什么东西,也不管它们是以什么样式存在的,我们都不可能有一瞬间怀疑它们是存在于那儿的。"至于这些水的本性,并不是所有的人的观点都是一致的。奥利金说:苍穹之上的水是精神实体。正因为如此,《诗篇》第148篇第4节中写道:"天上的水,请赞美上主的名。"《达尼尔》第3章第60节中也写道:"天上的水,请赞美上主。"对此,巴西尔在《六天创世注》第3卷中回答说:这些话并不意味着这些水是理性受造物,而只是意指那些能够理解的人对它们的默思成就了造主的荣光。因此,在同样的语境下,火、冰雹和其他一些类似的受造物也都以同样的方式被召唤了出来，虽然没有一个人会把理性归于它们。

因此，我们必须坚持认为：这些水虽然是物质的，但是它们的本性，真正说来，将随着对苍穹的意见的不同而得到不同的界定。因为如果我们把苍穹理解为星辰天，并且具有四种元素的本性，那么由于同样的理由，人们就可以相信天上的水和作为元素的水具有同样的本性。

但是，如果我们把苍穹理解为星辰天，然而却不具有四种元素的本性，那么，苍穹之上的水的本性就将同作为元素的水不一样，而是一如斯特拉布所说（问题 68 第 1 条答异议理据 1），一个天由于太阳的光辉被称作最高天，亦即净火天，而另一个天，则仅仅由于它的透明而被称作水晶天。[①] 这层天是位于星辰天之上的。再者，如果苍穹被认为具有的是别的本性而不是元素的本性，如果我们把水理解为不是元素而是无形式的质料，那就依然可以说是把水分开了。事实上，奥古斯丁在《〈创世记〉注——兼驳摩尼教派》第 1 卷第 7 章中就曾经说过：凡是把物体分开的都能够说成是把水分开的。

然而，如果我们把苍穹理解为云块浓缩在其中的大气的一部 415b
分（问题 68 第 1 条答异议理据 1），那苍穹上的水就必定是由那些被提升到高于大气层一部分的水分解而成的蒸汽，而雨也就是从那儿降下来的。但是，像为奥古斯丁在《〈创世记〉文字注》第 2 卷第 4 章中所提及的一些作家那样，说化解成蒸汽的水会提升到超出星辰天是不可能的。苍穹的坚实的本性，居中地带的火，在那

---

① 参阅大阿尔伯特：《〈箴言四书〉注》，Ⅱ，dist. ⅪⅤ，第 2 条。

里，所有的蒸汽都必定被化解掉，光和稀薄化了的物体漂向月亮拱顶下面的场所的趋向，以及各种蒸汽被知觉为甚至没有上升到高山山顶这样的事实，所有这一切都表明这样一种水的提升是不可能的。在支持这种意见时，说各种物体可以被无限地稀薄化，其荒谬程度也是不低的。因为自然物体是不可能无限地稀薄或分割，而只能达到一定的程度。

答异议理据1：一些人试图通过下面这个假定来解决这种困难，这就是：尽管水自然是重的，但是它却能够藉上帝的能力保持着它的在苍穹之上的位置。然而，奥古斯丁在《〈创世记〉文字注》第2卷第1章中却不愿意承认这种解决方式，而说："在这里，我们的职责在于探究上帝如何构造他的受造物的本性，而不是去探究奇迹对它们的影响究竟能够在何种程度上取悦上帝。"

因此，我们摒弃这种观点，并且回答说：按照关于苍穹和水的后两种意见，这种解决方式看来是从已经说过的话演绎出来的。按照第一种意见，各种元素的秩序必定被认为有别于亚里士多德所提供的秩序，即地周围的水具有稠密的浓度，而环绕着苍穹的水则具有稀薄的浓度，且水所具有的稀稠程度也是与地和天的密度成比例的。[①] 或者，我们也可以把水理解为显示出来的物体的质料，事实上，我们在前面已经谈到过这一点。

答异议理据2：按照后两种意见，这种解决方式显然是来自我们已经说过的内容。但是，按照第一种意见，巴西尔在《六天创世注》第3卷中却提供了两种答复。他首先回答说：一个从下面看

---

① 亚里士多德：《论天》，Ⅱ，4，287a32。

为凹面的物体从上面看未必就是构成圆形的或凸面的。其次，苍穹之上的水并不是流动的，而是以一种固体的状态存在于它的外面，就像冰块一样，而这也就是一些作家所谓的水晶天（问题 68 第 4 条）。 416a

答异议理据 3：按照所提供的第三条意见，苍穹之上的水以蒸汽的方式被提升了上去，这有助于说明何以雨降到地上。但是，按照第二种意见，它们是处于那层完全透明的和无星辰的天的上面的。按照一些人的看法，这正是第一运动物体、整个天每日旋转的原因，产生的连续性也正是因此而得到了保证。同样，做黄道运动的星辰天也就是不同的物体产生和消灭的原因，而这种产生和消灭是经过各个星辰的升落以及它们的各种不同的影响实现出来的。但是，按照第一种意见，这些水，就像巴西尔在《六天创世注》中所设想的那样，被置放在那儿，以便给各个天体加温。而奥古斯丁在《〈创世记〉文字注》第 2 卷第 5 章中也说道：一些人曾经断定这一点业已为土星由于它之极其接近苍穹以上的水而极冷得到了证明。

第 3 条　苍穹是否把水分开了?

现在我们着手讨论第 3 条。

异议：苍穹似乎并没有把水分开。

理据 1：因为属于同一个种相的物体自然地具有同一个场所。但是，哲学家却说："所有的水都属于同一个种相。"[①]所以，水是不

---

① 亚里士多德：《论题篇》，Ⅰ，5，103a19。

可能藉场所区分开来的。

理据2：再者，如果苍穹以上的水与苍穹以下的水属于不同的
416b 种相的话，那就可以主张相反的观点，认为种相上不同的事物是根本无需任何别的东西来区别它们的。因此，如果这些水在种相上不同，则区别它们的也就不是苍穹了。

理据3：再者，对水作出区别的东西必定是某种同它们两个方面都有所接触的东西，就像一堵墙矗立在一条河的中间一样。但是，很显然，下面的水是不可能提升到苍穹的高度的。所以，苍穹并不能够区分开水。

但是，从另一个方面看，《创世记》第1章第6节中却写道："在水与水之间要有苍穹，将水分开！"

我的回答是：《创世记》的文本，从表面上看，很容易使人采纳一种类似于一些古代哲学家所主张的理论，这就是：水是一种在大小方面无限的物体，是所有物体的初始元素。这样，"渊面黑暗"这个短语中的"渊"这个词也就可以被认为是用来意指无边无际的水，而这种水则是应当被理解为万物的原则。这些哲学家还教导说，并不是所有的有形事物都被限制在为我们的感官所知觉到的天的下面，而是有一种浩瀚无限的水的物体存在于天上。按照这种观点，苍穹便可以被说成是区分了其外的水与其内的水，也就是说，区分了其外的水与天下的所有物体，因为他们认为水构成了天下所有物体的原则。

然而，既然这种理论能够有非常可靠的理由被表明是错误的，那就不能够说是《圣经》的道理。毋宁应当被认为是摩西讲给无知无识的民众的，为了俯就他们的能力，他便只讲一些对他们

的感官显而易见的东西。即使那些最没有受到过教育的人们藉着他们的感官也能够知觉到土和水是有形的，而同样有形的气则不是对所有的人都是明显的，因为甚至一些哲学家也说过气是虚 417a 无，从而把由气充满的空间称作虚空。

因此，摩西在其明确地提到水和土的同时，并没有非常明确地提到气这个名称，以免在那些无知无识的人们面前讲一些超乎他们知识范围之外的东西。然而，为了向那些有能力理解它的人表达这一真理，他在"渊面黑暗"这个短语中暗示出了作为附随现象的气之可以说是在水上面的存在。因为这个短语可以理解为在水的表面之上，有一种透明的物体在延伸着，而这种光与黑暗的主体其实也就是气。

因此，不管我们把苍穹理解为星辰天，还是大气的云层地带，如果我们用水来表示藉水的名称意指的无形质料或任何种类透明的物体，我们就都能够正确无误地说它区分开了水。因为星辰天区分了低处的透明体与高处的透明体，而云层地带则区分了高处的大气和低处的大气，雨与其他类似的东西是在高处的大气层产生出来的，而低处的大气层则是同水联系在一起的，并且是包括在这个名称之下的。

答异议理据 1：如果苍穹被理解为星辰天，则其上面的水与其下面的水就不可能属于同一个种相。但是，如果苍穹被理解为大气的云层，则这两个部分的水也就属于同一个种相了，而两个场所也就分别指派给了它们，虽然并不是出于同一个目的，其中上面是它们产生的场所，而下面则是它们置放的场所。

答异议理据 2：如果水被认为是在种相上不同的，则苍穹就不能说是区分的原则，而仅仅是作为它们的边界来区分水了。

答异议理据3：由于气和别的类似的物体是不可见的，摩西就把所有这样的物体都包括在水的名义之下了。因此，很显然，水
417b 是可以在苍穹的每一边发现的，无论"水"这个词在什么意义上加以使用都是如此。

第4条　是否只存在有一个天？

现在我们着手讨论第4条。

异议：似乎只存在有一个天(caelum)。

理据1：因为在"起初上帝创造天地"这句话里，天是同地相对照的。但是，只有一个地。所以，也就只有一个天。

理据2：再者，凡是由它自己的质料的全部总和构成的东西就必定只有一个。如哲学家在《论天》第1卷中所证明的，天也就是这样一种物体。[①] 所以，也只存在有一个天。

理据3：还有，凡是单义地言说许多事物的东西都是按照某个公共概念来言说它们的。但是，如果存在着不止一个天，它们也就是这样单义地称呼的。因为如果只是多义地称呼的，它们也就不可能恰当地说成是多了。因此，如果它们是多的话，那就必定存在有每一个借以称作天的某个公共概念，但是，这样的公共概念是指派不出来的。由此可见，是不可能有一个以上的天的。

但是，从另一个方面看，《圣咏集》第148篇第4节中却说道："天上的诸天(caeli caelorum)，请赞美上帝！"

---

① 亚里士多德：《论天》，Ⅰ，9，279a7。

我的回答是:在这一点上,巴西尔与金口约翰之间的意见似乎不同。后者在《〈创世记〉注》第 4 卷中说:只存在有一个天,并且"天上的诸天"这个短语只是希伯来语的习惯用法,按照这种习惯用法,"天"这个词始终是用作复数的,正如在拉丁文中,有许多名词是缺乏单数形式的一样。另一方面,大马士革的约翰所追随的巴西尔在《六天创世布道集》第 3 卷中却说存在有许多天。然而,差别更多的是名义上的,而不是实在的。因为金口约翰的所谓一个天意指的是处于地和水之上的整个形体。由于这个理由,在大 418a
气层中飞翔的鸟便可以称作天上的鸟了。但是,既然在这个形体中,存在有许多不同的部分,巴西尔也就说存在有不止一个天。

因此,为了理解诸天的区别,我们必须牢记在心的是:《圣经》是在三种不同的意义上讲天的。有时,它是在它的专门的和自然的意义上使用的,这时它要意指的是那个处于高处其实际地和潜在地是透明的而且就其本性来说是不可朽坏的形体。在这个形体中,有三种天。第一种是最高天,它是完全明亮的;第二种天是水成天或水晶天,是完全透明的;第三种天被称作星辰天,它是部分透明部分实际明亮的,并且被划分成了八个星球。这些中的一个被称作恒星;而其他七个则被称作行星。

其次,"天"这个名称是能够应用到任何分有天体属性的形体的,诸如分有现实性和潜在性、崇高性和光辉这样一类属性的形体。因此,大马士革的约翰在《论正统信仰》中坚持认为是一个天占据了水和月亮天体之间的所有空间,并称之为大气天。因此,按照他的看法,就有三重天:大气天,星辰天,以及一个高于这两者的天,当使徒在《哥林多后书》第 12 章第 2 节中说到他自己时说他“被提升到三层天上去”的时候，便被认为讲到了这层天。

但是，既然这个空间包含着两种元素，即火和气，而且在这些元素中的每一种中都存在有一个较高地带和较低地带的问题。拉巴努便把整个空间进一步细分为四个不同的天。火的较高的地带，他称之为“净火天”；较低的地带，他称之为“奥林匹亚天”，来自一个同名的高山；大气层的那个较高的地带，由于其光明的缘故，而被他称之为“以太天”；较低的地带则被他称之为“大气
418b 天”。所以，当这四个天被加到前面枚举的三个天上之后，按照拉巴努的意见，总共就有了七个有形的天。

第三，“天”这个词也有隐喻的用法。例如，当“天”这个词被应用到神圣三位一体时情况就是如此，因为神圣三位一体即是光和最高的灵。在“我将攀登到天顶”这句话中，当被这样运用时，被一些人解释为：藉此恶灵被说成是企图使自己等同于上帝。有时精神的东西，作为对圣徒们的酬报，由于是所有善的赠品中最高的，而用“天”这个词来表示。而且，实际上，按照奥古斯丁《“登山宝训”注》第1卷第5章中的观点，《马太福音》第5章第12节中“你们在天上的赏赐是大的”这句话中也就是这样表达的。

而且，有三种超自然的景观：形体的，想象的和理智的，有时也就被称作有这么多天。奥古斯丁在《〈创世记〉文字注》第12章中在解释保罗达到“第三层天”的狂喜时也提到这些天。

答异议理据1：地所处的位置同天的关系就像一个圆的圆心同它的圆周的关系一样。但是，正如一个圆心可能具有许多圆周一样，所以虽然只有一个地，但是却可能有许多天。

答异议理据2：这个论证，就其表示物质创造的全部总和而

言,是适合于天的。因为在这个意义上它只有一个。

答异议理据 3:所有的天都共同具有崇高性和一定程度的光辉,这从我们已经说到的看是很清楚的。

问题 69
论第三天的工作
（共 2 条）

我们接着考察第三天的工作。

在这个项目下，有两个要点需要探究：

（1）关于水的聚集问题。

（2）关于植物的产生问题。

419a **第 1 条　如所记录的，说把水聚集到一起发生在第三天是否合适？**

现在我们着手讨论第 1 条。

异议：说把水聚集到一起（aquarum congregatio）发生在第三天似乎是不合适的。

理据 1：因为第一天和第二天造出来的东西，在"上帝说：'要有光（造出来）'"和"天主说：'要有苍穹（造出来）'"这两句话中，被明确地说成是已经"造出来"了。但是，第三天则同第一和第二天不一样。所以，第三天的工作应当被说成是一种"作为"（factionis），而不是一种"聚集"（congregationis）。

理据 2：再者，地迄今为止已经完全为水覆盖住了，所以，它被说成是不可见的。因此,在地上就没有什么场所能够让水聚集到一起。

理据 3:再者,相互之间并不连续的事物是不可能占据一个地点的。但是,并不是所有的水都是相互连续的,所以,并不是所有的水都能聚集到一个地点的。

理据 4:再者,聚集到一起属于一种位置移动。但是,水是自然流动的,并且其流程是趋向大海的。所以,就水的情况而言,上帝的这类训令是不必要的。

理据 5:还有,地是藉着"起初上帝创造天地"这句话在它的最初创造时获得其名称的。所以,把它的名称强加到第三天似乎是没有必要记录下来的。

但是,从另一个方面看,单单《圣经》的权威也就足够了。

我的回答是:按照奥古斯丁和别的宗教作家的不同的解释(问题 66 第 1 条),对这个问题作出不同的答复是必要的。在所有这些工作中,按照奥古斯丁《〈创世记〉文字注》的说法,是不存在什么持续时间的秩序的,而只有起源和本性的秩序。他说:无形式的精神的和无形式的物质的本性都是首先创造出来的,后者最初是由"地"和"天"这两个词表示出来的。这并不是因为无形 419b
式性在时间上先于成形,而仅仅是因为它在起源上先于成形。而且,一种成形先于另一种成形也不是就持续时间而言的,而仅仅是就本性的秩序而言的。因此,同这种秩序相一致,最高的和精神的本性的成形是首先记录下来的,在那儿经文上说道:光是在第一天造出来的。因为正如精神的本性高于物质的本性一样,高级的物体也比低级的物体更高贵些。因此,高级物体的成形是在第二处，以“要有苍穹（造出来）”这句话指示出来，而这应当被理解为天的形式对无形式的质料的塑造，并不是时间上在先的，而仅仅是起源上在先的。但是，元素的形式对无形式的质料的塑造却是在第三处记录下来的，这也同样仅仅是起源在先的。所以，“天下的水要聚到一处，使旱地露出来”这句话意指的是有形质料受到水的实体形式的塑造，从而具有了这样的运动，进而受到了地的实体形式的塑造，从而具有了这样的外貌。

然而，按照其他宗教作家的观点（问题66第1条），这些工作的持续的秩序却被理解为是存在于时间之中的，而这就意味着，质料的无形式性先于它的成形，一个形式先于另一个形式。尽管如此，他们并不认为质料的无形式性意味着形式的全然缺席，既然天、地和水都已经存在了，而这三样东西也都是由于已经为感官清楚地知觉到而得到它们的名称的。毋宁说，他们把无形式性理解为应有的区别和完满的美的缺失，而且，就这三样东西而言，《圣经》是提到了三种无形式性的。天，作为它们中最高的，只要它充满了黑暗，就是没有形式的，因为它是光的源泉。作为处于中间位置的水的无形式性，被称作“深渊”。因为，如奥古斯丁在《驳摩尼教徒福斯特》第22卷第11章中所说：“深渊”这个词所表示的是没有秩序的无边无际的水。第三，当地被说成是空闲着的或看不见的时候，就涉及了地的无形式状态。因为它是被水覆盖着的。

420a 因此，最高层形体的成形是在第一天发生的。而且，既然时间是由天的运动产生出来的，并且是这最高层形体运动的数值的尺度，则时间的区分，即昼夜的区分，也就是由这种成形产生出来的。居间的形体，即水，则是在第二天成形的，并从这种成形中接受了一种区别和秩序(从而,如我们在问题 68 第 3 条中所解释的,水被理解为包括着一定的别的事物)。地,这最低层的形体则是在第三天成形的,是由水的排除而接受它的形式的,并且由此也就产生了这最低层形体中的区别,亦即陆地和海洋的区别。因此,《圣经》在通过说它是不可见的和空闲着的话而明确地表达出了地的无形式状态之后,用"使旱地露出来"这句同样合适的话表达了它接受其形式的方式。

答异议理据 1:按照奥古斯丁在《〈创世记〉文字注》第 2 卷中的观点,《圣经》在说到第三天的工作时,并不是像它说那些在先存在的事物一样,说它是造出来的,以便表明:比较高级的和精神的形式,诸如天使和天体,在存在方面是完满的和稳定不变的,而低级的形式则是不完满的和可以变化的。因此,这些形式的塑造便藉水的聚集和旱地的显现表达出来。用奥古斯丁的话说,"因为水会滑动和流走,而地则保持不动。"还有,别的一些人则认为:惟有第三天的工作是关乎从一个位置到另一个位置的运动的,而且由于这个理由,《圣经》没有任何理由把它说成是受造的。

答异议理据 2:这种论证,按照奥古斯丁在《论创世,兼驳摩尼教派》第 1 卷第 12 章中的观点,是容易解答的。因为我们无需假定地最初是被水覆盖着的,而这些水是此后聚集到一起的,而只需假定它们是在这种聚集中产生出来的。

但是,按照其他作家的意见,奥古斯丁在《〈创世记〉文字注》第 1 卷第 12 章中提供了三种答案。第一种假定:水被"堆积"达到比较高的高度,在这个高度上它们聚集到了一起。因为一如巴西尔在《六天创世布道集》中所说:从红海看来,海洋是高于陆地

420b 的。第二种假定把覆盖着地的水解释成被稀薄化了的或星云状的东西，此后在水聚集到了一起时才变得稠密了。第三种假定提出地心是空的，因而能够接受水的聚集。在这些假定中，第一种似乎是最有说服力的。

答异议理据3：所有这些水都以海为它们的目标，它们通过隐藏的或明显的渠道流入了海洋，而这也可能就是它们何以被说成是聚集到了一个地方的原因。“一个地方”这个说法不能被绝对地理解，这是对照于陆地这个地方而言的，以至于这意义就是：“使水聚集到了一个地方”，也就是说，离开了陆地。水占据了不止一个地方似乎蕴涵在接下来的“他称水汇合处为‘诸海洋(Maria)’”这句话中了。

答异议理据4：上帝的命令把物体的自然运动给了物体，而这些物体也就被说成是藉着这些自然运动来“实现他的道(话)”的。或者，我们也可以说：完全覆盖住地是符合水的本性的，正如大气完全覆盖水和地是符合大气的本性一样。但是，作为达到目的一种必要的手段，也就是说，为了使植物和动物得以生长在地上，水从地的一部分撤出就是一件必要的事情了。一些哲学家则把地表的这样一种露出归因于太阳藉蒸腾水汽而把陆地晒干的活动。[1] 然而，《圣经》却不仅在《创世记》，而且也在《约伯记》第38章第10节中，把这归因于上帝的能力，在那里经文上以主本身的名义说道：“是我给海定的界限。”《耶肋米亚》第5章第22节中又写道：“上帝说：‘你们怎么不惧怕我呢？是我用沙为海的界限。”

① 亚里士多德：《形而上学》，Ⅱ，1，353b5。

答异议理据 5：按照奥古斯丁在《论创世，兼驳摩尼教派》中的观点，“地”这个词所意指的即是原初质料，在那里这是第一次提到的，但是，在眼下这段话中，它则是用来代表元素本身的。再者，我们也可以同巴西尔一起说“地”在第一段话中是就它的本性提到的，而在这里则是就它的基本特性，即干燥性，提到的。因此，经文上写道：“他称这块干地为土。”我们也可以赞同拉比摩西在《迷途指津》第 2 卷第 30 章中所提出的观点：“他称”这个措辞完全表明了所使用的这个词的多义的用法。因此，我们在开初发 421a
现经文上说道“他称光为‘天’”，由于后来二十四小时这个时间阶段也被称作天这样一个理由，因为经文上说道：“有晚上，有早晨，这是一天。”同样，经文上说道：“苍穹”，即大气，“他称之为‘天’”，因为最初创造出来的东西也被称作“天”。在这里，经文上又说道：“那块旱地”，即水从那里撤出的部分，“他称之为‘地’”，以区别于海，虽然“地”这个词可以同样用到水所覆盖或不覆盖的地方。所以，“他称”这个措辞，我们把它完全理解成他所赋予的同他所起的名称相称的那种本性或特性。

第 2 条　说植物的产生发生在第三天是否合适？

现在我们着手讨论第 2 条。

异议：说植物的产生（plantarum productio）发生在第三天似乎是不合适的。

理据 1：因为植物，像动物一样，也具有生命。但是，动物的产生所属的，并不是区分工作，而是装饰工作。所以，植物的产生，既然也属于装饰工作，那就不应当记录为发生在第三天，因为第三天是专门用作区分工作的。

理据2:再者,一项使地受到诅咒的工作应当在它借以获得其形式的那项工作之外另作记录。但是,《创世记》第3章第17节中却说:“必为你的缘故受诅咒;地必给你长出荆棘和蒺藜来”,这些话表明:地是由于一些植物的产生而受到诅咒的。所以,一般植物的产生是不应当记录在第三天的,这一天只关乎成形工作。

理据3:还有,正如植物牢固地固定在地上一样,石头和金属也是如此,然而它们在成形工作中却没有提到。所以,植物是不应当在第三天造出来的。

421b 但是,从另一个方面看,《创世记》第1章第12节中却说道:“地发生了青草”,此后又接着说:“有晚上,有早晨,是第三日。”

我的回答是:如上所说(问题69第1条),在第三天,地的无形式状态终结了。但是,这种状态被说成有两种。一方面,地是“看不见的或空闲着的”,这是由于水覆盖的缘故;另一方面,它是“无形状的或空的”,也就是说,它是缺乏植被的装点而形成的那样一种秀丽的。因此,无论从那一个方面看,这种无形式状态都是在第三天终结的。首先,在那一天,“水要聚到一处,使旱地露出来”;其次,那时,“地发生了青草。”

但是,在植物的产生方面,奥古斯丁的意见与众不同。因为其他评注家,根据文本的表面意义,认为:各种植物是按照它们各种不同的种相在第三天现实地产生出来的。然而,奥古斯丁在《〈创世记〉文字注》第5卷中却说:“地被说成是在那时就已经具有了产生各种植物和树的原因,也就是说,那时它已经获得了产生它们的能力。”他求助于《圣经》的权威来支持这种观点,因为

《创世记》第 2 章第 4、5 节中说道:“这是创造天地的来历。在上上帝创造天地时,它们便被造了出来。在那一天……上帝造出了天地,并且在每一种植物从地上长出来之前就造出了田野里的每一种植物,在每一种草长出来之前就造出了野地上的每一种草。”所以,植物的原因在地内部的产生是在它们从地表长出来之前发生的。这一点也为下述理由所证实。在这些最初的日子里,上帝以万物的起源或原因创造了万物,接着他的这项工作也就停止了下来。然而,此后,在繁殖工作中,通过管理他的创造物,“他至今都还在工作着。”而植物从地上的产生便是一件繁殖工作,从而它们就不是在第三天现实地产生出来的,而只是以它们的原因产生出来的。然而,按照其他作家的意见(参见本条的主体部分),我们则可以说:种相的最初构成虽然属于六天的工作,但是,在它们之间同类产生同类的再产生却属于宇宙的管理范畴。而且,《圣经》上说在每一种植物从地上长出来之前,在每一种草长出来之 422a
前,也就是说在同类从同类中产生出来之前,就如现在在自然过程中藉种子的产生所发生的一样,就表明了这一点。所以,《创世记》第 1 章第 11 节非常中肯地说:“地发生了青草,在地上的果子内都含有种子”,这就暗示着完满种相的产生,其他事物的种子就是由此产生出来的。种子的能力无论存在于何处,无论是在根部、茎部,还是在果实之中,这个问题都影响不了这一论证的力量。

答异议理据 1:在植物中,生命是隐藏着的,因为它们缺乏感觉和位置运动,有生命的事物和无生命的事物主要就是藉此区别开来的。所以,既然它们牢固地固定在地上,它们的产生也就被看成是地的成形的一部分。

答异议理据2：甚至在地受到诅咒之前，荆棘和蒺藜就不仅实质地而且实际地产生了出来。但是，它们不是为了惩罚人而产生出来的，仿佛他为了获得食物而耕种的地生产着无果实的和有毒的植物似的。因此，经文上说："它要为你生出来。"

答异议理据3：摩西在犹太人面前只讲那些对他们的感官是明显的事物，这一点我们在前面就已经说过了（问题67第4条；问题68第3条）。但是，矿物是以隐藏的方式在地的深处产生出来的。再者，它们似乎很难区别于土，似乎是土的一个种相。所以，由于这个原因，他才没有提到它们。

问题 70

论第四天的装饰工作

（共 3 条）

我们必须接着考察装饰工作，首先是单独每一天的，其次是概论所有七天的（问题 74）。

因此，我们首先考察第四天的工作，其次考察第五天的工作（问题 71），再次考察第六天的工作（问题 72），第四，考察属于第七天的一些问题（问题 73）。

在第一个项目下，有 3 个要点需要探究： 422b

（1）关于光体的产生。

（2）关于它们产生的目的。

（3）它们是否是有生命或灵魂的事物？

第 1 条　光体是否应当在第四天产生出来？

现在我们着手讨论第 1 条。

异议：光体（luminaria）似乎不应当是在第四天产生出来的。

理据 1：因为天上的发光体就本性而言是不可朽坏的形体。所以，它们的质料是不可能没有它们的形式而存在的。但是，正如它们的质料在有任何一天之前就在创造工作中产生出来了一样,它们的形式也应当同样如此。因此,我们可以得出结论说:光体并不是在第四天产生出来的。

理据2:再者,发光体似乎可以说是光的容器。但是,光是在第一天造出来的。所以,发光体也应当是在第一天,而不是在第四天造出来的。

理据3:再者,光体是固定在苍穹之上的,就像植物是固定在地上一样。因为《圣经》说:"他把它们摆列在苍穹之上。"但是,植物被说成是当各种植物附着的地获得了它的形式时产生出来的。所以,光体就应当是和苍穹同时产生出来的,也就是说,是在第二天产生出来的。

理据4:再者,植物是太阳、月亮和其他天体的一种结果。而在自然秩序中,原因是先于结果的。所以,光体不应当是在第四天,而应当是在第三天或第三天之前产生出来的。

理据5:还有,如天文学家所说,存在有许多比月亮更大的星辰。所以,只把太阳和月亮说成是"两个大光体"是不确切的。

但是,从另一个方面看,单靠《圣经》的权威也就足够了。

我的回答是:在概述上帝的工作时,《创世记》第2章第1节中说:"这样,天地和天地间的一切点缀都完成了",从而表明:这项工作有三种。在第一种工作即创造工作中,天和地虽然被创造
423a 出来,但尚不具有形式。在第二种工作即区分工作中,天和地都被完满化,这或者如奥古斯丁在《〈创世记〉文字注》第2卷第11章中所主张的,是通过把实体的形式加到无形式的质料上面实现出来的,或者像其他一些宗教作家所假定的那样(问题66第1条;问题69第1条),是通过把适合于它们的秩序和美赋予它们

实现出来的。添加到这两项工作之上的是装饰工作，这是不同于完满化的。因为天和地的完满化似乎关涉的是那些内在地属于它们的事物，而装饰所关涉的则是那些外在的事物，正如一个人的完满化在于他的固有的部分和形式，而他的装饰则在于着衣一类的事物。这样，正如一些事物的区分，当一个事物同另一个事物隔开的时候，是由它们的位置的运动最明显地造成的一样，装饰工作也是藉在天上和地上具有运动的事物的产生昭示出来的。但是，如上所述(问题 69 第 1 条)，有三件事物被记录为是创造出来的，这就是天、水和地；而这三种事物也都是从这三天的区分工作中获得它们的形式的：天是在第一天形成的，水是在第二天分开的，而地则是在第三天分成海洋和旱地的。所以，在装饰工作中也是如此：在这项工作的第一天，即创造的第四天，光体产生了出来，以便藉它们的运动来装饰天；在第二天，即创造的第五天，鸟和鱼出现了，这使得这中间环境由于它们在大气和水(它们在这里被认为是一个东西)中运动而变得美丽了；而在第三天，即创造的第六天，动物(禽兽)出现了，它们在地上运动，从而装饰了地。这里我们必须注意到：奥古斯丁在《〈创世记〉文字注》中所阐述的关于光体的产生的意见同其他宗教作家的意见是没有什么两样的。他说：它们是实际地造出来的，而不仅仅是一种受造的可能性，因为苍穹并不是像地具有产生植物的能力那样，具有产生光体的能力的。所以，《圣经》并没有说："要苍穹产生光体"，虽然它说过："地发生了青草。"

答异议理据 1：按照奥古斯丁在《〈创世记〉文字注》中的意见，这里并不存在什么困难。因为他并不坚持认为在这些工作

中有一种时间的连续，从而也就根本不需要发光体的质料在另
423b 一种形式下存在。而在那些认为天体具有四种元素本性的人的意见中也不存在有什么困难(问题68第1条)，因为我们可以说它们是由已经存在的质料形成的，正如动物和植物是这样形成的一样。然而，对于那些认为天体具有这些元素的另一种本性，从而是自然地不可朽坏的人来说，其答案就必定是：光体虽然从一开始就是实体性地创造出来的，但是，它们的实体，由于在最初是无形式的，所以在这一天便不是经由接受它的实体的形式形成的，而是经由接受一种确定的能力形成的。至于这些光体不是作为从一开始就存在的东西而提到的，而是仅仅作为在第四天造出来的东西而提到的这样一个事实，金口约翰在《〈创世记〉布道集》第6卷中则以保护人民免于偶像崇拜的危险的需要做了解释，因为这些光体由于它们并不是一开始就存在的，故而就被证明为不是神。

答异议理据2：如果我们遵循奥古斯丁《〈创世记〉文字注》第1卷第12章中的意见，坚持认为：在第一天造出来的光体是精神的，而在这一天造出来的光体是物质的，那就根本不存在什么困难。然而，如果在第一天造出来的光体被理解为其本身即为物质的，那我们就必须认为那一天产生出来的仅仅是一般的光体，到了第四天，这些光体便获得了一种确定的力量，从而能够产生出一些确定的结果。于是，我们看到：太阳的光线具有一种结果，而月亮的光线则具有另外一种结果，如此等等。因此，在说到这样一种能力的规定性时，狄奥尼修斯在《论神的名称》第4章第4节中说道：太阳光体，先前原本没有形式，是在第四天才形成的。

答异议理据 3：按照托勒密的意见，发光体在各个星球之中并不是固定的，而是具有它们自己的运动，有别于各个星球的运动。因此，金口约翰在《〈创世记〉布道集》中说，上帝被说成是把它们安置在苍穹之上，并不是因为他把它们永远不变地固定在那儿，而是因为他吩咐它们在那儿，正如他把人安排在伊甸园中，人就在那儿一样。然而，按照亚里士多德的意见，星辰是被固定在它们的轨道上的，而且实际上，除却星球的运动外并没有任何别的运动。然而，我们的感官知觉到的却是发光体的运动，而不是星球的运动。[①] 但是，摩西迁就犹太人的无知，描述的却是对感官明显的东西，这一点我们在前面就已经说过了。然而，如果我们认 424a
为第二天造出来的苍穹同那个星辰被置放其中的苍穹有一种本性上的区别，这种反对意见也就落空了，尽管这种区别，如上所述（同上引书），对于作为摩西所遵循的证据的感觉来说是不明显的。因为虽然对于感觉来说，似乎只有一个苍穹；但是，倘若我们承认有一个较高的苍穹和一个较低的苍穹的话，则较低的就会是在第二天造出来的，而星辰就会是在第四天固定在那个较高的苍穹之上的。

答异议理据 4：在巴西尔在《六天创世布道集》第 5 卷中所说的这些话中，为了防止偶像崇拜，植物被说成是作为在太阳和月亮之前产生出来的东西记录下来的，因为那些认为天体是神的人认为植物原初是起源于这些形体的。虽然，如金口约翰在《〈创世记〉布道集》第 5 卷中所说的那样，太阳、月亮和星辰在产生工作

---

① 亚里士多德：《论天》，Ⅱ，8，289b32。

中通过它们的运动而协同运作，就像农民通过他的劳动协同运作一样。

答异议理据5：一如金口约翰所说，这两个光体被称作大的，并不是说它们的体积像它们的影响和能力一样大。因为虽然这些星辰的体积比月亮大，然而，月亮的影响在这个低级世界里却更容易为感官知觉到。再者，就同感官相关的而言，它显示出来的尺寸也大些。

第2条　说光体有产生的原因是否合适？

现在我们着手讨论第2条。

异议：说光体（luminarium）有产生的原因（causa productionis）似乎是不合适的。

理据1：因为《耶利米书》第10章第2节中说道："不要畏惧天上的异兆：这是异民所畏惧的。"所以，天上的光体并不是被造出来用作征兆的。

理据2：再者，征兆是同原因相抵触的。但是，这些光体却是地上发生的事情的原因。由此可见，它们并不是征兆。

理据3：再者，季节和日的区分是从第一天开始的。所以，这些光体并不是"为季节、日和年"，也就是说，并不是为了区分它们而造出来的。

424b 理据4：再者，没有什么事物是为了比它自身低级的事物造出来的。因为目的总是比手段要好些。但是，这些光体却比地高贵。由此可见，它们之被造出来并不是为了照亮它。

理据5：还有，新月是不能够被说成是"管夜晚"的。但是，月亮当它最初造出来的时候很可能就是这样的，因为人是从新月开始计日的。所以，月亮造出来并不是为了“管夜晚”的。

但是，从另一个方面看，单靠《圣经》的权威也就足够了。

我的回答是：正如我们已经说过的（问题 65 第 2 条），物质受造物是能够看作是为了它自身固有的现实，或是为了其他受造物，为了整个宇宙，为了上帝的荣光造出来的。在这些理由中，为了使他的国民摆脱偶像崇拜，唯独那条指出这些事物对人的用处的理由为摩西谈到过。因此，《申命记》第 4 章第 19 节中写道：“当你举目望天，观看日月星辰，和天上的众星宿时，切不要为之勾引，而去敬拜侍奉。那原是上主，你的天主分赐给普天下万民享用的。”这样，他就把《创世记》中最初记载的这种服务解释成三种。首先，各种光体是就人的视力而言服务于人的，在人的各项工作中指导人，而且这对认识事物也是最有用的。对此，他说道：“让它们在苍穹上照耀，并且把生命给予大地。”其次，是就季节的变化而言的，这种变化可以防止厌倦，保持健康，并且提供必要的食物，而所有这些事物要是始终只是夏天或冬天就不可能得到保证。对此，他说道：“让它们成为规定季节和年月日的记号。”第三种服务相关的是方便人们做事情和工作；这是就这些光体被设置在天上而言的，因为这样一来就可以表明晴天或恶劣的天气，有利于各种不同的工作。在这个方面，他说道：“让它们成为征兆。”

答异议理据 1：天上的光体被设置出来，是用作物质受造物受到影响的变化的征兆，而不是那些取决于自由选择的变化的征兆。

答异议理据2：我们有时是藉一些隐藏结果的可以感觉到的

425a 原因获得这些隐藏结果的知识的，反之亦然。因此，没有什么事物能够阻止一个感性原因成为一个征兆。但是，他却说：能够防范偶像崇拜的是“征兆”，而不是“原因”。

答异议理据3：把时间一般划分成昼夜就周日运动来说是发生在第一天的，这种运动对整个天来说是公共的，并且可以理解为是从第一天就开始了的。但是，对各天、各个季节和各年的特定的区分，就一天比一天热，一个季节比另一个季节热，一年比另一年热而言，是应当归因于星辰的一些特殊运动的，这些星辰可能是在第四天开始这种运动的。

答异议理据4：光是为了服务于人才赋予大地的，而人是凭借他的灵魂的理性能力而比这些天体尊贵的。说较高等级的受造物可以为了低级的受造物而造出来也是不正确的，这不是就它自身而言的，而是就安排达到整个宇宙的好处而言的。

答异议理据5：当月亮达到完满的时候，它就在夜晚升起来而在早上落下去，从而它就管着夜晚；而且它很可能是在它完满的时候造出来的，就像生长出种子的植物那样，动物和人自身也是如此。因为虽然完满的事物是通过自然过程从不完满的事物发展而来的，然而，完满的事物却必定绝对地先于不完满的事物而存在。然而，奥古斯丁在《〈创世记〉文字注》第2卷第15章中却并不是这样说的，因为他说：说上帝先造出不完满的事物，尔后他才使之完满化，是不适当的。

第3条 天上的光体是否是有生命或灵魂的存在物？

现在我们着手讨论第3条。

异议：天上的光体似乎是有生命或灵魂的存在物(animata)。

理据 1：因为一件物体越是高贵，它被装饰得也就越是高贵。但是，一件不如天高贵的物体却是用有生命的存在物，用鱼、鸟以 425b
及野地里的禽兽装饰的。所以，天上的光体，作为天的装饰，便也应当是有生命的存在物。

理据 2：再者，一件物体越是高贵，它的形式也就必定越是高贵。但是，太阳、月亮和星辰比植物和动物高贵，从而必定具有更为高贵的形式。但是，在所有形式中最高贵的便是作为生命第一原则的灵魂(anima)。因此，奥古斯丁在《论真正的宗教》第 29 章中说："每一件有生命的实体在自然的秩序中的地位都比没有生命的实体高。"所以，天上的光体是有生命的存在物。

理据 3：再者，原因比它的结果高贵。但是，太阳、月亮和别的一些光体都是生命的原因，这在由腐烂生物产生出来的动物身上尤其明显，它们是由太阳和星辰的能力获得生命的。所以，天体就更其具有有生命的灵魂了。

理据 4：再者，天和天体的运动是自然的，而自然的运动是出自内在原则的。[①] 但是，一如《论天体》第 1 卷中所说，天体的运动原则便是一种能够认识的实体，并且它之被推动就像欲望者为所欲望的对象所推动一样。[②] 所以，认识原则对于天体来说便似乎是内在的，从而它们也就是有生命的存在物了。

理据 5：还有，天为第一运动物体。这样，在所有那些具有运

---

① 亚里士多德：《论天》，Ⅰ，2，269a30。

② 亚里士多德：《形而上学》，Ⅻ，7，1072a26。

动的事物中，第一个是推动它自身的，这一点在《物理学》第8卷中就证明出来了，因为自行存在的事物总是先于藉另一个事物而存在的事物的。[①] 但是，只有那些有生命的存在物是推动它们自身的，同一本书对此也做了证明。[②] 所以，天体是有生命的存在物。

但是，从另一个方面看，大马士革的约翰在《论正统信仰》第2卷第6章中却说："没有一个人会认为天或天体是有生命或灵魂的存在物，因为它们既没有生命也没有感觉。"

我的回答是：哲学家们对这个问题的意见是不同的。例如，阿那克萨哥拉，如奥古斯丁在《上帝之城》第18卷第41章中所
426a 说，"由于教导说太阳是一个燃烧着的石块，它既不是神，甚至也不是一个有生命或灵魂的存在物，而受到雅典人的谴责。"另一方面，柏拉图派却认为天体具有生命或灵魂。[③] 教会神学家之间对这个问题的意见差异也不小。奥利金在《第一原则》第1卷第7章、哲罗姆在《〈传道书〉注》中都相信这些物体是有生命的，而后者则在这个意义上解释了"这灵吹向南，又转向北，旋转不息，循环运行"这句话。但是，巴西尔在《六天创世布道集》第3卷、大马士革的约翰在《论正统信仰》第2卷第6章中却主张天体是无生命的。奥古斯丁则将这个问题存疑，没有使自己陷入任何一种理

① 亚里士多德：《物理学》，Ⅷ，5，256a21。

② 同上书，Ⅷ，4，255a6。

③ 奥古斯丁在《上帝之城》第13卷第16章中曾经把这种学说归因于柏拉图派。请参阅波爱修：《波菲利〈引论〉注》，Ⅲ、Ⅳ；柏拉图：《蒂迈欧篇》，41D；也请参阅阿维森纳：《形而上学》，Ⅸ，2；阿维洛伊：《〈形而上学〉注》，Ⅻ，36；《毁灭的毁灭》，disp. 14。

论，虽然他在《〈创世记〉文字注》第 2 卷第 18 章及《教义手册》第 18 章中也向前走得很远，以至于说：如果天体真的是有生命或灵魂的存在物，它们的灵魂也就同天使的本性相似了。

在考察这个问题的真理时，凡这些意见分歧所在的地方，我们都应当尽力牢记在心：灵魂和身体的结合为的是灵魂而不是身体；因为形式是不可能为质料而存在的，但是，质料却是为着形式而存在的。然而，灵魂的本性和能力却是通过运作而得到理解的，而这在一定程度上也就是它的目的。但是，这些运作中有一些，如感觉和营养，我们的身体却是它们的一种必要的工具。因此，很显然，感觉灵魂和营养灵魂为了实施它们的功能就必须同身体结合在一起。然而，灵魂的有些运作却不是以身体为工具来实施的，虽说身体似乎可以说是帮助它们产生的。例如，理智就利用来自身体感官的心像，就此而言是依赖于身体的，虽然理智离开身体也能够存在。

然而，营养灵魂借以运作的营养、生长和生殖功能要通过天体得到实施则是不可能的，因为这样一些运作同自然地不可朽坏的形体是不相容的。感觉灵魂的功能要适合于天体也同样是不可能的，因为所有的感觉都依赖于具有知觉元素性质的触觉，而 426b
且，所有的感官都需要一定比例的元素混合，而天体的本性却不是由元素混合而成的。因此，我们可以得出结论说：在灵魂的诸多运作中，只有理解活动和运动的运作才能够归因于天体的运作。因为欲望是从感官知觉和理智知觉这两者产生出来的，并且同它们是相称的。但是，理智的运作，既然并不是藉身体而活动的，也就无需身体作为它们的工具，除非通过感觉提供心像。再者,感觉灵魂的运作,如我们已经看到的,是不可能归因于天体的。因此,灵魂同天体的结合是不可能为着理智的运作这样的目的。

因此,剩下来的工作也就只在于去考察天体运动是否需要灵魂作为推动力。但是,灵魂为了推动天体是根本无需同作为其形式的天体结合在一起的,而是需要通过力的接触,因为推动者总是同其所推动的事物结合在一起的。所以,亚里士多德在说明了第一推动者是由两个部分即推动者和被推动者构成的之后,进而说明了这两部分之间结合的本性。他说,如果两者都是物体的话,这便是由自然接触所产生的。如果一个是物体,而另一个不是,那就只是由一个方面产生出来的。柏拉图派以同样的方式来解释灵魂同身体的结合,把这说成是"推动力同被推动的事物"的接触(问题 76 第 1 条);而且,既然柏拉图认为天体是有生命或灵魂的存在物,而这就意味着没有任何别的事物只有具有精神本性的实体才同它们结合在一起,并且作为它们的动力而活动。天体为某种精神实体的直接影响和接触所推动,而不是像重的和轻的物体那样自然地运动,其证据在于下述这个事实,这就是:自然朝着一个固定的目的运动,当它达到这个目的时候,它就停在那儿了,这种情况在天体的运动中并不会出现。因此,我们可以得出结论说:它们是为某种现实理智实体所推动的。奥古斯丁在表达他的信念,在《论三位一体》第 3 卷第 4 章中宣布"所有物质事物"都是"通过生命的灵"为上帝所统治的时候,看来所持的就是这样一种意见。

由此看来,很显然,天体是不能在动物和植物的意义上成为有生命或灵魂的存在物的;如果把它们称作有生命或灵魂的存在物,那就只能是对之作多义理解的结果。我们也将会看到:那些 427a 对这些形体具有生命持肯定和否定态度的人们之间的意见的差异,并不是事物之间的差异,而只是语词之间的差异。

答异议理据1:一些事物由于它们所特有的运动而属于宇宙的装饰;在这个方面,天上的发光体同别的一些有助于这种装饰的事物是一致的,因为它们也是为有生命的实体所推动的。

答异议理据2:一个存在物虽然可以比另一个绝对地高贵,但是,在特殊的方面却不行。因此,当不承认天体的形式比动物的灵魂绝对高贵的时候,那就必须承认它们相对于其各自的形式来说是优越的。因为它们的形式完全地使它们的质料完满化了,以至于它不可能对别的形式处于潜在状态,而灵魂却做不到这一步。就运动而言,推动天体的能力所具有的也是比较高贵的那种。

答异议理据3:既然天体是一种被推动的推动者,那它就具有一种工具的本性,它就是由于活动主体的能力而活动的;所以,既然这一活动主体是一种有生命的实体,那天体就会由于这一活动主体而分有生命。

答异议理据4:天体的运动之为自然的,并不是由于它们的能动的原则,而是由于它们的被动的原则;也就是说,是由于某种为理智能力所推动的自然倾向的缘故。

答异议理据5:天就它是由推动者和被推动者复合而成的而言,可以说是在推动它自身;但是,这不是经由作为形式的推动者同作为质料的被推动者的结合,而是如我们所说,经由同推动能力的接触使然。因此，就推动原则而言，它可以说是内在的，从而它的运动之相关于那项运动原则便是自然的；这就好像按照《物理学》第8卷中的说法，我们说自愿运动对于作为动物的动物来说是自然的一样。[①]

① 亚里士多德：《物理学》，Ⅷ，4，254b14。

问题 71
论第五天的工作
（共 1 条）

我们必须接着考察第五天的工作。

异议:这项工作似乎描述得不太适当。

理据 1:因为水只产生那些水的能力能够胜任产生的事物。427b
但是,水的能力并不足以产生出每一种鱼和鸟,因为我们发现它们中有许多是从种子(semine)中产生出来的。所以,“水要多多滋生繁殖出具有生命的蠕动生物,以及可以在地面上飞行的鸟和家禽”,这些话并不适合于描述这种工作。

理据 2:再者,鱼和鸟并不止是由水产生出来的,而土在它们的构成中似乎比水更占优势。这一点从它们的身体自然地趋向于地,并且栖息在地上这样的事实可以得到说明。因此,说鱼和鸟是由水产生出来的是不合适的。

理据 3:再者,鱼是在水中运动的,而鸟是在空气中运动的。因此,如果鱼是从水中产生出来的,那鸟就应当是由空气产生出来的,而不是由水产生出来的。

理据 4:再者,并不是所有的鱼类都是在水中蠕动的,因为一些鱼类,如海豹,就有脚,并且在地上行走。所以,用“水要多多滋生繁殖出具有生命的蠕动生物”这句话来描述鱼的产生是不充分的。

理据5：还有，陆地上的动物比鸟和鱼更其完满，这从它们具有更加明显的肢体，并且具有更高等级的生育这样的事实可以看出来。因为它们生育动物，而鸟和鱼则产生卵。但是，比较完满的事物在自然秩序中具有在先性。由此可见，鱼和鸟是不应当在第五天先于陆地上的动物产生出来的。

但是，从另一个方面看，单靠《圣经》的权威也就足够了。

我的回答是：如上所述（问题70第1条），装饰工作的秩序是对应于区分工作的秩序的。因此，正如在指派给区分工作的三天之间，中间的一天，即第二天，是专门用于作为居间的形体的水的区分的一样，在装饰工作的三天中，中间的一天，即第五天，也就同样是指派给居间形体的装饰的，这是藉产生鸟和鱼实现出来的。因此，正如摩西在第四天提到了光体和光，表明第四天对应于第一天，因为在第一天，他曾说过光被造了出来，同样，在第五天，他提到了水和天上的苍穹，表明第五天是对应于第二天的。
428a 然而，我们必须看到：奥古斯丁在鱼和鸟的产生问题上，同其他作家的意见是不同的，正如在植物产生的问题上他的意见与众不同一样。因为其他人说鱼和鸟是在第五天实际地产生出来的，而他在《〈创世记〉文字注》第5卷第5章中却坚持认为水的本性在那天只是潜在地产生出了它们。

答异议理据1：阿维森纳在《论灵魂》第15卷第1章中断言：所有种类的动物都能够由各种元素的合成产生出来，而且这是自然的，无需任何种类的种子。然而，这似乎是错误的。因为自然是通过确定的手段产生它的结果的，从而那些自然地由种子产生出来的事物，就不可能由任何别的方式产生出来。因此，应当更确切地说：在所有那些由种子产生出来的动物的自然产生中，能动的原则就在于种子的成形，但是，在那些由腐烂产生的动物的情况下，成形的能力即是天体的影响。然而，在这两种动物的产生中，质料原则要么是某种元素，要么是某种由元素混合而成的东西。但是，在事物的最初阶段，能动的原则即为上帝的道（言），由物质元素产生动物，这或者如一些宗教作家所说，是现实的，或者如奥古斯丁在《〈创世记〉文字注》第 5 卷第 5 章中所教导的，是可能的。并不是像阿维森纳在《论灵魂》第 15 卷中所主张的，仿佛水或土所具有的产生所有动物的能力就存在于土和水本身之中似的，而毋宁说，它们产生动物的能力要么是由种子的能力，要么是由星辰的影响，从元素的质料中原初地提供这些元素的。

答异议理据 2：鸟和鱼的形体可以以两种观点来审视。如果就它们本身来审视的话，很显然，土的元素必定是主要的，因为这种能动性最少的元素，即土，在量上必定是最丰富的，从而，这种配制在动物的身体中就有望是充分调和的。但是，如果从它们借以形成的以某种特殊的运动来活动的本性方面予以审视的话，则它们同那些它们借以运动的物体就有某种特殊的亲密关系。因此，在这里，这些话正是用来描述它们产生的。

答异议理据 3：空气由于对感官并不是非常明显的，它就不是 428b
单独地得到列举的，而是同别的事物一起列举出来的：部分地同水一起列举，因为空气的这一较低的地带会由于水的蒸发而厚重；部分地同天一起列举，因为天处于一个较高的地带。但是，鸟却是在空气的较低部分运动的，所以被说成是“在苍穹下面”飞行的，仿佛苍穹被用来意指云块集中的地带似的。因此，鸟的产生被归因于水。

答异议理据4：自然是藉着中介从一个端点过渡到另一个端点的。所以，在处于空中的动物与处于水中的动物之间是存在着一些居间类型的动物的，这些动物同它们两者有一些共同的方面。而且，它们还被认为属于那类它们与之关系最密切的动物，这是因为它们同那类动物而不是同其他种类的动物共同具有一些特性的缘故。但是，为了把所有这些具有同它们一样的特殊性质的居间的形式包括在鱼中，在“水要多多滋生繁殖出具有生命的蠕动生物”这句话之后便有了“天主造了大鱼(cete grandia)”这样的话。

答异议理据5：同这些动物的产生藉以实现的秩序相关的，是那些为了装饰而把它们设计出来的形体的秩序，而不是动物本身的优越性。再者，在产生中，比较完满的事物也是通过较不完满的事物达到的。

问题 72
论第六天的工作

（共 1 条）

现在，我们必须考察第六天的工作。

异议：这项工作似乎描述得也不太适当。

理据 1：因为正如各种鸟和鱼都具有生命灵魂(viventem animam)一样，陆地上的动物也同样具有。但是，这些动物本身并不是生命灵魂。所以，“地上要长出各种生物”，毋宁说，“地上要长出有生命的四足的受造物。”

理据 2：再者，一个属相是不应当与其种相相互对立的。但是，野兽和家畜却是四足动物。所以，四足动物是不应当作为一 429a
个种类与野兽和家畜并列在一起列举的。

理据 3：再者，正如别的动物属于一个确定的属相和种相一样，人也应当如此。但是，在人的创造中既没有说到它的属相，也没有说到它的种相。所以，在其他动物的产生中也不应当有什么东西说到它们，而只应当被说成是“各从其类(属相或种相)”。

理据 4：再者，陆地上的动物比各种鸟类和鱼类更其像人，而上帝被说成是为人祝福过的。既然各种鸟类和鱼类被说成是受到过祝福的，那就更其有理由说别的动物这样了。

理据5：再者，一些动物是由腐烂产生出来的，而腐烂即是一种朽坏。但是，朽坏同世界的最初创建（primae institutioni）是相抵触的。所以，这样的动物不应当是在那时产生出来的。

理据6：还有，一些动物是有毒的，并且对人是有害的。但是，在人犯罪之前，是不应当有什么东西对人是有害的。所以，这样的动物是根本不应当由上帝造出来的，因为上帝是善的造主，或者说，至少在人犯罪之前是不会如此的。

但是，从另一个方面看，单靠《圣经》的权威也就足够了。

我的回答是：正如在第五天，居间的物体，即水，受到装饰，从而这一天就对应于第二天，同样，在第六天，最下面的物体或地，也就由于陆地动物的产生得到了装饰，从而是对应于第三天的。因此，地是在两处被提到的。而且，在这里，奥古斯丁在《〈创世记〉文字注》第5卷第5章中再次说道：这种产生是潜在的，而别的宗教作家则认为这种产生是现实的（问题71答异议理据1）。

答异议理据1：在不同的生物中所发现的生命的不同的等级，如巴西尔在《六天创世布道集》第8卷中所说的那样，是能够以各种不同的方式在《圣经》讲到它们的地方发现的。例如，植物的生命就是很不完善的，并且是难于察觉的。因此，在讲到它们的产生时，是根本没有说到它们的生命的，而仅仅提到了它们的产生。因为只有在产生中，在它们身上才能够看到一种生命活动。因为
429b 营养和生长的能力是隶属于生殖能力的，对此我们在后面将予以说明（问题78第2条）。但是，在动物之间，那些在陆地上生活的动物，一般说来，是比鸟类和鱼类更为完满的，这并不是因为如巴西尔所坚持而为奥古斯丁在《〈创世记〉文字注》第3卷第8章中

所反对的那样，是鱼类缺乏记忆的缘故，而是因为它们的肢体更其明显，它们的生育等级更高的缘故（尽管一些不完满的动物如蜜蜂和蚂蚁，在某些方面却更其敏锐）。所以，《圣经》并不把鱼称作"活物(animam viventem)"，而是称作"蠕动的生物(reptile animae viventis)"；但是，由于陆地上的动物具有更其完满的生命，《圣经》便把这些动物称作"活物"，而这似乎意味着鱼类只是一些在它们自身之中具有某种灵魂一类的事物的形体，而陆地上的动物，由于它们的生命具有更高等级的完满性，便似乎可以说是具有从属于它们的身体的有生命的灵魂。但是，人的生命，由于属于最完满的等级，就被说成并不是像其他动物的生命那样，由土或水产生出来的，而是直接由上帝造出来的。

答异议理据 2：所谓"家畜"("iumenta"vel "pecora")意指的是那些由家庭豢养的动物，它们在任何方面都是对人有用的，而"野兽"(bestias)所意指的则是诸如熊和狮子一类的野生动物。所谓"蠕动的生物"(reptilia)意指的是那些或是没有脚从而不可能从地上直立起来的动物，如蛇等，或是那些其脚太短而不能支撑它们离开地面的动物，如蜥蜴和乌龟。但是，既然一些动物，如鹿和山羊，似乎不能归属于这些类别中的任何一类，于是便添加上了"四足动物"(quadrupedia)这个词。或许，"四足动物"这个词最初是用来意指一个属相的，其他一些则是后来作为种相添加上去的，因为甚至一些蠕动生物，诸如蜥蜴和乌龟，也是四足的。

答异议理据 3：在别的一些动物中，以及在植物中，是用属相和种相来表明同类产生同类的。但是，在人的情况下，则是没有必要这样做的，因为关于别的生物已经说过的那些话也是可以理解为是适合于人的。再者，动物和植物也可以说是按照它们的种类产生出来的，表明它们离开上帝的形象和模样是很远的，而人则被说成是“按照上帝的肖像和模样”造出来的。

答异议理据4：上帝的祝福提供了藉生育而繁殖的能力，这一点在前面解说鸟类和鱼类的创造中就已经提到过，是可以理解为
430a 是关于地上的禽兽的，因而无需予以赘述。然而，一如奥古斯丁在《〈创世记〉文字注》第3卷第13章中所说，这种祝福在人的情况下则是需要重申的，因为在人身上，儿童的生育同选民数量的增补是具有特殊关系的，“以免任何人说在生育儿童的活动中存在有什么罪过”。至于植物，“既然它们既体验不到繁殖的欲望，也体验不到生育的感觉，它们也就被认为配不上语言的‘祝福’(benedictioonis verbis)。”

答异议理据5：既然一件事物的产生即是另一件事物的朽坏，则比较完满的事物从较少完满的事物的朽坏中产生出来这种情况就同事物的最初形成不相容。因此，由无生命的事物或植物的朽坏中产生出来的动物，在那时可能是已经产生出来了。不过，那些由动物的朽坏产生出来的事物在那时只能是潜在地产生出来。

答异议理据6：我们可以用奥古斯丁在《〈创世记〉注——兼驳摩尼教派》第1卷第16章中的话来回答：“如果一个笨手笨脚的人走进一个工匠的工作间里，他会看到在这个工作间里有许多器具，他并不懂得其用法，而且，如果他是一个愚蠢的家伙的话，他会认为它们是不必要的。再者，如果他不小心掉进了火里，或者用一种非常锋利的工具伤害了他自己，他就会得出这里有许多事

物是有害的结论。然而，这位知道它们用法的工匠却嘲笑他的愚蠢。同样，一些人也对世界上的许多事物妄加指责，这也是由于他们没有看到这些事物存在的理由的缘故。因为虽然这些事物是我们装修自己的房子所不需要的，但是，它们对于宇宙的完满性却是必要的。”而且，既然人在他犯罪之前就已经顺应所设计的秩序使用过这世界上的事物，则有毒的动物也就不曾伤害过他了。

问题 73

论那些有关第七天的事情

（共 3 条）

我们必须接着考察那些有关第七天的事情。

在这个项目下，有 3 个要点需要探究：

(1)关于这些工作的完成。

(2)关于上帝的休息。

(3)关于这一天的祝福和祝圣。

430b **第 1 条　上帝工作的完成是否应当归于第七天？**

现在我们着手讨论第 1 条。

异议：上帝工作的完成(completio)似乎不应当归于第七天。

理据 1：因为在这个世界上做的所有的事情都属于上帝的工作。但是，一如《玛窦福音》第 13 章第 39 节中所说，"今世的圆满将会是今世的终结。"再者，按照《迦拉达书》第 4 章第 4 节中的说法，基督道成肉身的时间是完成的时间，所以它被称作"圆满的时间"。因此，上帝工作的完成并不属于第七天。

理据 2：再者，一件工作的完成本身即是一项活动。但是，我们并没有读到上帝在第七天工作过，而毋宁说他那天休息，放下了所有的工作。所以,这些工作的完成并不属于第七天。

理据 3:还有,没有任何一件可以添加上许多事物的东西是可以被说成是完全的,除非这些被添加上去的事物是多余的,因为对于一件被称作完全的东西来说,它应当具有的东西没有一件是应付阙如的。但是,许多事物却是在第七天之后造出来的,例如,许多个体事物的产生,甚至一些常常出现的种相的产生,尤其是由腐烂产生出来的动物的情况,都是如此。而且,上帝每天都在创造新的灵魂。还有,道成肉身的工作也是一件新的工作,关于这项工作,《耶利米书》第 31 章第 22 节中说道:“上帝在地上造了一件新事。”奇迹也是新的工作,在谈到奇迹时,《德训篇》第 36 章第 6 节中说道:“求你重新显神迹,重新行奇事。”再者,按照《默示录》第 21 章第 5 节中的说法:“坐宝座的说:‘看哪! 我将一切都更新了’”,当圣徒们得到荣光的时候,一切就都将更新了。所以,上帝工作的完成是不应当归于第七天的。

但是,从另一个方面看,《创世记》第 2 章第 2 节中却说道:“到第七日,上帝造物的工已经完毕。”

我的回答是:一件事物的完满有两种,即第一完满和第二完满。“第一”完满是就一件事物在实体方面是完满的而言的。而
且,这种完满即是那整体的形式。而这种形式又是由那使其各个 431a
部分得以成全的整体产生出来的。但是,“第二”完满则是那目的,它或者是一种运作,如一个竖琴师的目的便是弹竖琴;或者是一种运作所要达到的某种事物,如一个建筑师的目的便是那栋他通过建筑所建造的房子。然而,第一完满乃第二完满的原因。这是因为形式乃运作的原则的缘故。但是,终极的完满,作为整个

宇宙的目的，乃今世终结时圣徒们的完满幸福；而第一完满则是宇宙在其最初创建方面的完成；而这正是我们归于第七天的事情。

答异议理据1：第一完满，如上所述，是第二完满的原因。这样，为了达到幸福，有两样东西是需要的，这就是本性和恩典。所以，如上所述，幸福的完满将出现在世界的终结。但是，这种终结事先即存在于它的原因之中，就本性而言，它存在于世界的最初创建之中；就恩典而言，它则存在于基督的道成肉身之中。因为一如《若望福音》第1章第17节中说："恩典和真理却是由耶稣基督而来的。"因此，就本性而言的终结是在第七天，就恩典而言的终结是在基督的道成肉身，而就荣光而言的终结则在世界末日。

答异议理据2：上帝在第七天活动，不是创造新的事物，而是指导和推动他所创造的事物去做适合于它们的工作，从而他就造了第二完满的某种开端。所以，按照我们的《圣经》译本，这项工作的完成是在第七天，虽然按照另一个译本，它是被安排在第六天的。然而，任何一个译本都是有效的，因为宇宙的完成，就它们各个部分的完成而言，是属于第六天的，但是，就它们的运作而言，其完成则是在第七天的。我们也可以补充说：在持续的运动中，只要任何进一步的运动是可能的，运动除非停止了下来，是不能够被称作完成了的，因为止息所表示的正是运动的终结。这样，上帝就可能在第六天他所造成的那些事物之外另造出许多别的事物。因此，由于他在第七天不再创造它们这样一个事实，他便被说成是在那一天终止了他的工作。

431b 答异议理据3：上帝后来造出来的事物中没有什么是全新的，

所有后来造出来的事物在一个意义上在以前，在六天工作中就造了出来。其实，一些事物在质料上有一种在先的存在，就像上帝从亚当身上取出造成夏娃的那根肋骨一样。而其他事物则不仅在质料中存在，而且还在它们的原因中存在，例如，那些现在产生出来的个体事物就曾存在于它们的最初的种类之中。新的种相，如果这样的种相出现的话，也同样事先存在于各种不同的能动的能力之中。从而，各种动物，或许甚至新的动物种相，也是藉着星辰和元素最初接受的能力由腐烂产生出来的。再者，新的种类的动物偶尔也从属于不同种相的个体之间的交合中产生出来，例如，骡子就是公驴和母马交配的产物。但是，甚至这些也是事先存在于它们的原因之中，亦即事先存在于在六天的工作之中。一些事物则由于相像而事先存在过，例如现在创造出来的灵魂就是如此。而道成肉身的工作本身也就是这样预示了的。因为我们在《腓立比书》第 2 章第 7 节中读道：圣子是"取了奴仆的肖像，成为人的样式。"还有，本身为精神的荣光借助于相像事先在天使身上就出现了；天上的形体的荣光，特别是最高天上的形体的荣光也是如此。因此，《训道篇》第 1 章第 10 节中写道："太阳之下决无新事。殊不知任何一件事物在我们以前早就有过。"

第 2 条　上帝在第七天是否停止了他的所有的工作？

现在我们着手讨论第 2 条。

异议：上帝似乎在第七天并没有停止（requievit）他的所有的工作。

理据 1：因为《约翰福音》第 5 章第 17 节中说道："我父做事直

到如今,我也做事。”因此,上帝在第七天并没有停下他所有的工作。

理据2:再者,静止或休息是同运动或劳作相反的,后者是由运动引起的。但是,既然上帝无需运动和劳作就完成了他的工作,他也就不能说是在第七天停下了他的工作。

432a 理据3:还有,如果说上帝是为了让人休息而在第七天休息的,那我们就可以提出反对的理由,指出:休息被认为是与上帝的工作相矛盾的。从而,“上帝创造”或“形成”这件事物或那件事物这句话,就不能够解释成意指的是他使人创造或制造这些事物。所以,上帝休息是不能够解释为他使人休息的。

但是,从另一个方面看,《创世记》第2章第2节中却说道:“到第七日,上帝造物的工已经完毕,就在第七日歇了他一切的工,安息了。”

我的回答是:休息或静止,严格说来,是同运动相对立的,从而也是同由运动引起的劳作相对立的。但是,尽管运动,严格讲来,是物体的一种性质,然而,“运动”这个词却也可以运用到精神的事物上去,而且,是可以在两种意义上加以运用的。一方面,每一个运作都可以称作一种运动,这样,上帝的善,按照狄奥尼修斯在《论神的名称》第2章第4节中的说法,也就可以说成是在把它自身传达给一件事物的活动中也推动了那件事物并且向那件事物运行。另一方面,趋向于在其之外的另一件事物的欲望,被说成是朝向它运动的。因此,静止便可以在两种意义上加以理解:在一个意义上它意味着工作的停止,而在另一种意义上,它意指的却是欲望的实现。这样,在无论何种意义上,上帝的工作都可以说是在第七天停下来的。首先，这是因为他在那一天不再创造新的事物了，因为如上所述（第1条答异议理据3），在一定意义上，他后来创造的东西没有不是先前存在过的，是最初的工作中所有的；其次是因为他自身是无需他所创造的那些事物的，而只是在他的自我鉴赏中感到幸福。因此，当所有的事物被造出来的时候，他就不应当说是“在”他的工作过程“中”停了下来（in suis operibus requievit），仿佛为了他自己的幸福而需要它们似的，而是应当说是“由于”（ab）它们的完成而停了下来，这事实上是在他自身之中停了下来的，因为他自己就足以实现他自己的欲望。而且，虽然他永恒地安息在他自身之中，但他所追求的他完成他的各项工作的在他自身之中的这种安息，正是那种属于第七天的安息。而这，一如奥古斯丁在《〈创世记〉文字注》第4卷第15章中所说的，即是上帝在那一天“停止了它所行的一切创造工作”的意义之所在。

答异议理据1：其实，上帝是藉保存和准备他所创造的事物，而不是藉创造新的事物，“做事直到如今”的。

答异议理据2：停止或休息，在这里，并不是同劳作或运动相对立的，而是同产生新的事物以及同趋向外部对象的欲望相对立的。

答异议理据3：正如上帝仅仅安息在他自身之中，并且在自我鉴赏中幸福一样，我们自身的唯一的幸福也同样在于对上帝的鉴 432b
赏。这样，他也就使我们既从他的工作也从我们自己的工作在他自身之中发现安息。因此，说上帝安息在给我们提供安息的活动中是不无道理的。绝对不能把这种解释理解为唯一的解释，而毋宁说另外的才是第一的和基本的解释。

第3条 祝福和祝圣是否应当归于第七天?

现在我们着手讨论第3条。

异议:祝福(benedictio)和祝圣(sanctificatio)似乎不应当归于第七天。

理据1:通常我们称一段时间是有福的或神圣的,乃是因为在这段时间里一些善的事物发生过,或某种恶被避开了。但是,无论上帝是继续工作还是停下了工作,任何事物也都不会因此对他会有所生成或对他有所丧失。所以,既没有什么特殊的祝福也没有什么特殊的祝圣是应当归于第七天的。

理据2:再者,"祝福"这个词起源于善(bonitas)。但是,善的本性,如狄奥尼修斯在《论神的名称》第4章第20节中所说,在于扩展和传达它自身。所以,应当得到祝福的是上帝产生事物的那些天,而不是上帝不再产生它们的那一天。

理据3:还有,祝福是对每一件事物宣布出来的,因为"上帝看是好的"这句话是对每一件工作宣布出来的。所以,在一切产生出来之后第七天受到祝福是不必要的。

但是,从另一个方面看,《创世记》第2章第3节中却说道:"上帝赐福给第七日,定为圣日,因为在这日,上帝歇了他一切创造的工。"

我的回答是:如上所述(第2条),上帝在第七天安息是可以用两种方式加以理解的。首先,在这一天,他不再从事新的工作,虽然他依然保存和管理(administrat)他所创造的事物。其次,在这一天,在他的所有的工作之后,他安息在他自身之中。因此,按照第一个意义,祝福是适合第七天的。因为,如我们所解释过的 433a
(问题 72 第 4 条),祝福所关涉的是凭借生殖的增多,由于这个理由,上帝对他祝福过的事物说“要滋生繁殖”。这样,这种增加就通过上帝对他创造的事物的管理(administrationem)实现了出来,从而确保了同类产生同类。按照第二种意义,第七天定为圣日是正确的,因为每一件受造物的特殊的祝圣都在于安息于上帝之中。由于这个理由,奉献给上帝的事物就被说成是受到祝圣了。

答异议理据 1:第七天被定为圣日。这并不是因为有任何事物能够对上帝生成,或者从上帝取走,而是因为有些东西由于它们的增殖以及它们在上帝之中的安息而添加到受造物上面的。

答异议理据 2:在头六天里,受造物是在它们的最初原因中产生出来的,但是,在这样产生出来之后,它们就得到了增殖和保存,而且这项工作也是适合于上帝的善的。同时,这种善的完满性只有藉这样一种知识才能变得最为清晰,上帝唯独在这种知识之中才能够发现他自己的安息,而我们在这种知识的享用中也有望发现我们的安息。

答异议理据 3:在每一天的工作中所提到的那种善是属于本性的最初创建的,但是,归于第七天的祝福却是属于它的增殖的。

问题 74
论所有七天中的公共问题
（共 3 条）

我们接着考察所有七天中的公共问题。

在这个项目下，有 3 个要点需要探究：

(1)关于这些天的充分性问题。

(2)它们是仅仅一天，还是不止一天？

(3)关于《圣经》讲述六天工作时所运用的一些言说方式。

433b **第 1 条　列举这些天是否就足够了？**

现在我们着手讨论第 1 条。

异议：列举这些天似乎并不充分（sufficienter）。

理据 1：因为创造工作与区分和装饰工作的区别一点也不少于这两项工作相互之间的区别。但是，独立的各天是指派给区分和装饰的，从而独立的各天也就应当指派给创造。

理据 2：再者，气和火这些元素比土和水高贵。但是，一天是指派给水的区分的，而另一天是指派给陆地的区分的。所以，其他各天便应当专门用于火和气的区分。

理据 3：再者，鱼不同于鸟，就像鸟不同于地上的禽兽一样，而人与其他动物的区别则甚于无论什么样的所有动物之间的区别。但是，一天专门用于鱼类的产生，而另一天则是专门用于地上禽兽的产生的。因此，还应该有一天是专门指派给鸟的产生，另有一天是专门指派给人的产生的。

理据 4：反之，从另一方面看，这些天中有几天似乎是多余的。例如，光同发光体的关系是一种偶性同主体的关系。但是，这主体与其所特有的偶性是同时产生出来的。所以，这光和发光体是不应当在不同的日子里产生出来的。

理据 5：还有，这些天是专门用于世界的最初建造的。但是，既然在第七天没有什么事物建造出来，则这一天也就不应当同其他各天一起列举出来。

我的回答是：把这些天区分开来的理由，已经由前面说过的话（问题 70 第 1 条）清楚地表达出来了，这就是：世界的各个部分必须首先区分开来，然后，它的每个部分，似乎可以说是由存在于其中的存在物装饰和充实起来的。这样，物质创造被划分出来的各个部分，按照一些宗教作家的说法，也就有三个，这些部分是天，或最高部分；水，或中间部分；和地，或最低部分。因此，一如 434a
《论天》中所指出的，毕达哥拉斯曾教导说："完满性在于三件东西，这就是：开始，中间和终点。"[①]第一部分是在第一天区别开来的，并且是在第四天装饰起来的；中间部分是在中间一天区别开来且在第五天装饰起来的；而第三部分则是在第三天区别开来且在第六天装饰起来的。但是，奥古斯丁在后三天方面虽然赞同上

① 亚里士多德：《论天》，Ⅰ，1，268a10。

述作家，但在头三天方面却与他们有别（参阅问题70第1条；问题71；问题72）。因为按照他的观点，精神的受造物是在第一天形成的，而物质的受造物则是在另外两天形成的，其中较高等级的形体是在这两天中的第一天形成的，较低等级的形体则是在这两天中的第二天形成的。因此，上帝工作的完满性就对应于“六”这个数字的完满性，因为六是它的可整除的部分（partibus aliquotis）“一”、“二”、“三”这三个数加起来的总和。其中一天被指派给精神受造物的形成，两天被指派给物质受造物的形成，而三天则被指派给装饰工作。

答异议理据1：按照奥古斯丁的观点（问题70第1条），创造的工作属于无形式质料和无形式精神本性的产生，这两者，如他自己在《忏悔录》第12卷第12章中所说，都是处于时间之外的。因此，它们中任何一种创造都被看作是在存在有任何一天之前发生的。但是，按照其他宗教作家的观点（问题66第1条），也可以说区分和装饰工作蕴涵着受造物中所发生的一些可以为时间所测度的变化，而创造工作则只在于上帝瞬间产生存在物之实体的活动。所以，由于这一理由，区分和装饰的每一件工作虽然都被说成是“在一天”发生的，但创造却被说成是“起初”发生的，而这就意味着所创造的是一些不可分割的东西。

答异议理据2：火和气，是没有学问的人不可能清楚明白地认识得到的，是摩西不曾在世界的各个部分之间明确地命名的，而是与中间的部分或者说水一并考虑的，关于气的最低部分尤其是这样考虑的；或者是与天一并考虑的，因为按照奥古斯丁在《〈创世记〉文字注》第2卷第13章中的说法，气的较高的地带是接近天的。

答异议理据 3：动物的产生被记录为同装饰世界各个不同部分相关，从而，产生它们的这些天便视动物装饰的是世界的相同部分还是不同的部分而被分隔开来或结合在一起。 434b

答异议理据 4：存在于一个主体之中的光的本性，是在第一天造出来的；而在第四天对发光体的创造却并不意味着它们的实体是重新创造出来的，而是，如上所述（问题 70 第 1 条答异议理据 2），它们在那时接受了一种它们先前不曾有过的形式。

答异议理据 5：按照奥古斯丁在《〈创世记〉文字注》第 4 卷第 15 章中的观点，在被指派给六天的一切记录下来之后，某种不同的东西便归于第七天，也就是说，在那一天，上帝放下了他的各项工作，安息在他自身之中。而且，由于这个理由，在六天之后提到第七天是正确的。我们也可以同其他作家（问题 66 第 1 条；问题 69 第 2 条）一致地说：到了第七天，世界便进入了一种新的状态，在这种状态下，是没有任何新的事物能够添加到它上面的，所以，第七天是由于它之专门用于停止工作而在六天之后提到的。

第 2 条　是否所有这些天都只是一天？

现在我们着手讨论第 2 条。

异议：似乎所有这些天都只是一天（unus dies）。

理据 1：因为《创世记》第 2 章第 4 节和第 5 节中写道："创造天地的来历，在耶和华上帝造天地的日子，乃是这样：野地还没有草木，田间的菜蔬还没有长起来。"所以，上帝造"天地，以及野地的灌木和田间的菜蔬"的日子，是在同一天。但是，他是在第一天造出那天和地的，准确地说，是在存在有任何日子之前造出那天和地的，但是，他却是在第三天造出野地的灌木和田间的菜蔬的。由此可见，这第一天和第三天只是一天，而且，由于同样的理由，所有其他各天也都只是一天。

理据2：再者，《德训篇》第18章第1节中说道："永生的上帝，一举而创造了万物。"但是，如果这些工作的日子不止一天，事情就不会如此了。所以，它们不是许多天，而只是一天。

理据3：再者，在第七天，上帝停止了所有新的工作。因此，如
435a 果第七天不同于其他各天的话，那就可以得出结论说：他并没有造出那一天。但这是不能认可的。

理据4：还有，归于一天的整个工作，上帝在一瞬间就完成了。因为每一项工作都是以这样的话进行的，这就是："上帝说，……于是，它就……完成了。"因此，如果他把他的下一项工作留到另一天，那就会得出结论说：他在那天的其余部分便已经停止了工作，并且是空闲着的，因为这是多余的。所以，前面一项工作的日子同后面一项工作的日子是同一天。

但是，从另一个方面看，《创世记》第1章第8节中却写道："有晚上，有早晨，这是第二日……第三日"，如此等等。但是，在有第二天和第三天的地方，就不止存在一天。所以，不止存在一天。

我的回答是：在这个问题上，奥古斯丁与别的解释者不同。他在《〈创世记〉文字注》第4卷和第5卷、《上帝之城》第11卷及《答奥罗修》问题26中所表达的意见是：被称作七天的所有各天，是从七个方面来描述这同一天的，而其他一些解释者则认为存在

有不同的七天，而不止是一天。

但是，这两种意见，当视为对《创世记》文本的一种解释时，便大相径庭了。因为奥古斯丁把“天”这个词理解为存在于天使心灵中的知识，因此，按照他的看法，第一天所表示的是他们关于第一项上帝工作的知识，第二天表示的是他们关于第二项上帝工作的知识，依此类推。因此，每一项工作都被说成是在这些天中的某一天作出来的。这是因为上帝如果不把有关知识刻印在天使的心灵上，他在宇宙中就什么东西也没有造出来。而天使的心灵则是能够同时认识许多事物的，尤其是存在于道（言）中的事物，在道中天使所有的知识都被完满化从而达到终点了。所以，各天的区分所表明的是所认识的事物的自然秩序，而并非一种知识系列，或所产生的事物的系列。再者，天使的知识被称作“天”是适当的，因为光，作为天的原因，如奥古斯丁在《〈创世记〉文字注》第4卷第28章中所注意到的，是应当到精神的事物中发现的。然 435b
而，按照其他作家的意见，各天所表示的既是时间的连续，也是所产生的事物的连续。

然而，如果这两种解释都被视为同产生的样式相关的话，如果考虑到存在于奥古斯丁和其他作家之间的意见的差异，如上所述（问题67第1条；问题69第1条），是基于下述两点的话，那就会发现它们并无什么重大的差异。首先，这是因为奥古斯丁认为土和水，既然是最初造出来的，这就表明质料是完全没有形式的；但是，苍穹的创造，水的聚集，以及旱地的显露，所表示的则是形式在有形质料之上的印记。但是，其他一些宗教作家却以作为最初创造出来的土和水来意指那些存在于其特定形式下的宇宙的元素本身；而接下来的工作所意指的，如我们已经表明的（问题 67 第 1、4 条；问题 69 第 1 条），是某类先前存在着的物体之中的区分。其次，一些作家认为植物和动物是在六天的工作中实际地产生出来的（问题 69 第 2 条；问题 71、72）；但奥古斯丁却认为它们是潜在地产生出来的。这样，奥古斯丁关于六天工作是同时性的意见，也就同这两种产生模式的观点中的任何一种都一致起来了。因为，其他作家也与他一样地认为：在事物的最初的产生中，质料是在诸元素的实体形式下存在着的；他们甚至还会赞成他的下述观点，这就是：在世界的最初建构中，动物和植物并不是现实地存在着的。然而，在他们之间却依然存在有四个方面的差异。因为按照后者的观点，在受造物最初产生之后，有那么一段时间，光并不存在；苍穹尚未形成；地依然为水所覆盖；并且，第四，天体也尚未形成。而所有这些同奥古斯丁的解释都是不一致的。所以，为了避免片面性，我们必须满足任何一方的论证。

答正反两方意见理据 1：在上帝创造天地的那一天，他也创造了田野里的每一种植物，但这并不是实际地造出来的，而是在“它在地上生出之前”造出来的，也就是说，是潜在地造出来的。奥古斯丁在《〈创世记〉文字注》第 5 卷和第 8 卷中把这项工作归于第三天，而其他作家则归于世界的最初建构。

436a 答正反两方意见理据 2：上帝一举创造万物，是就它们的实体在某些方面是无形式的而言的。但是，他一举创造万物并不是就本身在于区别和装饰的事物的形成而言的。因此，“创造”这个词是意味深长的。

答正反两方意见理据 3：在第七天，上帝停下来的是制造新的存在物，而不是它们的繁殖；由其他各天接着第一天出现是适合于后面这项工作的。

答正反两方意见理据 4：万物并不是一起被区别和装饰起来的，这并不是由于上帝方面能力的缺乏从而需要假以工作的时间，而是因为在世界的构建中可能要遵守适当的秩序。因此，不同的各天指派给不同的世界状态是合适的，以便每一项接续的工作都给这世界加上去一种新鲜的完满状态。

答正反两方意见理据 5：按照奥古斯丁在《〈创世记〉文字注》第 4 卷第 34、35 章以及第 5 卷第 5 章中的观点，各天的秩序所关涉的是那些归因于这些天的各项工作的自然秩序。

第 3 条　《圣经》是否使用了适当的语词来表述六天的工作？

现在我们着手讨论第 3 条。

异议：《圣经》似乎并没有使用适当的语词（convenientibus verbis）来表述六天的工作。

理据 1：因为正如光、苍穹和其他类似的东西是由上帝的"道（言）"造出来的那样，天和地也同样如此。因为一如《约翰福音》第 1 章第 3 节中所说，"万物是藉着他造的。"所以，在天和地的创造中，像在别的工作中一样，也应当提到上帝的"道（言）"。

理据 2：再者，水是由上帝造出来的，然而，它的创造并没有被提及。由此可见，世界的创造描述得是不充分的。

理据 3：再者，《创世记》第 1 章第 31 节中说道："上帝看着一切所造的都甚好。"因此，对每一件工作都应当说："上帝看着它 436b
好。"由此可见，在创造工作中，以及第二天的工作中，对这些话的遗漏是不适当的。

理据4:再者,上帝的灵即是上帝他自身。但是,运动和占据空间并不适合于上帝。由此可见,说“上帝的灵运行在水面上”是不合适的。

理据5:再者,凡已经造出来的东西都是不会重新造出来的。所以,对于“上帝说:‘要有苍穹(造出来)’……事就这样成了”这样一句话,后面又补充说:“天主造了苍穹”,是多余的。言说其他工作的情况也同样如此。

理据6:再者,夜晚和早上并不足以把一天划分开。因为一天是有许多部分的。由此可见,说“有晚上,有早晨,这是第二日或第三日”是不合适的。

理据7:还有,对应于“第二”和“第三”的是“第一”,而不是“一”。所以,应当说:“过了晚上,过了早晨,这是第一天”,而不应当说“这是一天”。

答异议理据1:按照奥古斯丁在《〈创世记〉文字注》第1卷第4章中的观点,圣子的位格虽然既在世界的最初创造中提到,也在它的区分和装饰中提到,但是,在每个地方的提法却是不同的。因为区分和装饰属于世界藉以接受其形式的工作。但是,正如一件艺术品的形成所凭借的是艺术家心灵中的艺术形式,这种形式可以说是他的可理解的言(道),同样,每一件受造物的形成所凭借的也是上帝的道(言)。而且,由于这个理由,在区分和装饰工作中,便提到了“道(言)”。但是,在创造中,圣子是藉“起初上帝创造”这样的话作为开始提到的,因为创造被理解为无形式质料的产生。但是,按照那些认为诸元素最初是在它们特有的形式下造出来的人们的意见，我们就必须提供另一种解释。所以，巴西尔在《六天创世布道集》中说："上帝说"这一措辞表示的是上帝的一个命令。然而，这样一种命令，在能够服从它的受造物产生出来之前是不可能发布出来的。

答异议理据 2：按照奥古斯丁在《〈创世记〉文字注》第 1 卷中的观点，天被理解为无形式的精神的本性，而地则被理解为所有物体的无形式的质料，这样，就没有什么受造物被遗漏掉了。但 437a
是，按照巴西尔在《六天创世布道集》中的观点，天和地，作为"两个端点"，是唯一提到过的。居间的事物则留给人们去理解，因为所有这些运动，如果物体轻，就是朝向天的，而如果物体重，则是朝向地的。其他人则说：《圣经》习惯于把所有四种元素都包括在"地"这个词中，正如在《圣咏集》第 148 篇第 7、8 节中在说过"请你们在地上赞美上主"这句话之后，又补充了"还有电火与冰雹，白雪和云雾"一样。

答异议理据 3：在解说创造中，有一些事物是对应于在区分和装饰工作中所使用过的"上帝看着一切所造的都甚好"这句话的；这看来是出于圣灵即爱的考虑。因此，奥古斯丁说，存在有两件事物，上帝是因为它们而爱受造物的，这就是：它们的存在和它们的持久性。它们可以存在，并且可以持久地存在，因此，经文上说："上帝的灵运行在水面上"，也就是说，上帝的灵在水所表示的无形式的质料上面运行，就像工匠的爱在他的工艺的材料上面运行一样，而他也正是用这些材料形成他的作品的。而"上帝看着一切所造的都甚好"这句话所表示的则是：他所创造出来的事物都是会持续存在下去的，因为它们表明上帝对他的工作是满意的，就像一个工匠对他的工艺品是满意的一样。当然，这并不意味着在他把受造物造出来之前他并不认识受造物，或者说受造物就不讨他喜欢。因此，在创造和形成的任何一项工作中，位格的三位一体都是蕴涵着的。在创造中，圣父的位格是由“上帝造主”指示出来的，圣子的位格是由“起初”指明了的，上帝就是在起初创造的，而圣灵的位格则是由在水面上运行的“灵”指示出来的。但是，在受造物的形成中，圣父的位格是由“讲话的上帝”指示出来的，圣子的位格是由他藉以讲话的“道(言)”指示出来的，而圣灵的位格则是由“上帝看着一切所造的都甚好”这样一种满意指示出来的。

如果“上帝看着一切所造的都甚好”这句话并非是用来言说第二天的工作的，那就是因为区分水的工作只是从那一天才开始，到第三天才完成的。因此，这些用来言说第三天的话也同第
437b 二天相关。或许，《圣经》也可能并不使用这句话来认可第二天的工作，因为与此相关的事物的区分对于人类感官来说并不是显而易见的。或许，还因为苍穹被绝对地理解为大气的多云地带，从而并非宇宙的一个永久的部分，也不属于这世界的主要部分。上述三条理由是拉比摩西在《迷途指津》第2卷第30章中提出来的，而其他人则给出了一个起源于数的神秘的理由；按照这些人的意见，对第二天的工作并无认同的标志，因为第二个数由于是从“一”的完满性退下来的，从而就不是一个完满的数字。

答异议理据4：拉比摩西在《迷途指津》中把“上帝的灵”理解成气或风，像柏拉图曾经做过的那样(问题66第1条答异议理据5)，并且说：之所以这样称呼，依据的乃是《圣经》的惯例，在《圣

经》中，这些事物是完全归因于上帝的。但是，按照献身宗教神学的作家的观点，上帝的灵所表示的是圣灵，他被说成是“运行在水面上”，也就是说，按照奥古斯丁在《论创世，兼驳摩尼教派》第 1 卷第 7 章中的观点，这意指的是在“无形式的质料”的东西上面运行，以免人们假定上帝必须爱他将要从事的各项工作，仿佛他需要它们似的。因为那样一种爱是隶属于而不是优越于爱的对象的。再者，这也适当地蕴涵着圣灵在不完全的和未完成的事物上运行的意思，因为这种运行并不是位置的运动，而是如奥古斯丁在《〈创世记〉文字注》第 1 卷第 7 章中所说，是卓越能力的运行。然而，这也正是巴西尔在《六天创世布道集》中所要表达的意见：圣灵在水的元素上面运行，“培育和激活它的本性，并且传送生命力，就像母鸡孵化她的小鸡似的。”因为水特别具有一种赋予生命的力量，因为许多动物都是在水中产生出来的，而所有动物的精液也都是液体的。按照《约翰福音》第 3 章第 5 节的说法：“人若不是从水和圣灵生的，就不能进上帝的国”，灵魂的生命也是由浸礼中的水赋予的。

答异议理据 5：按照奥古斯丁《〈创世记〉文字注》第 2 卷第 8 章的观点，这三个短语所表示的是受造物的三种存在。首先，是它们在“道（言）”中的存在，这是由“要有……（造出来）”这条命令指示出来的；其次，是它们的在天使心灵中的存在，这是由“于是就有……（造了出来）”这个短语指示出来的；第三，是它们的在它们的特有的本性中的存在，这是由“他造了……”这个短语指示出来的。而且，由于天使的形成是在第一天记录下来的，从而在那 438a
里补充说“他创造”也就没有必要了。按照其他作家的意见，我们还可以说:“他说”以及“要有……(造出来)”这些话表示的是上帝的命令,而“他造了”这句话所表示的则是上帝命令的完成。但是,既然提到事物是如何造出来的是必要的,对于那些主张所有可见事物都是由天使造出来的人们来说就更其如此了,则为了消除谬误,那就应当补充说是上帝他自己创造了它们。因此,在每一项工作中,在“于是就有……(造出来了)”这句话之后,上帝的某一活动就由“他造”或“他分开”,“他称呼”这样的短语表示出来。

答异议理据6:按照奥古斯丁在《〈创世记〉文字注》第4卷第22章中的观点,所谓“晚上”和“早晨”当理解为天使们的关于晚上和早晨的知识,这一点我们在前面已经解释过了(问题58第6、7条)。但是,按照巴西尔在《六天创世布道集》第2卷中的观点,这整个时期是由它的更为重要的部分,即天,取得它的名称的。一个有关例证可以在约伯所说“我寄居人世的年日(Dies peregrinationis meae)”(《创世记》47:9)中找到,在这个短语中,根本没有提到晚上。但是,晚上和早晨是作为一天的端点提到的,因为一天是从早晨开始,而以夜晚结束的;这或许是因为夜晚表示的是夜间的开始,而早晨表示的则是白天的开始的缘故。在受造物的最初区分得到描述的地方,时间的划分仅仅由标志其开端的东西指示出来似乎也是合适的。而最初提到夜晚的理由在于:既然夜晚终止了白天,而白天又是以光开始的,则光在夜间的终结便先于黑暗的终结,而黑暗则是随着早晨终结的。但是,金口约翰在《〈创世记〉布道集》中对此作出的解释是:它因此想要说明自然的天并不是以夜晚终结的,而是以早上终结的。

答异议理据 7："一天"这个词，当天最初建构起来的时候，是用来表示一天是由二十四小时组合而成的。因此，一自然天的尺度就由于提到"一"而被固定下来了。另一个理由可能是用来表示一天是由太阳回到它开始其行程的那一点完成的。还有一个理由，这就是因为在七天一周完成的时候，第一天就返回来了，这是与第八天是同一天。前面指定的这三条理由，都是由巴西尔在《六天创世布道集》中提供的。

图书在版编目(CIP)数据

神学大全．第1集．第4,5卷/(意)阿奎那(Aquinas,T.)著；段德智,方永译,—北京:商务印书馆,2013(2025.7重印)
ISBN 978-7-100-10206-3

Ⅰ.①神…　Ⅱ.①阿…②段…③方…　Ⅲ.①神学　Ⅳ.①B972

中国版本图书馆CIP数据核字(2013)第188781号

神学大全

第一集　论上帝

第4卷　论天使

第5卷　论六天工作

〔意〕托马斯·阿奎那　著

段德智　方永　译

商　务　印　书　馆　出　版
(北京王府井大街36号　邮政编码100710)
商　务　印　书　馆　发　行
北京启航东方印刷有限公司印刷
ISBN 978-7-100-10206-3

2013年10月第1版　　开本 710×1000　1/16
2025年7月北京第5次印刷　　印张 21

定价:126.00元